燃烧1864

卢克文 著

華文出版社
SINO-CULTURE PRESS

图书在版编目（CIP）数据

燃烧1864 / 卢克文著. -- 北京 ：华文出版社，2024.4（2025.2重印）

ISBN 978-7-5075-5565-3

Ⅰ. ①燃… Ⅱ. ①卢… Ⅲ. ①中国历史－近代史－研究－1864 Ⅳ. ①K256.07

中国版本图书馆CIP数据核字(2024)第083150号

燃烧 1864

作　　者：卢克文
策划编辑：杨艳丽
责任编辑：周海璐
人物插画：陈子昂
插画题字：李大中
出版发行：华文出版社
地　　址：北京市西城区广外大街 305 号 8 区 2 号楼
邮政编码：100055
网　　址：http://www.hwcbs.cn
电　　话：总编室 010-58336210　编辑部 010-58336191
发行部 010-58336202　010-58336267
经　　销：新华书店
印　　刷：三河市龙大印装有限公司
开　　本：710×1000　1/16
印　　张：19.5
字　　数：288 千字
版　　次：2024 年 4 月第 1 版
印　　次：2025 年 2 月第 4 次印刷
标准书号：978-7-5075-5565-3
定　　价：68.00 元

目录

壹 冯云山：苦难的奋斗 / 001

贰 杨秀清：烧炭工的故事 / 006

叁 洪秀全：虚弱的天王 / 013

肆 梦中的天国 / 021

伍 杨秀清的决定 / 028

陆 将星齐聚 / 034

柒 混乱的广西 / 038

捌 金田起义 / 045

玖 紫荆山突围战 / 050

拾 永安突围 / 060

拾壹 血战蓑衣渡 / 074

拾贰 萧朝贵陨落 / 079

拾叁 克武昌 / 086

拾肆 定都南京 / 096

拾伍 宿敌的起点 / 102

拾陆 北伐 / 111

拾柒 北去的亡灵 / 121

拾捌 西征之路 / 130

拾玖 陷入绝境的曾国藩 / 139
贰拾 石达开的反击 / 152
贰拾壹 胡林翼的崛起 / 163
贰拾贰 天京事变 / 172
贰拾叁 曾国藩的转折 / 191
贰拾肆 三河大捷 / 204
贰拾伍 进击的鲍超 / 217
贰拾陆 穷途末路石达开 / 227
贰拾柒 洪秀全昏招迭出 / 236
贰拾捌 安庆之战 / 247
贰拾玖 陈玉成之死 / 261
叁拾 左宗棠与李鸿章 / 269
叁拾壹 燃烧的天京 / 282
相逢 / 300
一点总结 / 301
本书写作参考资料 / 305

壹

冯云山：苦难的奋斗

1846年春天的一个下午，冯云山在广西紫荆山大冲村一户财主家，见到了杨秀清。

此时的冯云山31岁，原住在广东花县禾落地村，因坚信同学兼远房表哥洪秀全的拜上帝会理论，两年前的春天，与其深入广西传教。

出门在外，一路上他们遭了许多罪，到达贫苦的粤北连山厅白虎墟时，同行的冯瑞嵩、冯瑞珍忍受不了这种颠沛流离的日子退却回家。其他人好不容易走到广西浔州府贵县赐谷村洪秀全表哥王盛均家，得表哥收留，他们一边帮忙干活，一边向周边村民宣讲拜上帝会，但几乎没什么人理他们。

蹭了三个月饭后，洪秀全眼见表哥穷得揭不开锅，不忍心再住下去，只好决定回广东，他从贵县上船，顺郁江东流回到广州，而冯云山却坚定地要留下来。

冯云山的信念，比拜上帝会的开创者洪秀全还要坚定，他觉得广西是一片广阔天地，将来大有作为，他要坚持在广西传教。

冯云山在赐谷村同洪秀全告别，在浔州府当地遇到一位叫张永绣的杂工朋友，他们在广东见过，算是老相识，俩人见面后相谈甚欢，便在桂平大南门张家住了一个月。

跟张永绣闲聊时，听说桂平县紫荆山“山深地僻”，判定当地官府的势力难以深入基层，冯云山便决定前往那里传教。

在古代，一个人孤身深入陌生土地是十分冒险的行为，完全依赖农业生产的当地人，十分排斥外来人口抢夺土地，对外地人都分外警惕。

冯云山敢只身前往紫荆山传教，有一个十分重要的原因：当地都是客家人。

有文字记载的“客家人”这个词汇，最早出现在康熙时期，当时全国并没有普及这个概念，张永绣告知冯云山紫荆山情况时，使用的是“来人”这个词。

这些“来人”约是康乾年间从广东迁过来的，来到当地后，发现良田已经被占完，就去紫荆山深处这种没人要的地方开垦田地，慢慢地生存下来。

冯云山自己就是客家人，如果没有这层血脉关系，没有共同的语言，他不可能融入当地群众。

古代并没有普及普通话，各地方言众多，每个市县都有不同的方言，会说客家话，能够跟当地人沟通，是冯云山得以生存下来的重要原因。

客家人是汉族的分支之一，原是古代北方中原汉人，因为一次次战乱，从中原经今天的襄阳，顺汉水进入长江，迁到湖北、安徽、江苏，又迁到江西、福建、广东、广西。

因为他们保留了北方中原汉人的语言和风俗，跟南方本土人难以融合，加上他们太晚到达南方各地，最优质的土地已经被南方汉人占据，因此客家人生活较为贫苦，大都生活在山区，为了争夺生存空间，常常发生“土客械斗”。

不过经常跟人操刀子群殴的客家人并不是蛮族，他们很重视读书，也深受儒家思想影响。

就是既会读书、又敢砍人的一群人。

客家人有自己的语言，有自己的饮食习惯，又有深厚的古代中原文化打底，算是一支比较强势的汉族分支，只因为在别人的地盘混饭吃，常年处于弱势，为了生存下来，他们比其他群体更团结。

要了解太平天国起义为什么能成功，就一定要了解客家人的苦难，起义不会无缘无故地发生，起义往往是从苦难中萌发的。

冯云山在 1845 年秋天，进入桂平西北处紫荆山东入口处的古林社村，深入到广西客家人群落时，他已经 30 岁了，到目前为止，可以说一事无成。

我们通常将1840年的鸦片战争，算作中国进入近代的标志性事件，不过冯云山出场之时，鸦片战争已结束3年，中国当时普通民众的生活、思想，还是跟古代没啥区别，并不是近代的，这里的村民们也根本不知道，这世上发生过什么鸦片战争。

其实也正是1840年的那场鸦片战争，间接催生了太平天国起义。

冯云山从小熟读经史，但科举却考不中，只靠在村里设馆授徒为生，是个普通的私塾先生，28岁时，离他家只有3里路、跟他一起穿开裆裤长大的洪秀全，突然从《劝世良言》里获得灵感，产生了"拜上帝"的模糊宗教意识，冯云山觉得这事可以往大里搞，便劝洪秀全和自己一起传教。

注意是冯云山劝洪秀全一起传教，而不是洪秀全主动要求传教。

无论是后期忠王李秀成的《李秀成自述》，还是杨秀清编撰的《天情道理书》，都无比深情地认同"谋立创国者出南王之谋，前做事者皆南王也"，也说冯云山"尝风雨之艰难，去国离乡、抛妻弃子，数年之间，仆仆风尘，几经劳瘁"。

简单点说，虽然洪秀全是拜上帝会的最早创始人，但冯云山的主观能动性，比洪秀全还要强烈得多。

其实像洪秀全这样的人历史上常有，但冯云山不常有，没有冯云山，就不可能有后面的太平天国。

冯云山在古林社村遇到的第一个问题，并不是传教有多难，而是他快活不下去了。

跟欧洲那些拿着资金并会一些医术，满地球跑宣传的基督教传教士不同，冯云山身无分文，只有投入，没有产出，干的是纯亏损的活儿，但他硬是凭着个人坚定的信念在传教。

冯云山最先到达的是新墟市集，从这里开始，他脱下私塾先生的长

前导副军师 南王 冯云山

衫，换上了破烂的粗布短衣，站在大榕树下等人雇他干苦力活。为了活下去，冯云山在广西的穷乡僻壤，成为一名干零碎活计的底层苦力，通过帮人割稻子、搬东西、运泥土等过活。

但苦力这活也常常没人雇用，空闲时他就靠借来的畚箕、扁担，在荒野中捡牛粪卖肥料换点零碎小钱。

晚上没有地方住，就睡在别人家的牛棚里。

就是在这样艰苦的环境下，冯云山依旧坚持向其他苦工传教，尽管这段时间的传教并不成功，但这种舍身为教的精神，是洪秀全都不具备的。

洪秀全受不了这么深重的底层苦难，他性子又急躁，无法完成如此耐心的基层布道工作。

冯云山则是一个极其坚韧的人，他是太平天国早期创业团队真正的灵魂人物，面对一时的挫折能吞下委屈，低头忍受时，内心却依旧有万丈豪情。

大约做了一年的苦力，这年秋季，冯云山终于获得了命运的垂青。

那天他受雇到当地地主曾槐英家割稻，挑担回曾家时，已是汗流浃背，全身湿透，此时一阵南风吹过，遍身凉爽，充满乐观主义的冯云山，忍不住随口朗诵了两句先秦时的《南风歌》：

“南风之薰兮，可以解吾民之愠兮；南风之时兮，可以阜吾民之财兮。”

正躺在窗下竹榻乘凉的曾槐英，听到他吟诵这两句，十分诧异，坐起来问他：“你读过书吧？为何来这里做雇工？”

曾槐英不是普通的地主，他是监生出身，是一名有文化的地主。

冯云山便向曾槐英讲述了自己做过私塾先生的经历，只说自己落魄于此，没有钱返乡。曾槐英出于好奇，跟他攀谈起来。

冯云山经史烂熟，谈笑自如，四处漂泊时又累积了大量的生活实践，对地理、天文、占卜、兵学也略知一二。曾槐英听着十分喜欢，和他聊得甚为投机，便常常邀请他来家做客，后来干脆请冯云山搬过来住，并让他在自家私塾任教，给自己家孩子上课。

这年深冬，新年快要到来，紫荆山内平在山（也叫鹏隘山）的财主曾玉珍，过来古林村办事，顺便看望同族的曾槐英，他也在替儿子和侄儿寻找一名教书先生。曾玉珍见到冯云山后，竟十分欣赏，于是盛情邀请冯云山春节后去大冲村曾氏家塾做塾师。

冯云山答应了。

从此他深入紫荆山，带出了太平天国核心军事力量“平在山勋旧”。

1846 年春天，来自广东花县的私塾先生冯云山，带着心中的理想来到广西，成为广西紫荆山的一名家庭教师。

他的身份没有变化，但几经磨难，他已经深深地明白底层百姓的痛苦，也懂得如何将所学理论应用到实践中。

这世上但凡白手起家能做出惊天业绩的人，都是既会从书本中吸收知识，也能从磨难中领会人生的人。

毫无疑问，31 岁的冯云山，已经成长为这样的人了。

1846 年是道光二十六年，这年美国开始入侵墨西哥，鲸吞了墨西哥大片土地，为日后成为世界强国打下根基；这年拿破仑三世越狱成功，逃亡伦敦，要消停一阵子，8 年后他才会联合英国，在克里米亚痛揍俄国人；这年正月，清政府已经意识到，传教士正在动摇他们的文化统治，下令禁止天主教。

但清政府并不知道，在广西桂平紫荆山深处，这处中华大地不为人知的贫苦地界，这年春天一个平凡的下午，31 岁的冯云山，在曾玉珍家第一次见到了 23 岁的杨秀清，从这两个客家人正式联手的那天开始，清政府的统治真正动摇了。

贰

杨秀清：烧炭工的故事

杨秀清在 23 岁时，就已经是平在山烧炭工的群众领袖。

这里必须解释一下，什么是烧炭工。

2022 年 7 月末，我来到广西桂平市，拜访已经九十多岁高龄的凌崇征老先生。凌老先生长年研究太平天国，并负责地方志的修编工作，20 世纪 50 年代曾深入紫荆山区工作多年，因为常和当地老人沟通，收集到大量一手资料，1964 年他又陪同冯雪峰入紫荆山考察，对太平天国时期的经济环境十分熟悉。

凌老在当地的文史馆与我碰头，操着方言浓厚的当地白话，讲起烧炭工的往事，说话缓慢而略显吃力，我请来一名当地人做翻译，凌老先生说一句，我记一句。

据凌老说，清末时金田地区有十几间染坊，能开染坊的主要原因，是这里盛产绞股蓝。

绞股蓝我听着十分耳熟，因为我家乡 20 世纪 90 年代到处有卖绞股蓝啤酒，还有绞股蓝染成的蓝印花布，是将布泡在绞股蓝萃成的水里染，再晾晒，重复七八次使蓝印花布成型。

这种植物平时常用来入药或做成茶饮，拿来染布的并不多。

凌老说，我们现在的历史文献，都说杨秀清是烧炭工，这样说是不完整的，其实他们主要干的是种蓝和烧炭两个工种。

“种蓝烧炭”常常是绑定的工作。种蓝，一般指种绞股蓝和蓝草；烧炭，则是因为染坊在染印时需要炭作燃料，换句话说，“种蓝烧炭”是染坊业的上游工种。

有部分历史资料说，杨秀清他们烧出来的炭，会大量卖到佛山冶铁，因为佛山冶铁业倒闭，才逼得他们造反。但烧炭工人每天只有二三十担木炭上市，最多销往梧州，他们这个产量满足不了佛山的需求。

所以杨秀清的产品大部分被本地染坊消化，才是最合理的解释。

但这种山区工作极辛苦，种蓝时工人们常常被山里的毒蚊子咬得全身浮肿，工作时被迫用芭蕉叶扎脚，勉强防一点蚊虫叮咬。

烧炭则需要挖炭窖，砍伐木柴后入窑闷烧，窑内温度下降后，人走进去将木炭搬运出来，劳动强度大，危险系数高，收入又极微薄。

冯云山到达平在山时，当时大约有七八百人，以客家人为主，在深山里从事这份工作。

会来种蓝烧炭的，一般都是极贫苦之人，而杨秀清，就是打小在苦水里泡大的。

紫荆山是一片半封闭状态的山峰群落，是周围18座高峰的统称，这里只有从西面武宣县过来，以及从东面桂平金田村过来的两条路，两路交会于一个小镇，再从小镇向北有一条极狭窄的道路深入山区，因为地理环境险恶，官府控制力难以到达，又因为同是客家人，冯云山才会把这里选做创业基地。

山里一共分布着两三百户人家，其中瑶族住在北侧，客家人住在南侧，杨秀清就出生在南侧的客家人聚落。

杨秀清9岁时父母双亡，由伯父杨庆善一手养大，因此只识得几个简单的字，更不会读写，到死是个文盲。

杨秀清打祖上就很穷，其曾祖父也是在广东活不下去了，带着两套烂衫裤，一条麻索裤腰带流落到桂平。不过广西也没有他的容身之地，他只好入平在山开荒种山、砍柴烧炭，这才勉强活了下来，繁衍生息。

没有父母、没有书读的杨秀清，打小就是个社会人，还是青少年时，就得靠种田烧炭为生，常常翻山越岭去卖炭，才能换回一升半斗大米，一直过着饥寒交迫的生活。

生活摧残着他年幼的身躯，营养不足及繁重的体力劳动，使他“身材矮小，脸面瘦削，肉色青白，胡须微黄，耳目常有毛病”，为他日后瞎掉一只眼睛，埋下了伏笔。

其实不只杨秀清矮，清末时普通民众大都营养不良，由于得不到充足的蛋白质，民众身高普遍较矮。

太平天国领导人实际上大部分身高都是一米六上下，比如洪秀全据考证是 1.67 米，传教士罗孝全就说他身材高大、体格强壮。电视剧里的威猛汉子那都是现代演员，不是当时的真实情况。

杨秀清虽然是在苦水里泡大的，但艰难的生活也使他深谙世故、善于交游，他常常将炭钱换酒，在家里招待有志之士，走在路上时，会突然放声高歌，豪气冲天。他在紫荆山一带也颇有人缘，人人都对他服气。

至于杨秀清是怎么让人服气的，我翻遍资料，在桂平市找老人们多方打听，也没有找到细节。我们只知道，这个穷汉子不简单，十分机智、会来事，有组织能力，仅仅在 23 岁时，就成为炭工们的“话事人”，很受大家敬重。

洪秀全和冯云山跟他熟识后，都认为这个小兄弟是“天生的军事指挥官和战略家”。

左辅正军师 东王 杨秀清

杨秀清的军事成长痕迹，其实有迹可循。

种蓝烧炭平时都在深山作业，大批工人不是守着薄田过活的，烧炭工造反前有 3000 人的队伍，需要强有力的组织力；工人们又常常需要背炭负重翻山越岭，无形中锻炼出了强大的行军能力；客家人还不得不卷入土客械斗，以及矿工内部帮派械斗，动不动白刀子进、红刀子出，战斗力本就十分强悍。

说是烧炭工，不如说他们本来就是一支预备役军队。

作为烧炭工的工头，杨秀清相当于军事组织基层出身，还在这种环境下深得人心，那一定是有相当了得的动手能力。

在这种环境长大，杨秀清很早就跟同为贫苦出身的萧朝贵成了好友，将来萧朝贵入伙也是经他介绍。

杨秀清另有个堂姐嫁到了大冲村一户财主家，这位财主就是曾玉珍，新近请了一个教书先生，名叫冯云山。

于是在1846年的春天，冯云山结识了杨秀清。

冯云山观察炭工们的生活，有好长一段时间了。

作为一名优秀的传教士，也是一名了不起的市场分析师，他一直在默默盘算着，该如何从炭工群体打开传教的入口。

冯云山此时，只需要给十多个孩子教授最基础的儒家课程，每天有大把的空闲时间，他相信大冲村会成为自己事业的起点，常常逐村走访，进入深山传道，向大家传播自己的信仰。

紫荆山区的客家人，是当时社会底层的底层，他们被本地人欺凌，没有肥沃的土地，只能在山沟沟里种蓝烧炭，还要日日夜夜忍受交通不便、蚊虫叮咬，赚来的钱连让全家温饱都做不到；更过分的是，本地人不让他们为祖宗立祠建庙，他们从物质到精神都受尽欺压。

冯云山跟他们说："本地人祭祀的都是邪魔，邪魔不会保护我们，只有上帝才爱我们。"

冯云山还说："人人都是上帝儿女，大家都是兄弟姐妹，我们应该同拜上帝，拜了上帝，排除妖魔，人人才有衣有食，无灾无难。"

山区里的老乡都是大老粗，其实他们并不懂上帝是谁，很可能会以为是玉皇大帝，但他们却听得懂"要公平"，也有过上好日子的想法，如果上帝真能保佑他们，那倒是可以信一信的。

这个教书先生看起来是个正派人，读过很多书，去过很多地方，为人热情，说话又好听，他说的应该错不了。

渐渐地，在冯云山日拱一卒的努力下，他的信仰在紫荆山有了第一批信众，大家都亲切地叫他冯先生，不直呼他的名字。

冯云山也终于收获了自己早期传教的第一位骨干卢六。

卢六是高坑冲壮族人，住在紫荆山进口的小村子里，冯云山和炭工们常在这里进出歇脚。我看史料记载，大家常在他家碰头，有点像个家庭旅馆，冯云山常来常往，天长日久，就跟卢六混熟了，卢六听了他很多理论，渐渐信服，成了他极忠实的信徒。

一直到最后惨死，卢六都没有改变过对冯云山的忠心。

但要打开炭工的突破口，就一定要拿下杨秀清。

冯云山十分欣赏杨秀清的才华，也懂得因人施教，他对杨秀清说："你以烧炭为业，实无出路，长此下去，只有苦一辈子，不如大家共图大事，求谋根本出路。"

还说："凡是有大志的人多能成大事，自古以来不少伟人是从贫苦中起来的。我们能结成患难兄弟，创立拜上帝会，发展会友，共图义举，就必有出头之日，千万贫苦人民亦可得救。"

冯云山说的这番话，距今已过去了 170 多年，这番话经过后人口口相传，不断修改，掺杂着各种现代词汇，明显已不是原话。

而且当时的冯云山，不可能有"成大事""发展会友""千万贫苦人民亦可得救"这么宏大的想法。

就好像一家五口人白手起家的小微企业，才刚刚实现收支平衡，公司账上就几万块钱，不可能跟员工讲我们要去 A 股上市一个道理。

但原文也应当有一定的依据，可以推论出冯云山懂营销，会看人下菜碟，主要是对杨秀清进行激励，而不是对普通人那种悲悯共情。

他相信杨秀清心中有一团炽热的火苗，等待着被他点燃。

常常饮酒纵歌的杨秀清，心中有万丈豪情的杨秀清，果然被点燃了，他心中的火焰在熊熊燃烧。

与其在紫荆山烧一辈子炭，真不如干一票大的，也不枉了此生。

就带着炭工兄弟们，跟这姓冯的书生一起干吧！

其实，上面这些理由，仅仅是明面的原因。

真正的原因是失业。

杨秀清他们走向造反，是因为炭工们都没工作了，走投无路才决定玩命。

英国在 18 世纪占领印度后，在印度大量种棉花，收获后再出口到中国，价格只是中国本土棉花的七成，因此乾隆时期清朝是收印度棉花，再生产成棉布出口到各国。棉花产量还挺高，是仅次于茶叶、生丝的第三大出口商品。

1818年时，清朝共进口印度棉花495万两银子，而当时鸦片进口仅97万两银子。

棉花，曾经是清朝和英国之间最重要的纽带。

从1820年开始，英国工业革命飞速发展，他们有了机器生产棉布，能快速大批量生产比清朝质量更好的棉布，印度棉花运往英国本土都不够用，清朝与英帝国之间的棉花贸易终止。

英国为了赚钱，改往清朝输送更暴利的鸦片，也很想把自己的纺织品倾销到中国。

等鸦片战争叩开了清朝的大门，英国的廉价纺织品得以进入中国，中国的布没人买了，广西的染坊都招架不住倒闭了，上游的“种蓝烧炭”也没人养活了。

迟早都得饿死，那还不如反了。

说穿了，就是中国的手工纺织品，打不过英国的工业纺织品，造成大量失业流民，最后失业人口靠宗教的名义聚集在一起造反，引发了太平天国运动。

不到一年时间，曾玉珍全家、杨秀清一族都因为冯云山信了拜上帝会，这里头包括杨秀清的亲戚杨云娇，以及杨云娇的丈夫萧朝贵。萧朝贵也是炭工领导人之一，他又带着自己的父兄入了教，使平在山的

右弼又正军师 西王 萧朝贵

核心团队逐渐稳固。

而在这一年前，冯云山不过是一个靠做苦力和捡牛粪活下来的雇工。

冯云山单枪匹马，全凭一己之力，却在贫苦荒山，奠定了太平天国的根基。

当然这里头也有英国的原因，是英国的工业化，加速了清朝小手工业的破产，不过英清之间的贸易战太过宏观，广西穷山沟沟里的私塾先生和苦力矿工很难理解，他们会觉得发生这一切，不过是天命所归。

我要是强行穿越过去，非要跟他们解释这种宏大命题，破坏他们天命所归的成就感，估计他们听完了也只会揍我一顿。

两年后，等到洪秀全和冯云山重逢时，他已培育了两千多名“拜上帝会”教徒，而且冯云山一直在宣传教主洪秀全，讲述洪秀全梦中的故事。

他完全有机会把自己包装成教主，但他没有丝毫居功自傲的意思，仍是谦逊地站在一旁，只扮演布道者的角色。

甚至到将来封王之时，他也只是领了个南王，排名在洪秀全、杨秀清、萧朝贵之后，仅比韦昌辉、石达开高一些。

冯云山是创业公司里那种能力超强，但又懂得分寸的CEO(首席执行官)，做事进退有度、为人光明磊落，对事业抱有超强的热忱，对利益分配却并不十分在意，如果太平天国一直有冯云山在，就绝不会有后面的天京事变。

如果没有冯云山，杨秀清会在紫荆山烧一辈子炭，洪秀全会在花县教一辈子书。

可以说没有冯云山，就没有太平天国。

叁

洪秀全：虚弱的天王

与一般写太平天国，开篇先介绍洪秀全不同，我在开篇故意先讲了冯云山。

因为在了解大量信息后，我发现洪秀全并没有想象中那么重要。

尤其是太平天国创业初期，他的存在感其实非常弱。

也因为早期的特殊创业史，太平天国的权力分配，从未实现真正的中央集权，埋下了将来天京事变的祸根。

冯云山、杨秀清、萧朝贵在紫荆山干得如火如荼的时候，洪秀全还在广东安静地教书。

他和冯云山在广西分别后，冯云山的家人向他打听冯的情况，他只说两人走散了，之后两年时间，他继续靠做私塾先生过活，写写诗，搞搞对联，一副人畜无害的样子，日子过得十分平静。当然，因为以前搞过种种激烈的传教行为，也少不得受乡亲白眼。

到 1847 年 3 月中旬，广州传教士罗孝全听说了洪秀全的一些事迹，以及他的传教热情，便邀请洪秀全来广州，算是给了洪秀全一次自费实习的机会。

罗孝全希望观察洪秀全一段时间，如果合格就让他成为基督教真正的传教士，能领工资的那种。

洪秀全此时生活困顿、前程渺茫，对私塾先生的职务已极度厌倦，十分珍惜这次机会，便带着洪仁玕一起前来学习。他在这里第一次通读了《新约》和《旧约》，还参与了唱诗、带祷、讲道、查经等活动，太平天国时期洪秀全提出的许多知识理论，都是从这里吸收营养，然后进行本土加工后再传播的。

罗孝全对洪秀全的表现较为满意，准备任命他为助手，不想洪秀全遭遇到了职场陷阱，另两名助手怕洪秀全取代了他们的地位，便怂恿洪秀全向罗孝全申请每月5元的津贴。洪秀全哪见过这种城里人的职场手段，真的写了申请，这件事激怒了罗孝全，认为洪秀全是为了钱才信奉上帝，便放弃了对洪秀全的施洗，也不再继续培养他。

洪秀全的自费实习生身份，到这里就莫名其妙地结束了。

2个月后，洪秀全生活费耗尽，在教会也不可能找到工作，他也不想回乡下继续做私塾先生，便找人借了100文钱，决定去广西碰碰运气，看能不能找到失联许久的远房表弟冯云山。

这次行程十分不顺，他沿着西江徒步向西走时，被一伙强盗洗劫，只好去找县官求救，县官给了他400文钱，洪秀全这才有了路费，雇了条船驶向广西。1847年8月，他终于再次到达贵县赐谷村王盛均家，这是3年前他和冯云山告别的地方。

天王 洪秀全

王盛均告诉洪秀全，冯云山已经在这里扎稳了根基，一共有2000多名信徒了，而且冯云山至今尊他为教主，紫荆山村里的人都知道，受人尊敬的冯先生上面，还有一个神秘而强大的洪先生，冯先生只是听洪先生的命令，来广西山区传教的，那个洪先生，更是极为了不得的人物。

谁能想到那个洪先生，其实只是一个落魄的私塾先生呢！

这等于是有人创办了一家有两千名员工的公司，再把董事长的位置拱手让出来，洪秀全从没想到过天上突然掉下来这么大一个馅饼，狠狠地砸在了自己脑袋上，他先是十分惊诧，后又欣喜若狂。

两天后，在表侄王维正的陪同下，洪秀全来到紫荆山大冲村卢六家，见到了阔别已久的冯云山，失散3年的两位表兄弟，紧紧地抱在了一起。

故事写到这里时，我必须按一下历史的暂停键。

33岁的洪秀全在莫名其妙的情况下，走进了未来太平天国的中央核心，但他这个教主，从来就没有让领导层真正信服过，我相信杨秀清他们，是打心底看不上他的。

毕竟早期创业、将队伍真正拉起来的是冯云山、杨秀清、萧朝贵，核心团队又是与三人朝夕相伴的紫荆山炭工，洪秀全一没有能力，二没有实权，凭什么享受最高待遇？洪秀全没有与冯云山共同完成早期创业，才为将来太平天国的分裂埋下了隐患。

另外洪秀全到达紫荆山时，杨秀清24岁、萧朝贵21岁（有争议），后面即将加入的重要人物，韦昌辉这年21岁，石达开更是年仅16岁，换今天还都是大学生高中生，全都是少年得志，容易性情冲动。

冯云山是跟他们一起吃苦受罪过来的，还镇得住这些青年，凭洪秀全的个人能力，是很难让这些年轻的领导者信服的。

一个人一旦获得与其能力不匹配的东西，是要付出代价的。

洪秀全从一开始，就不适合做一个真正的领导者，他一直是一个虚弱的天王。

现在，我们可以从头讲一讲洪秀全，以方便我们理解后面发生的种种奇特事迹。

1814年1月1日，洪秀全出生于广州花县西北20里外一处客家人的小村庄，几年后全家迁到广州北面百里外的官禄㘵村，村里有洪、钟、凌、巫四大家族，当中洪姓最多，有300多人。

洪秀全的父亲叫洪镜扬，将全家搬到官禄㘵来，是为了同族相互有个照应。他是一名自耕农，有几亩地，2头牛，在乡邻间口碑很好，一共生了3男2女，洪秀全是他的第4个孩子，原名叫洪仁坤，小名火秀。

在洪秀全家3里地外，有一个禾落地村，村里有一个比他小一岁的远房表弟，叫冯云山，两人打小一起读书长大，是那种穿开裆裤的交情。

洪秀全童年时的主要生活，是读书放牛。1819 年，他入私塾，表现出较高的读书天赋，亲戚邻居都夸这孩子将来会有出息，大家都准备做长线投资，主动给洪家一些物质资助。

我阅读清末名人传记时，发现各地都有这种长线投资行为，如果哪家娃娃看起来读书厉害，大家都会打小投资这娃娃，期待他高中后当官，能回馈当年施恩的乡里乡亲。

不过很可惜，这是一次失败的长线投资。

1828 年，洪秀全通过县试，名列前茅，成为一名童生，老师邻居都觉得自己没看错人。但他在科举中的成就居然止步于此，他满心欢喜地赴广州考秀才，结果没考中。1830 年，洪秀全开始在村里当私塾先生，寒窗苦读几年。1836 年，他再次赴广州考秀才，又不中。（此处有关其年龄有多种说法。）

一个打小被邻居视为神童的孩子，一个 13 岁曾拿下全县第一的孩子，带着傲视同龄人的满满信心奔赴考场，却连续几次考不中秀才，洪秀全的心态崩溃了。

好比你初中时是全市第一名，最后却连个“二本”都没考上，大家自然都会投来诧异惊奇的目光。

尤其是投资人那种又失望又嘲弄的眼神，深深地伤透了洪秀全的心。

冯云山和洪秀全就不太一样，他学得很杂，经史文章、卜算打卦、军事兵法都会一些，对科举没那么看重，能中就中，不能中就教书，一切随缘。

冯云山打小没有投资人的压力，但洪秀全有。

第二次考完后，洪秀全走出考场时，在街上见到一名外国传教士和一名中国翻译在传经布道，出于好奇，他跟他们聊了会儿天，第二天就参加了他们的布道活动，还拿了一套《劝世良言》回家。

这套书共九卷，由华人基督教牧师梁发编写，梁发将应试考生视为精准推广人群，两年前因为官府打压，已经逃到马六甲避难。这份册子被其他教徒做宣传工作用，目标人群还是瞄准应试考生，企图影响中国的知识分子阶层。

这本书洪秀全只是随便看了两眼，带回家就扔在了一旁，没有再深入阅读。

下次再读这本书时，已经是 7 年后的事了。

第二年，也就是 1837 年春天，洪秀全第三次赴广州考试，再次落榜。心高气傲的洪秀全“气得像死去了一样”，只能雇两名轿夫将自己抬回家，到家后一直卧床不起，开始出现各种各样的幻象，一共病了 40 多天。

在他的幻象中，出现了一条龙、一只老虎和一只鸡，走进他房间，又见到很多人奏乐近前，伴着一些身穿黄袍的童子，抬着轿子将他送到了一处华丽光明的地方。一位老妇人来迎接他，说他“你满身污秽，为何要与那些人为伍而作践自身？我现在要使你洁净。”给他洗净后，许多古圣先贤用刀切开洪秀全的身体，将心脏和其他内脏取出，并换上新鲜的脏器，伤口也自动愈合，毫无痕迹。

他们又带洪秀全到一个大房间，见到一个留着金色胡须、穿着黑袍的威严长者，长者看到洪秀全，流着眼泪说：“这世间所有的人，由我所造，依我而生；食我之食，衣我之衣。其中却无一人，能记念我、尊敬我。更有甚者，以我的牺牲祭拜妖魔。他们故意违抗我的意志，激起我的怒火。你可不像他们一样。”于是赐给洪秀全一柄宝剑，命他斩妖除魔；还赐他一方印玺，使他可战胜恶灵；另给他一颗黄色果实食用，味道甘甜可口。然后命洪秀全鼓起勇气行事，嘱咐道：“鼓起勇气行你的事，我会在万难时刻助你周全。”

长者拉着洪秀全走出房间，并让他向下看去，对他说：“看这世间的人们！他们心中是无尽的乖戾奸邪。”洪秀全看下去，见世间道德沦丧，罪孽横生，不忍直视。

这场幻梦过后，他又不断梦到一个被称为兄长的中年男人，带他一起巡游四极，帮他斩奸除恶。

洪秀全这一次严重的幻象，其实是考场失意、精神崩溃后的癔症，是他遭受重大打击后的自我安慰，但在那个科学贫瘠的年代，幻象使他的经历蒙上了一层神秘主义色彩。

拿来做宗教包装，刚好合适。

病好后，洪秀全继续在本村和附近几个村，辗转流离做私塾先生。他的工作很不稳定，收入也很低。肯定不能这样干一辈子啊。于是在 1843 年春天，29 岁的洪秀全第四次去广州考秀才。

又考砸了。

洪秀全知道迎接自己的将是乡亲们的嘲笑和白眼，但这次他不再绝望，他已经走过了心理低谷期，他内心深处只有怒火。

他在回乡的船上怒骂考官，在家里痛骂满族官僚，他把书扔在地上，大声说："让我来主持考试，为国家取人才，而不是为满人找奴仆！"

发完脾气后，还是得老老实实教书。

那年夏天，表兄李敬芳过来看望洪秀全，无意从书架上，看到那本尘封多年的《劝世良言》，李敬芳出于好奇，借去读了一遍，他对书中一些突破常识的观点感到惊奇，洪秀全见表兄着迷，也开始重读这套书。

洪秀全读着读着，激动得跳了起来。他忽然发现这书跟自己的幻梦相吻合，那个长者就是上帝，而中年兄长，就是耶稣基督，从这一刻起，他就坚信自己是上帝的第二个儿子，是来拯救苍生万物的。

洪秀全和李敬芳觉得这是上天的旨意，便决定自己给自己受洗，他们口中念着"净化所有之前的罪恶，脱离旧人，重获新生"，同时把水泼洒在自己的头顶。

洪秀全并没有接受正规基督教的受洗，他的立教基础知识，也是掺杂着朱次琦儒学思想（第二次在广州考试时听过朱次琦的讲学）和基督教宗教思想的杂和物，是一次不洋不土、不中不西的思想交流，从没有进行过科学的梳理和归正，更没有深入的理论辨析。

此时他去过最远的地方，只是广州，他读过最宗教的书，也只是《劝世良言》，从一开始，洪秀全的基督教知识就不是一个完整的体系。

但洪秀全莽得很，一想到自己是上帝次子就激动，理论完不完善并不重要，拿起来就用。

这时候，冯云山也加入了进来。

就像搞传销先从熟人下手一样，为了立新神，洪秀全和李敬芳先砸了自己家的孔子神位，然后拉表弟冯云山及堂弟洪仁玕入伙。

从我阅读到的资料来看，冯云山听完洪秀全的“太平天子”“君王大道全”的鬼话，他内心深处是不怎么信的。

洪秀全真的相信自己的梦境，李敬芳信，洪仁玕也信，冯云山却不怎么信。

但冯云山常年跟贫苦农民打交道，对清廷早就充满了憎恨，而且他学的那套驳杂学问，正手痒得很。

冯云山热爱读史，常认为自己是辅佐君王的谋臣良士，眼见清廷污吏横行，对民众压迫一日甚于一日，天地会、白莲教起义不断，他预感清朝气数将尽。

在索要《劝世良言》通读一遍后，冯云山看着洪秀全坚定的眼神，便觉得有号召力的人就要出现，现在正是干一票的时候。

他便跟着洪秀全来到一条小溪边，清洗了自己的身体，算是完成了受洗。

洪秀全在向家人传教时，家人多少是有些理解并信任的，但在向村里其他人传教时，遭到了村民的巨大反弹。

洪仁玕就因为移走了孔子的牌位，被家里人吊起来一顿毒打。

1844 年春节，村里的长者请全村读书最多的洪秀全和洪仁玕为地方上的神明写楹联，洪秀全不从，双方发生了激烈争吵。洪秀全一怒之下，砸毁了私塾里的孔子牌位，长者们怒骂洪秀全，并解雇了他的私塾先生职位。

在村里待不下去的洪秀全，从《劝世良言》中“没有先知在自己的家乡被人悦纳”这句话里获得灵感，决定去广西传教。

但是最后真正传教成功的，却是性情坚忍、百折不挠的冯云山。

在这里，难免让人困惑，为什么创业如此之艰难，冯云山“零丁孤苦、困厄难堪”拼下来的事业，却依然要奉洪秀全为教主？其实他在紫荆山传教时，完全可以自立为主，不会有任何人反对，也不会给将来的天京事变埋下祸种。

我个人认为，这应该跟冯云山的知识体系有关。

冯云山从小开始，就把自己定位成“谋臣”的角色，他打小就喜欢诸葛亮、张良这样的人物，而不是历朝历代的君王。

而且，我认为冯云山十分清楚洪秀全的真实水平。

他也不太可能，认为洪秀全能做一个真正的领导人。

在冯云山的定位里，是把洪秀全当成耶稣一类崇拜对象招徕民众的。事实上洪秀全刚到紫荆山后，确实也遵照冯云山的安排，就与卢六深入大山，避开直接面对民众，营造半神的神秘感。

冯云山让洪秀全以虚君的面目出现，也可能是平衡起义初期的权力架构。毕竟杨秀清和萧朝贵才拥有真正的影响力，他们跟炭工们同生共死，只有他们拥护，炭工们才会拿命去跟朝廷斗到底。

虽然大家都是客家人，但我们只是同族关系，人家却是共生死的关系。

而冯云山，在当中起到了平衡作用，只要有他在，就既能安抚杨秀清的兵权，也能稳定洪秀全的神权。

冯云山是太平天国的情感枢纽，也是太平天国的稳定剂。

但是谁都没有想到，冯云山战死得那么早，脱离他控制的太平天国，仿佛一头莽撞的野牛，扑进了无尽的野火里。

肆
梦中的天国

当冯云山与洪秀全重新会面后，他们即将在紫荆山全面铺开自己的传教事业。

此后拜上帝会的会员，将从 2000 人，迅速扩张到几万人。

一直到今天，大量历史文献，对洪秀全传教内容，说得都比较模糊，以致读者们搞不清楚，为什么拜上帝会能传播得这么快，是什么凝聚这么多人走到了太平天国的旗帜下。

所以我必须先解释清楚洪秀全的思想理念，再来谈他们的传教过程，否则大家理解不了后面的故事。

了解拜上帝会，要知道的第一个概念，就是这个“上帝”到底指的是谁，他们到底在拜谁？

洪秀全从《劝世良言》里获得的最大灵感，是找到了一神说的路径。

中国人几千年来拜各种菩萨、神仙，组成了一个十分拥挤的神佛信仰体系，洪秀全从基督教里的一神说获取思想养分，认为天上只有一个先秦古籍所记载的“上帝”，而且这个上帝跟西洋各国崇拜的上帝，就是同一个神，其他各种神仙，全是后面的妖魔鬼怪假扮的。

他联想到自己这么刻苦读书，依然连个秀才都考不中，就是因为他相信文昌星和魁星，这些妖魔鬼怪乱了他的心神，也坏了天下大部分读书人的元神，只有信奉真正的上帝，才能找到人生的出路。

世界许多文明都有过从多神教走向一神教的历史，古埃及、古罗马、古波斯曾经都是多神教，后来这些区域都慢慢发展成了一神教；只有中国和印度一直是多神信仰，但中国自古政权力压神权，神仙在中国，更像是心理学情感大师，帮百姓调节情绪用的，百姓也没太把他们当回事，保佑得好就香火不断，保佑得不好就要拆你的庙。在中国神话故事里，连龙王都会被扒皮抽筋，神仙也会被猴精打得满天乱跑，实在没什么面子。

神仙在中国，更像是订了契约的精神服务商，不单是拿来顶礼膜拜的。

当然从历史经验上来看，一神教能替代多神教，一定有其历史规律，毕竟少拜几个神，平时也能少操几份心。

洪秀全认为，社会的陋俗恶习，都是邪魔误导的；人世间的痛苦，都是因为真神没有归位，他可是在梦中见过上帝的人，能证明上帝是真实存在的。

1843 年第四次考砸后，洪秀全产生了极大的逆反心理，他认为儒家祖师爷孔子就是邪魔之一，是孔子祸害了天下读书人，要树立真神的绝对权威，在世间就必须先掀翻孔子的地位。

其实这是借"神"打倒孔子，表达内心深处对科举的强烈不满。

为了传教，洪秀全还编造了一个梦中故事，说上帝曾当着他的面怒斥孔子："尔因何这样教人糊涂了事，致凡人不识朕？"天兄基督也曾在一旁帮腔，说孔子编出来的书，害了他的二弟（就是洪秀全），上帝要拿鞭子抽孔子，孔子吓得跪下讨饶，还是吃了许多鞭，痛得苦苦哀求。

洪秀全、李敬芳、洪仁玕、冯云山四人都是私塾先生，他们都极憎恨在这世间无出头之日，打倒孔子这种权威人物，象征着他们对压抑环境的宣泄和反叛。

这四人，只有李敬芳没有加入太平天国，他很快就淡出了团队，消失在历史资料中，其他三人都死在后面他们引发的战争里。

在紫荆山深处吃尽人生苦难的炭工们，当然乐于见到权威被打倒，从而获取内心的快感，而天下没有功名的读书人，也赞同洪秀全的观点。所以卢贤拔、曾水源、曾钊扬、何震川等没有功名，或者只有一点儿功名的人，才会陆续汇集到洪秀全的身边。

洪秀全的文化水平应该不算低，大致相当于今天的大专或本科水准，过分低估他的学识、贬低他的认知，是对历史的不尊重，但他的宗教观确实较为贫弱，那是中国神话和西方一神教的浅层次结合，是他用来表达对清末社会不满的表现手法。他早期也不是很坚信自己的理论，要不怎么可能 4 年后，跑去广州洋人传教士那儿求职呢？

他对基督新教的认知不深，也就读过《劝世良言》后，在广州自费实习期间，又读了两个月的《新约》和《旧约》，学习时间太短。后来太平天国建立的各种宗教理论和规矩，都是把新教的东西抄过来改一改就用，其根基相当肤浅。

他第一篇重要作品《原道觉世训》，就出自这种简朴的世界观，确立了上帝的地位，并塑造出“阎罗妖”的反面形象，这个“阎罗妖”，对应的应该就是基督教里的撒旦。

拜上帝会真正吸引人的，是其所传达的“求平等、求公平、求生存”的认知，这种认知尤其对客家人的胃口。

其实任何一个王朝末期，举起旗号造反的人，最重要的口号都是“求平等”三个字。

前面说过，客家人为了同本土人争夺土地、水源，以及对祖宗的祭祀权，常年械斗使其保持着较高的武力值；而且他们的女性不裹脚，行动起来方便，可以做到全家一起入教造反，行李一卷跟着队伍就走，他们是出于反抗压迫，才会成为后面造反的主力的。

不过，洪秀全原本没打算造反。

很多宏大的历史事件在发生时，主事者其实都是走一步看一步的，洪秀全虽痛恨清朝统治，但这时他还没有造反的打算，毕竟这是要掉脑袋的。

他跟冯云山打算先把事业干起来，后面会怎么样，后面再说。

洪秀全开始完善拜上帝会的理论工作，他带来了《原道救世歌》《原道醒世训》《原道觉世训》三篇文章，冯云山则带头发动本地知识分子，由卢贤拔、曾水源、曾钊扬、何震川等到基层宣传。这四人里，除了何震川是秀才，其他三人混得最好的，也只是私塾先生，正是这些人日夜不停地抄写文章，四处散发，才保证了宣传工作的执行。

谁能想到，动摇清朝两百年统治根基的，竟是这样一群普普通通，拿微薄月薪的客家私塾先生。

读书人不好惹啊。

洪秀全的宗教宣传文章，深度确实不够，但好就好在粗浅接地气，文盲村夫们都听得懂。经过扎根底层大力宣传，周边城乡都知道紫荆山来了位奇人洪秀全，人人都敬佩得很，大批穷苦矿工、农民、烧炭工都入了拜上帝会，甚至连当地地主曾天养、吴如孝，因为听到洪秀全威名，也皈依了“教会”。

宣传的力量是巨大的。

多年以后，李秀成回忆说：“每村每处，皆悉有洪先生而已，到处人人恭敬。”

拜上帝会将除上帝以外的神明都归为邪神，不能立宗祠的客家人对此大为欢迎，这证明当地人搞的神庙都不是好东西，我们不能拜，他们也不能拜。

来到紫荆山两个月后，洪秀全决定和冯云山，跟在广州乡下私塾打翻孔子牌位那样，将本地的神庙砸烂，以团结信众，打倒邪神，宣扬上帝是唯一的真神。

他们选择的第一个目标，是百里外的象州古车村甘王庙。

选择这么远的一座庙，是因为这次活动具备实验性质，洪仁玕因为打翻孔子牌位，被族人吊起来打的教训没过几年，其实紫荆山雷王庙人气更足，但他们不敢贸然惹翻了身边人，只能挑一个远方的软柿子下手。

1847 年 10 月下旬，洪秀全、冯云山和卢六等 5 人经过两天长途跋涉，来到象州甘王庙前。洪秀全找到一根长竹竿，走进殿堂，将甘王像捅倒在地。他边捅边骂甘王抢了上帝的座位，为非作歹，大家上前把甘王像的眼珠挖出，龙袍扯碎，手脚折断。

甘王在传说中是个不好惹的神，但洪秀全这样羞辱他，却没有得到一点神力惩罚，大家更相信洪秀全是上帝之子下凡，一时声威大震，名震百里，信徒越来越多。

当地官绅原本想要捉拿洪秀全，但担心拜上帝会信徒太多，事情压不下去，就开始和稀泥，为了息事宁人，让一个小孩假装甘王上身，说他们其实是诚心之人，就不伤害他们了，大家重修我的神像就算了。

这件事就这样蒙混过去了。

这里有两个信息值得注意：一是拜上帝会此时的势力，已经大到当地官绅十分忌惮的水平，轻易不敢动他们，就算被欺负了也只能忍气吞声；二是神鬼上身这种事，在广西荒野乡下十分流行，没有读过书的底层民众几乎人人都信。

所以后来杨秀清和萧朝贵也开始玩这种把戏的时候，才会有那么多群众相信。

推掉甘王像后，洪秀全和冯云山的神权实验算是成功了，尝到甜头的洪秀全，当然决定趁热打铁，又领导会众捣毁了雷王庙，将本地香火最旺的庙宇也给砸了。

这次惹的是本地势力，洪秀全不敢去现场，找了个理由去了赐谷村。

洪秀全每次都有办法，在面临巨大危险或巨大困难时选择回避，而让旁人去承担痛苦和解决问题。

这次替他承担压力的，又是冯云山。

雷王庙的后台比甘王庙强大多了，因为这座庙的主人，叫王东城。

王家也是广东过来的客家人，不过他们早已转型成当地乡绅权贵。

王东城是举人，有功名，他兄弟王德钦也是举人。那年头，能考上举人极难极难，能在广西这种穷地方考上，更是难上加难，这说明王家是相当有实力的；而王东城的几个儿子也都是秀才，算是本地功名世家，是洪秀全他们在考场一辈子都达不到的高度，所以王家被拥为当地族长，手里头还有一支团练。

冯云山在他们头上动土，简直是吃了熊心豹子胆。

此时王家的话事人是王东城的儿子王作新，他跟叔叔王德钦，早就认识冯云山。冯云山在本地闯出好大的名头，附近读书人都过来拜会，王作新和王德钦也常来他书馆中吟诗应酬。

也就是说，大家都是熟人，一桌子吃过饭的。

熟人你还搞我？熟人你还拆我的庙？那更不能忍了。

当然拆庙这种罪太小，要找冯云山麻烦，就得往死里整。王作新就以冯云山“迷惑乡民，结盟拜会，践踏神明”为罪名，带团练把他给绑了抓走。

对冯云山忠心耿耿的卢六、曾玉珍得知后，便带着教众半路上又把他给抢了回来。

王作新气得直奔桂平县衙，告冯云山等人结盟聚会、践踏神明，知县王烈怕引起更大的风波，以证据不足为由不予受理。

事情发展到这里，地方政府这个角色才出现，那之前拜上帝会闹得那么凶，清政府难道不管吗？

清政府是管的，而且管得很严。

可以说为了巩固统治，清廷几百年来一直在钻研驭民术，为了防止汉人知识分子和宗教分子带头搞事，这两类人是朝廷重点防范对象，一直是严防死守的态度。

洪秀全和冯云山能搞起来，确实有一点侥幸，但又有其必然性。

翻开中国历史，像洪秀全这样以宗教为名造反的人，其实数不胜数。宗教是凝聚底层百姓的黏合剂，造反初期时，装神弄鬼是吸引文盲百姓的最好工具。

清政府当然懂这个道理，谁想搞这套，就要在早期将其扑灭，干净利落一脚踩死。

洪秀全和冯云山能搞起来，有几大特殊性。

一是他们所在的地方，实在太贫穷太偏僻，政府执法人员下去办个案得走好几天，这种地方一般交给地方乡绅自治。就像美国没有铁路延伸到西部时，到处是杀人抢劫，铁路一到，执法人员就到，美国西部直到 20 世纪初才步入法治社会。

二是这两个人从广东过来，碰到的是在广西吃尽苦头的客家人，语言相通，相互好说话，再加上出了个奇才冯云山，传教工作才得以开展。

三是当时广西起义频发，地方官压根管不过来，想管却有心无力，桂平知县一心想平息事态，大事化小，小事化了。

当时清政府对民众压迫之深，罄竹难书，全国起义连绵不断，总有一处火焰它是扑不灭的，所以起义成功又有其必然性。

开篇时我写冯云山选择来这里传教，看中的就是“山深地僻”，当地官府难以深入基层。

要是在官府眼皮子底下，别说传教几万人，传到 20 个人，就会被抓去吃牢饭了。

王作新不甘心，不久率团练把冯云山、卢六等人抓去，送到大湟江巡检司黄基那里。这次扣的帽子更大了，他控告冯云山等人“阳为拜教，阴图谋反”，并以冯云山所写“暂借荆山栖彩凤，聊将紫水活蛟龙”的对联为谋反的证据，企图整死冯云山等人。

在大牢里，卢六被折磨致死，他成为太平天国运动的第一位牺牲者。也开启了太平天国运动，共造成约 2000 万人死亡的序幕。（这里采用容闳和美国驻华公使柔克义的数据估算）

不久，新任的桂平知县贾桂把冯云山一案上报，并将查获的拜上帝会宣传品送给浔州府。知府十分高兴，便兴冲冲地跑到省城汇报，不料广西巡抚郑祖琛听后不以为意。知府见上司不感兴趣，便懊丧地回到浔州，把案件发回桂平县，让县令放人。

伍
杨秀清的决定

当冯云山被捕入狱的时候，洪秀全在做什么呢？

洪秀全因为在贵县龙山侄子家做客，躲过这一劫。听到消息赶回紫荆山了解详情后，他决定回到广州去找罗孝全，再请罗孝全出面，向两广总督耆英求情，释放冯云山。

在反复对比好几处历史资料，确定洪秀全这个计划后，我觉得，这个计划充满了幼稚和无知。

洪秀全和罗孝全此时的关系很不好，他离开广州教会，是被罗孝全嫌弃走的。罗孝全连洗礼都不给他做，两人感情生疏，他凭什么请罗孝全出面去找耆英说情？

再说耆英所担任的两广总督，那是清朝九位最高级别的封疆大吏之一。洪秀全这种私塾先生，居然想托一个传教士找两广总督办事，没有通天的手段，能请得动吗？人家的时间成本有多高不知道吗？

简直是脑子有病。

他要么就是一身的书呆子气，要么就是内心滑头，找个理由再次避开锋芒。

连续几次读到洪秀全为人处事的方式后，我就确定，这是一个对理想有一定热情，但没有实力和技巧的人。

这个人最多搞搞理论工作，让他去实操，一定把公司搞得乱七八糟。

1848 年 4 月，洪秀全来到广州，在罗孝全这边待了几个月，罗孝全根本没处理他的事。

我相信罗孝全也没这个本事去求耆英，他哪有这么大能量，能约到耆英出来组个饭局？

我偏向于认为洪秀全在耍滑头，几个月时间就在原地干等，事情推进不下去，没有人给他做出任何承诺，他也不做任何实际工作，他真心安理得待得下去？

洪秀全要真心办事，半个月推进不下去，就会马上想其他办法的。

但他没有，他就一直安安静静地等着，直到发现他到达广州前十多天，耆英就离开广州了。

几个月时间，他才发现耆英不在广州？这段时间他到底在干什么？天天忙着去喝早茶吗？

总之，洪秀全一定有问题，要么心态不好，要么能力不行。

几个月后，可能觉得风头过了，洪秀全才决定回广西看一看。

但是这段时间，拜上帝会内部风云突变，内部格局发生了颠覆性变化，造成了太平天国后期无法解决的权力分配问题。

而这背后的逻辑，都是洪秀全的软弱和逃避造成的。

在此期间，杨秀清完全掌握了大局，拯救了拜上帝会，树立起了个人不可抵抗的权威，使他成为拜上帝会的实际掌控人。

这一切都得从杨秀清的个人脱口秀说起。

在冯云山入狱，洪秀全出走之后，拜上帝会突然群龙无首，一片混乱。

当时拜上帝会面临着内忧外患，内忧是两个老大不在了，组织架构还没建成，内部一盘散沙，随时要分家散伙；外患是还有个竞争对手天地会，正趁机跑过来挖人，不少信徒开始流失。

最要紧的是两个核心领导还不知道几时回来，说不定一个要死在牢里，一个跑广东就不回来了。

在这危难时刻，1848 年年初，杨秀清忽然生了哑病，在大家面前不吃不睡，2 个月不能说话。

杨秀清奇怪的病情引起了群众的注意，正当大家都感到好奇时，铺垫了许久的杨秀清，也玩起了神灵附体。1848 年 4 月 6 日，杨秀清走路时突然跌倒在地不省人事，昏迷片刻后醒过来，双眼一睁，摆出一副严厉肃穆的样子，厉声对大家说：

“众小子听着！我乃天父是也！今日下凡，降托杨秀清，来传圣旨。”

杨秀清就此假装天父下凡到他身上，一边抽风一边讲脱口秀。

在广西客家人当中，神鬼附体讲脱口秀是有传统的，当地人叫“降僮”，所以前面甘王庙被砸，当地官绅为了平息事端，就叫一个小孩假装甘王上身，那年头，谁鬼上身谁就占理。

杨秀清翻白眼扭来扭去，开始了他的脱口秀专场。

他说，自己就是天父，大家不要慌，世人连天父都不知道，仍然叛逆天父，本来要降下大瘟疫，让天下人都病死的，但天父大发慈悲，不忍心世人都遭病死，所以差杨秀清下凡，代大家赎罪。

他又说，洪秀全是万国真主，大家要信服他，不要为妖言所惑，我们要齐心协力救冯云山出来，继续拥戴洪秀全。

说完口吐白沫，晕了过去。

杨秀清扮演的是洪秀全的父亲，也就是上帝下凡，在洪秀全全面退缩的情况下，以上帝的名义下凡救子，完全符合拜上帝会的宣传逻辑。

这场半恐吓半拉拢的神鬼附体秀，使杨秀清在当地文盲百姓间深得人心。他又将自己得哑病的经历，说成是“替天下百姓赎罪”，群众深受感动，继续团结在以杨秀清为核心的教会当中。

之后杨秀清又屡次扮演天父下凡，靠一场场脱口秀专场，彻底降服了人心。

杨秀清的脱口秀专场除了改变此后太平天国的权力格局，还迫使洪秀全走上了反清的道路。因为在这之前，洪秀全本人只想“蓄财致富，无反叛之心”（《粤寇起事纪实》），但杨秀清宣布洪秀全为“万国真主”，给他贴了这么大一个标签，那就真走向了清朝皇帝的反面，不得不反了。

杨秀清是一个有大志向的人，他根本不满足于现在拥有的一切，他不想一直待在紫荆山，做贫苦烧炭工的话事人，他要的是清朝的整座江山。

所以洪秀全和冯云山最多想传教，真正推动拜上帝会走向反清道路的，是杨秀清。

搞定公关危机的杨秀清，下一步是想办法赶紧营救董事会成员冯云山。要救冯云山，最好的办法是贿赂官员，但大伙都是穷鬼，哪里来的钱贿赂官员？

杨秀清和萧朝贵便组织平在山炭工，将每月收入的十分之一捐出来救人，他们管这笔钱叫“科炭钱”，再由一个懂官场规则，名叫黄玉昆的信徒去上下打点，终于将冯云山从轻发落，押解回广州花县原籍。

几年后，当炭工们在南京城享受荣华富贵之时，常常谈及当年的科炭往事，聊起创业艰辛，个个都对杨秀清十分敬佩。

冯云山本应该被两个差役押解回老家的，但走到藤县时，冯云山凭借自己的口才，对两名差役讲起百姓苦难、衙门腐败，说要求一个同衣同食的好日子，两名差役竟大受感动，工作也不要了，竟释放了冯云山，并跟他一起回到了紫荆山入教。

历史资料里记录冯云山这件事时，言词极平淡，大部分记录者没有意识到，冯云山干的这件事情足以证明他的个人能力有多强。

我们在日常生活中，找人借 5000 块钱都难，冯云山这是全凭口才，就将两个处于敌对状态的差役，说服成了自己的小弟。好比两个警察押犯人上路，路上聊着聊着，两警察放了犯人，跟着犯人一起跑路，不仅跑路，还从此认犯人做大哥，这可比叫别人倾家荡产借钱给自己还难十倍。

从这件事也可以看出来，冯云山的政治实操能力远胜洪秀全，只有深入过民间苦难，并深深体会过民间痛苦的人，才能让两个有公职的差役共情，居然连正经工作都不要了而跟着他混，这是多么惊人的人格魅力。

冯云山带着两名差役回到紫荆山后，受到热烈欢迎。当冯云山得知杨秀清代天父传言这件事后，并没有立即表态，他意识到这件事情的微妙性，便很快离开，赶回广东找洪秀全去了。

冯云山径直返回花县，他在路上走着的时候，洪秀全也从广州到桂平来。由于走的不是一条路，所以在路上没遇着。

冯云山刚刚离开紫荆山，萧朝贵一看，觉得杨秀清行，自己也行。于是，在 1848 年 10 月 5 日，萧朝贵突然也口吐白沫、手脚抽搐，翻起白眼开始当众讲起了脱口秀。

不过天父的名额已经被占用了，他这一次扮演的是“天兄”耶稣。

这下全家都齐了，差一个就可以凑一桌麻将了。

萧朝贵的灵感不仅来源于杨秀清，也来源于自己的妻子杨云娇。

一年前，洪秀全来萧朝贵家，又跟众人吹牛，讲起自己的梦境，杨云娇为了附和他，说自己做过一模一样的梦，梦中有位神仙告诉她："十年后有人来此教人拜上帝，汝当遵从。"洪秀全见有人给自己"捧哏"，大喜，此后就叫杨云娇"天妹"，说她是上帝的第六女，杨云娇便常常引以为傲，说自己是天仙下凡，在家里对萧朝贵指手画脚，萧朝贵忍她很久了。

现在他趁乱扮演天兄下凡，从组织到家庭，都获得了一定话语权。

洪秀全到达紫荆山后，听说了杨秀清和萧朝贵搞的把戏，异常惊愕。突然多出来一个父亲和一个哥哥，他一时不知道如何处置，也没有逗留，随即返回广东。

1848 年 11 月，洪秀全与冯云山在家乡重聚，他俩讨论了杨秀清和萧朝贵天父天兄上身的事情，考虑到杨秀清、萧朝贵功劳巨大，组织也不能散，也就默默地接受了这个设定。

有点像是一家快要倒闭的公司，给救公司的功臣多分了些股份。

萧朝贵为了争权，每个月频繁表演天兄下凡脱口秀，他也是边拉边打，一边盛赞大伙要听洪秀全的话，说他是太阳再世；一边对洪秀全进行生活指导，不过他比杨秀清表现得更有服从性，跳大神纯粹是为了多拿点股份，没有打董事长位置的主意。洪秀全对萧朝贵十分满意，刚巧也需要他扮演天兄，来对冲杨秀清天父的权威性。在萧朝贵战死后，洪秀全对其后代一直照顾有加。

萧朝贵不仅在会里要地位，在家里也要地位，扮演天兄成功后，他就当众借天兄附体，说妻子杨云娇爱逞强、不遵天听，打了她数十大板。

杨秀清和萧朝贵关系不错，偶尔天父下凡，也帮着教训杨云娇几句，杨云娇得势时，可能没太给家里男人面子，才会被这样屡屡针对。从此，她这个天妹角色，在教徒里也没什么地位了。

洪秀全最终接受了天父天兄这个设定，但声明从此不会有其他亲戚下凡了，省得后面又莫名其妙地冒出来各种弟弟妹妹。

冯云山这位真正的开创者，到这时候只能被迫再退一位，在太平天国里只能排第四。

天父下凡后的第二年，拜上帝会在犀牛岭设立了指挥部，开始准备起义。

从 1845 年冯云山入紫荆山，到 1849 年动手做准备，短短 5 年时间，紫荆山发展出教徒 2 万人，静悄悄地埋下了中国历史上规模最大的农民起义的种子。

这年 35 岁的洪秀全，只是名义上的话事人，实权落在了 26 岁的杨秀清和 23 岁的萧朝贵手里，而 34 岁的冯云山，开始退居到调和者的角色。

两个中年人还是没玩过两个年轻人，颇有心机的杨秀清，在太平天国内部，已处于不败之地。

太平天国从成立这天起，就是“洪秀全 + 杨秀清”神权加军权双核联动，而且杨秀清还具备神权的反击性，早期这种特殊的权力结构，使队伍一直没有绝对的核心。

这是太平军底层逻辑上的大失误。

7 年后，杨秀清在天京面对韦昌辉的屠刀时，不知道会不会想起，当年在紫荆山上，自己第一次开始天父脱口秀的情景。

陆
将星齐聚

既然我们已经正式提到了韦昌辉的名字，还是先让他出来露个面，做个简短的介绍吧。

毕竟韦昌辉和石达开也是最早的核心六人组之一，不能让他俩站在后台一直发呆。

韦昌辉和萧朝贵同龄，小杨秀清3岁，小洪秀全12岁，他出身跟其他头领不一样；虽是客家人（也有资料说是壮族人），但他们家是金田村地主，有200多亩水田，还做点贩牛、榨油、放高利贷、开当铺的生意，在本地相当富裕，韦昌辉打小过着衣食无忧的生活。

后护又副军师 北王 韦昌辉

但韦家也一直有个心病，他们家是客家人，不是本地人，也没有人考取过功名，有钱，但没有权势，被本村和邻村的其他地主欺负，日日受他们的鄙薄。

韦家原住王谟村，因受不了刘姓的欺辱，就搬到了金田村，结果照样受欺负。

有一次，韦家去纳粮，交了粮食却没开收据，粮官硬说韦家没有纳粮，频繁催粮。

韦昌辉老爸韦源玠痛感家中无人有功名，有钱也受人欺负，便培养儿子读书。可韦昌辉不是读书的料，屡次应试都没考上。韦父急了，就拿钱给韦昌辉捐了个监生，还在门头挂了块“成均进士”的匾，以图扬眉吐气。

这件事被邻村的秀才蓝如鉴盯上了，他便跟一位骆姓催粮官商议，唆使催粮官在晚上把韦家的“成均进士”匾上面的“成均”两个字削掉，就可以大做文章了（也有版本说是跟谢启发合谋）。

这里要跟大家讲一下，成均本指古代的大学，是国子监太学的别称，成均进士即国子监的太学生（监生），与进士及第不同。如果去掉“成均”，就成了“进士及第”的进士，便是僭越了，是大罪。

果然，骆某削掉字后就去告发韦家冒充进士，把韦源玠捉到团局，逼迫他交了几百两银子的罚款，才将他放回去。趁韦源玠被扣在团局里，村里其他地主也纷纷去韦家敲竹杠。此事让韦家颜面扫地，常遭邻里耻笑，韦家也深以为耻，据说韦源玠曾对韦昌辉说：“我年老了，你后生前程远大，今日之事，被人所欺，你当立志方好！”

凡事不要做得太绝，你不给别人留后路，别人也不会给你留后路。

1847年，洪秀全还没有来到紫荆山区时，冯云山已经结识了韦昌辉，并劝说韦家入拜上帝会，韦昌辉当时有些动心，想找个靠山求保护，但这个教看起来有些邪门，怕入了教就没退路，韦昌辉还是想缓一缓再定。

韦家受到侮辱后，冯云山刚好从牢里放出来，1848年在押解回籍的途中重返紫荆山，路经金田村，借宿韦家。这次他正式说服韦昌辉加入拜上帝会。

韦昌辉再也无法忍受本地劣绅无休无止的欺侮，大不了跟他们拼个鱼死网破，一怒之下便入了会。

韦昌辉的遭遇，也侧面说明清末时，土客矛盾和土地兼并的严重性，其他地主不断地来欺负韦家，最终目的还是想夺取韦家的田地而已。

在清代时，地主之间也是会相互吞食的，有功名的地主，会吞食没有功名的地主，一个地主家庭倘若一直没功名，往往三四代人后田地就会被抢夺光，所以纷纷要求后代读书走仕途，以寻求政治庇护。

韦昌辉带着全族人，献银数万两入会，主要跟着萧朝贵混，很快便混成了萧朝贵的心腹。1849 年萧朝贵扮天兄说脱口秀，当着洪秀全的面说韦昌辉“他同朕们总是共条肠也”，意思是韦昌辉也是上帝的儿子，排老五，从此确立了韦昌辉的神权，韦昌辉自此对萧朝贵更是唯命是从。

洪秀全自从萧朝贵开天兄脱口秀后，就说过不能再有其他兄弟下凡，搞得教里头神权膨胀，但大家也不太把他的命令当回事，他只能眼睁睁见着身边“亲兄弟”越来越多。

后面太平军起义时，将韦昌辉家设为大本营，清廷还误会了许久，一直以为太平军的首领是韦昌辉，并不知道他在队伍里只是五把手。

当时与韦昌辉差不多同时入伙的，便是人气达人石达开。

石达开在中国民间风评极佳，因为他是太平军里道德与军功的双重表率。

石达开家住广西贵县龙山那帮村，也是客家人出身。

他父亲很早就过世了，只有一个姐姐和母亲相依为命，因此特别早熟，12 岁就“凛然如成人”，种田之外兼做生意。他平日爱读兵法，性情豪爽、仗义疏财，周围的人都叫他“小宋公明”。

通军主将 公忠又副军师 翼王 石达开

宋公明那是什么人？黑白两道通吃的人啊，可见石达开打小就颇有手腕。

1844 年，洪秀全和冯云山来到贵县，在离石达开家不远的赐谷、长排、大横等地宣传拜上帝会时，就听说了石达开的事迹。

这年石达开才 13 岁，居然在江湖上有事迹传开，实在早熟得不可思议。

1847 年年底，洪秀全再次来到贵县，在龙山活动期间认识了 16 岁的石达开。石达开因贩卖木炭，常到龙山银矿区走动，所以对龙山拜上帝会的活动比较了解，也接触到了洪秀全。在洪秀全的拉拢下，石达开入了会。

加入拜上帝会后，石达开邀集到大批人马，总共有 1000 多人，石达开便成了赐谷地区拜上帝会的负责人。

我实在想不明白，一个 16 岁的青少年，哪来这么大的号召力。

石达开家族的资料遗失过早，大家原没个眉目，直到 1979 年，考古人员在贵县调研时，发现当地妇女用作舂布的砧石，原是伏罗村旁的《鼎建渡船碑记》的石碑，从这块 1840 年的碑记里，确认了石达开的家族信息。

考古人员再结合《贵县志》，以及通过走访当地老者，知道石达开除种田外，青少年时就做些贩鸡鸭、运木炭的生意。

很多人说石达开是地主出身，我仔细比对过各处史料，发现他家其实最多是个富农，而且那年头的富农，日子也过得蛮艰难的。

那石达开的一身本事，也跟杨秀清一样，是打小走江湖走出来的。

讨生活不容易，小小年纪，就被催熟成这样了。

1849 年，18 岁的石达开遇到了跟韦昌辉一样的问题，当地客家人在跟本地人的械斗中失败了。恰好洪秀全要举大事，石达开声望高，便带领在械斗中失败的 4000 客家人过来投奔。

到石达开入会后，太平天国便形成了以洪秀全、杨秀清、萧朝贵、冯云山、韦昌辉、石达开为核心的领导层。中层班子则由矿工出身、勇猛粗犷的秦日纲，地主和武秀才出身的胡以晃，以及蒙得恩、黄玉昆、李开芳、林凤祥等组成。

太平天国后期名将李秀成是跟石达开同一年入伙的，此时还是名普通士兵，而陈玉成此时还是个 12 岁的孩子，放现在才读小学六年级，他在两年后加入了太平军里的童子军。

部队终于拉起来了，组织架构填充完成，各路谋臣猛将也都凑齐了，那么杨秀清先生，咱们是不是可以开干了？

诗

混乱的广西

26 岁的杨秀清站在历史的角落里，笑微微地点了点头。

他终于等到这一天了。

他一直是这支队伍中野心最大的人，真正鼓动大家起来反清的是他，后期指挥战略全局的是他，带着太平天国一路开疆拓土的领导者，也是他。

当时他不过才 26 岁，而且不识字，没上过学，身材矮小，放在哪个年代应该一辈子是苦力的命，烧八辈子高香，最多也就混到苦力工头。

杨秀清的人生起点，确实是一名工头，不过前面介绍过，这支矿工队伍因为工作需要，具备强大的组织性、承压性，能快速行军、战斗能力较强，有点儿半军事组织的味道。

后面事实也确实证明，普通绿营根本不是他们的对手，绿营更像是散兵游勇，他们稍加训练，反而更像是一支正规军队。

杨秀清这名工头，不是普通的工头，他一登场，更像是广西深山里某个工程兵加强团的团长。

因为失业的压力，被冯云山点燃内心的野火后，杨秀清的军事天才和谋略天才就不由自主活蹦乱跳着被激活了。

他不再甘心做贫苦之地的苦力头子，他要带领这些从没出过县城的苦哥们儿打出紫荆山，直捣清廷重心。

在指挥和战略方面，杨秀清就是个天才。

作为一个不识字、无法从兵书中吸收营养的人，杨秀清的管理和军事水平，主要来自生活实践和感悟，毕竟一个 23 岁就做矿工话事人的人，肯定会主动吸收和归纳总结生活的智慧。

智慧的来源不仅仅是书本，商人们在酒桌上的互动就藏有智慧，农民们在田间的摸索藏有智慧，企业里的职场争斗也有其智慧，就连夜店气氛组的小姐姐们，都有她们独特的安身立命的智慧。

书本出智慧，实践也出智慧，主要看身处当中的人悟性够不够。

我相信，杨秀清是一个勤于思考、善于实践的人。

在《李秀成自述》里，和杨秀清同龄的李秀成这样评价他："事事严整，……民心佩服。"

湘军张德坚在《贼情汇纂》里评价杨秀清："于行阵机宜，山川形势，颇能谙习。虽不读书，罔知兵法，然皆谲诈机警，逞其毒焰，竟能成燎原之势者。"

跟着洪秀全一辈子的洪仁玕评价杨秀清说："东王在世时，拓土开疆，犹有日辟百里之势。"

冯云山打下了太平天国的基石，杨秀清则负责带领太平天国突飞猛进。

在经历了冯云山入狱的磨难后，杨秀清判断以拜上帝会的势头，迟早会被朝廷盯上，与其等着被官兵围剿，不如提前动手。

1849年某天，洪秀全、杨秀清、萧朝贵、冯云山、韦昌辉、石达开，以及秦日纲七人开始密谋反清，准备起义事宜。前面六人合在一起称为"首义六王"。

秦日纲能加入核心团队，是因为贵县有个龙山银矿，矿里有1000多名工人，秦日纲是这1000多人的话事人，算"带

燕王 秦日纲

豫王 胡以晃

资进组”。那时他还叫秦日昌，为了避韦昌辉的昌字才改名。

我们现在是从后来者的视角回顾历史，才会如此条理清晰，当年太平军闹得那么凶，朝廷却对他们的内部情况十分陌生，常常搞不清谁是老大，也搞不清他们的具体组织结构。

除了这七人，另外还有个重要人物胡以晃（有的资料叫他胡以晄）。

胡以晃的经历跟韦昌辉相似，他也是客家地主出身，每年能收谷十余万担，还是个武秀才，臂力奇大，能将弓臂拉断，但常年被本地地主卓某摁在地上欺负，有次他骑马经过卓某地界，卓某将他拉下马关进牛栏，用牛栏杠夹住头颈，剃光了他的头发，毒打了他一顿，其所受侮辱程度跟韦昌辉的经历不相上下，实在咽不下这口气，才带着家财入了会。

拜上帝会早期吸纳的大多是客家平民、地主，本地矿工、烧炭工、苦力雇工，以及部分低级知识分子，大多是生活不如意的人，被逼到绝境，只为泄心头之恨而来；加上广西乱成一锅粥，也有避祸的动机，入教时许多人都断了退路，连家人带财产打包入教。

真正连接他们的不是信奉上帝，而是借上帝之名，发泄对当前生活的不满。

太平天国第一代领导人团队至此聚齐，现在可以抽空讲一讲他们当中的权力关系了。

要是没弄清楚他们之间的权益分配，是很难搞明白后面太平天国许多历史事件的。

太平天国从一开始，就是一家“股份制公司”，这家公司由冯云山组织，洪秀全提供理论与宗教合法性，杨秀清、萧朝贵、韦昌辉、石达开、秦日纲等提供初创军队共同投资，军队系统当中，又以杨秀清最为重要。

大部分历史书说太平天国是由洪秀全领导的，其实不是，在天京事变前，洪秀全并不理会军政要事，洪秀全只需要扮演好“活着的半神”这个角色就行，给底层百姓提供精神力量，让他们愿意为天国献身。

而且洪秀全水平太低，他也管不好军政。

真正管理军政要务的，首先是杨秀清，他水平最高，手下3000人战斗力最强，大家都服他管理调动。

其次是萧朝贵，萧朝贵带了多少人入伙，我一直没找到可靠数据，反正人数不会太少，创业早期，萧朝贵在武宣、象州等地，找广大山民到处拉人头，一个串一个辛苦建团队，在山民里头威望很高，大家都叫他“萧将军”，属于实干派，很得人心。

韦昌辉、石达开、胡以晃是带全族及江湖兄弟入伙，各小几千人。秦日纲带银矿矿工入伙，约1000多人。冯云山的部队是后期分配的，他凭借的是政治能力和组织能力，算技术性入股。

天使投资收益高，越早加入公司的实力派领导人，其地位就越高。

我看有部分史学家认为，洪秀全和冯云山主动拉年幼的石达开入领导集团，主要是杨秀清联合萧朝贵太强，要稀释一些权力，以制衡杨秀清。

这个说法有一些道理，但杨秀清跟萧朝贵之间并没有大家想象的那么亲密。

部分历史学家认为，太平天国创始团队，有点洪秀全加冯云山，对抗杨秀清加萧朝贵的格局，其他各王则是两派拉拢争取的对象。

其实萧朝贵这个人的倾向性比较模糊，他虽跟杨秀清是亲戚，但他也想壮大自己的实力，要不然也不会冒风险搞什么天兄下凡，把冯云山都给干沉默了。

萧朝贵不仅不是杨秀清的绝对铁杆，甚至还能起到一定制衡作用。

从很多历史细节可以看出，萧朝贵不是杨秀清的人，他有自己的想法，要在天国里拥有自己的地盘。

这个团队初创之时，真正的问题是神权政权一把抓，眉毛胡子分不清楚。

本来应该洪秀全负责神权，杨秀清负责政权，大家分工合作，搞日本那套幕府将军和天皇，或者欧洲那套国王与宗教之间的平衡就行。

坏就坏在，洪秀全软弱无能，队伍出一点儿事他就逃跑，导致冯云山被捕后神权失位，杨秀清被迫插手神权，靠扮演天父下凡拯救了队伍。

这样杨秀清既有了政权，又有了一定的神权，杨秀清后期欲望不由得走高，高层平衡被打破了。

另外，虽然杨秀清扮演天父、萧朝贵扮演天兄，看起来神权比洪秀全高，但他们的肉身，在天国理论里还是凡人，他们实质上只是巫师角色。

洪秀全在天国理论里，其肉身是真正的半神，是上帝的二儿子下凡，是不容触犯的，这使得杨秀清拿洪秀全也没办法，他想要完全控制太平天国，就只能联合其他各王，合力将天王压制在神权领域。

后期天京事变造成天国大毁灭的缘由，就在这里。

杨秀清有了更高的欲望，但他没有联合其他各王一起压制洪秀全，而是孤身单人压制，最后点爆了天国核心矛盾。

不过现在聊这个话题还有点远，现在太平军的问题，是怎么活下来。

清廷当时的注意力还没在拜上帝会身上，他们当时的目光，主要被天地会给吸引去了。

鸦片战争后，洋人参与打击沿海海盗，大量盗贼和遣散的军人涌入广西，五口通商又使广州失去唯一的对外贸易机会，侧面使西江和岭南大量依赖十三行贸易线的劳动力失业，盗匪与失业流民相结合，使本来就贫困的广西陷入了动乱。

像岭南挑夫群体，船由赣江到南安后，由挑夫将货物越过山岭，转运到浈江，再经曲江到北江，一路下到十三行。这条商道主运茶叶和丝绸，养活了大量船夫、挑夫、小贩，五口通商后这些人有很多失业了，活不下去的流民便入了天地会。

就像我反复讲过的那样，失业，才是一切动乱的根源。

天地会并不是一个紧密组织，每个山头各玩各的，当时有湘桂边境的雷再浩、李沅发，南宁、太平地区的张嘉祥，武宣、象州、桂平的陈亚贵等势力，最多的有10多万成员，到处攻打县城，闹得清廷焦头烂额。

清廷先派林则徐来广西剿匪，不料林则徐路上病死，便又派提督向荣和李星沅前往。

四川人向荣是从大头兵一路升到提督的，不识字，纯文盲，连圣旨都要别人念给他听，但他为人机灵活泛，有大量镇压民间起义的实战经验，帮清廷在全国到处灭火，这次刚在湖南上任没几个月，又被调到广西来。

他跑到实地一看，好家伙，这里最严重的不是天地会，而是"尚弟会"（即拜上帝会，当时应该是报错名字了），天地会就是个打掩护的，但他的上报并没有引起清廷的注意，史料里记载，向荣后面还是在打天地会，并没有对拜上帝会发起进攻，估计是上头给他安排的KPI（关键绩效指标）有问题。

广西巡抚郑祖琛发现问题的时候，已经是1850年12月，这时候杨秀清的起义准备工作已经进入了收尾阶段，金田团营都搞了3个月，连兵器都打造得差不多，就差一个导火索了。

负责给几万名教徒打造兵器的，是家大业大的韦昌辉。

1850年年初，韦昌辉派人到各乡收购废铁及破损农具，又在家里搭起了十几座大铁炉，以打造农具为由，动员全族及能工巧匠夜以继日地锻造兵器。

据凌崇征老先生口述，当时为了掩人耳目，韦昌辉故意生产出一些粗糙不堪的农具到集市上售卖，卖不掉又拿回去重锻武器，还养了一群大鹅，以鹅叫声遮盖打铁声。

打好的各色武器，趁天黑时，便偷偷沉到犀牛潭一棵大树下的深水里保存。

我到金田村现场时，经当地乡亲指点，找到了深潭边的这棵大树。

1850年8月底9月初，眼见武器齐备，洪秀全向各地信徒发布指令，要求到金田村团营。

团营，就是教信徒们合编成营伍，一起吃住训练，准备起事。

树是中间靠潭的那棵，兵器沉在树下面潭水的一个洞里。（作者拍摄）

选择金田村，是因为这里属于桂平、贵县、平南、武宣四县交界处，大家都不爱管它，没什么人注意，韦家在这儿又有屋又有地，方便收留教徒。

赖九召集了博白、陆川五六千人。秦日纲、石达开带来3000余人。参与贵县“客土械斗”失败无处可去的3000多人，与陆川数百拜上帝会教徒相会，约4000人前往金田。女首领苏三率2000人，桂平苏十九带领客家千余人，罗大纲率千余人参加太平军。

在团营前，一直想搞死冯云山的王作新，以窝藏罪名控告冯云山的恩人曾玉珍，将他全家十几口人关进牢里。团营队伍路过王家时，要找王作新报仇，放火烧了王家，但王作新跑得快，没被逮着。

1850年的冬天，无数头扎红布的拜上帝会信徒，扶老携幼，从各处山道走向金田村。

到11月时，一共有2万多人到达金田团营。

起义的烈火即将燃烧，而清政府，对此还浑然不觉。

捌

金田起义

从四处赶到金田的教徒，按照洪秀全的号召，卖掉房产、卖掉地契，拖家带口而来，洪秀全要求将大家的财产全部上缴到圣库，不能拥有私人财产，物资由组织统一配给，教众按男营女营分别居住。

男营女营的制度在太平天国一共实行了 4 年，因为早期男女混杂，不利于战斗，为了使家庭全面军事化而设立。这本来是一种短期措施，后来因为一直陷入苦战才延续了 4 年。男营女营是一种战时状态，比较反人性，后面还被权贵们玩坏了，绝大部分太平军其实也不想长期分居，这是特殊时期的临时产物。

太平军的编制是冯云山依据《周礼》搞出来的，以“军”为基本单位，带兵的长官称军帅。军帅以下设前、后、左、右、中五个师帅；师帅以下设前、后、左、右、中五个旅帅；旅帅以下设壹、贰、叁、肆、伍五个卒长；卒长以下设东、西、南、北四个两司马；两司马以下设刚强、勇敢、雄猛、果毅、威武五个伍长；伍长以下为冲锋、破敌、制胜、奏捷四个圣兵。合计一军 13 156 人。

冯云山不仅依据《周礼》搞军事编制，还依据这本书搞出了官制、礼制、法律等，后面那个奇怪的“东南西北”王就来自于此。

所以我一再说，太平天国就是个中西结合的产物，而且是浅层次的相互结合。

另外要说一句，我们今天叫他们“太平军”，这是历史学上的惯常叫法，实际上当年，他们管自己叫“天兵”“天军”，不客气的则叫他们“长毛”。太平天国灭亡多年后，历史学家们才开始叫他们“太平军”。

为了理解方便，我在文章里还是使用“太平军”这个词。

负责训练士兵的则是杨秀清。

杨秀清挑选年轻力壮的男子编练入营，日夜操演，分别练身体素质和阵型。

身体素质主要练习跑步，首先是往返跑，接着是牵马跑，要做到一边抽马，一边奋力急奔，跑过马头才算合格。

练完跑步再练马术，士兵在马背上策马飞奔，要快到自己的头发被吹成一条直线才算合格。

阵型方面，杨秀清根据退伍老兵的战场经验，创立出一套长短兵器、壕沟土墙相互配合的阵法。由于他铁腕治军、号令森严，加上原队伍本来身体素质就高，太平军的战斗力远胜清军绿营。

当然这时候清军的八旗和绿营都挺废的，才会被太平军往死里揍，逼得清廷这边只好给汉人重建军队的机会，才跑出湘军、淮军对抗太平军。

拜上帝会从此分工明确，真正办事的有三名大佬，洪秀全负责搞定神权和宣传，冯云山负责搞定制度和内部协调，杨秀清负责军权和政务。

洪秀全对自己也有着清醒的认识，他知道自己不行，所以不太过问具体事务，大小要事都由杨秀清做主，他只管把自己的技能点，都点在神学和享受上。

金田团营之时，洪秀全和冯云山住在山人村胡以晃家，暂不直接露面，细节工作都是萧朝贵和韦昌辉在处理，杨秀清则假装身患重病，在邻村新墟休养。

杨秀清上次装病，说过上帝要降瘟疫惩罚世人，结果没过多久真的发生了一场瘟疫，因此在当时威望极高，他一生病，所有人都紧张。

到 1850 年 11 月，清廷还是没注意到金田团营，专心致志地追杀逃窜到紫荆山的天地会。

清军将领浔州协副将李殿元在俘杀天地会首领陈亚贵后，就驻扎在山人村南边的思旺圩（今属平南县思旺镇）。

他并不知道太平军的首领就在附近。

但这段时间，拜上帝会信徒因为遭到当地捕头及兵勇的敲诈，教训了他们几次，李殿元知道附近有“宗教叛军”存在，但还不是太清楚对方的具体信息。

其实他离洪秀全非常非常近，可能就十几里地。

李殿元此时尚不知洪秀全、冯云山藏匿在花洲，他只是奉命“择要安营，实力协剿”，防堵金田太平军由思旺圩向平南一线转移。

李殿元率军到达思旺圩，平南知县倪涛以为后援扎实，12 月 20 日率兵勇、团丁向花洲发动攻势，被胡以晃部太平军击败。

这是太平军与清军第一次硬碰硬，双方打得很草率，都没搞清楚状况，但太平军第一回露面，整体素质已明显强于清军。

倪涛敌不过，便率兵退至思旺圩，与李殿元合军。吃了败仗后，清军不敢贸然进攻，便采用稳扎稳打的方法，先在外围构筑工事，遍插木桩，围困花洲山人村。

洪秀全担心被李殿元生吞，急令胡以晃带人进攻李殿元，另派人从山间小路去金田求救。

杨秀清急令蒙得恩于1850年12月25日在金田带3000余人攻打思旺圩。蒙得恩飞速赶到，弄清楚清军兵力部署后，先偷袭五峒山隘口的清军哨卡。越过关隘后，分兵两路，一路急奔思旺圩外围的李殿元军，发动突袭。待李殿元军与太平军接仗时，太平军佯退，李军追击之时，第二路太平军发起围攻，第一路太平军也转入反攻，清军被打得溃不成军。

太平军直捣思旺圩，巡检张镛被杀。

张镛也是被太平军干掉的第一个朝廷命官。

太平军这种诱敌深入的打法，在后面实战中用了几万遍，但几乎次次都有效，都把我给看腻歪了，也不知道清军为啥蠢成这样。

杨秀清趁思旺圩会战时，派遣偏师出鹏化、罗掩，28 日迎接洪秀全回到金田村总部。这次营救洪秀全的一仗，后被太平天国称为“迎主之战”。

李殿元战败后，上报上司周凤岐，周凤岐不敢大意，立即督师出征。1850 年 12 月 29 日，周凤岐令贵州清江协副将伊克坦布等前往剿灭。

伊克坦布是满族人，手下带的是绿营精锐，配有比较先进的鸟枪和抬枪，平时欺负些散兵游勇惯了，不知道太平军人数遥遥领先。他也不做侦察，一时狂妄冒进。

1851年1月1日，伊克坦布率黔兵为中路，担任正面主攻，刘继祖等率练勇由左右两路侧击，三路人马扑向金田村。太平军早有准备，乔装成练勇，先出击两翼战斗力较弱的练勇，再乘胜反击中路黔兵，歼灭300人，七营黔兵溃逃，伊克坦布慌乱之中，连人带马跌入江中，被太平军士兵斩首。

周凤岐率军赶来驰援，被追击的清军才得以逃出。太平军紧追不舍，清军夺命狂奔，跑得比兔子还快，周凤岐带队狼狈退回桂平，坚守不出。

清军与太平军的第一回合过招，以清军惨败结束，还折了一名从二品的协副将。此时太平军才刚刚进入热身状态，离巅峰时还差很远，可见清军战斗力差到何等地步。

劳崇光看到广西、贵州清兵惨败，立即禀奏向荣，请他赶赴桂平，与黔兵组成联军，镇压太平军。

到这时候，清廷才明白广西这里出了个比天地会更棘手的反叛组织，才把重点放在了剿灭太平军身上。

拜上帝会这时杀了军官、团练、乡绅、兵勇，连地方官和军人都杀过了，前面只有死路一条，只能彻底反叛。

1851年1月11日，道光三十年腊月初十，这天是洪秀全38岁生日，太平军高层一致决定当天建国。

那天在金田村韦家祠堂前广场，无数信徒过来给洪秀全祝寿，洪秀全头扎黄巾、身着黄袍，登上村北犀牛岭下古营盘新筑的土坛，自称“太平真主”，宣布太平天国诞生。

“太平天国”是只有洪秀全才想得出来的名字，太平取自《春秋公羊传》，天国取自《圣经》，又是一次中西结合的尝试。

这种名字，杨秀清和萧朝贵，无论如何是想不出来的。

在后世的油画中，当时的情景是旌旗飞展，洪秀全在高台上振臂高呼，显得气势十分雄壮。

我去了现场才知道，这地方离藏武器的犀牛潭才一两百米，而且地方狭小，洪秀全就在这个小地方的平地处，用客家话发表了动员演讲。

太平天国建立时意气风发的景象，其实是后人想象出来的。

真实的场景，是一群吃不饱穿不暖的广西客家人，平均身高在1.6米

洪秀全真实演讲处（作者拍摄）

上下，个个因为常年的户外劳作晒得黑乎乎的，手里拿着韦昌辉家刚打造好的粗糙武器，在桂平冬季十几摄氏度的天气里，围着一个广东来的私塾先生，听他操着熟悉的客家话，号称要建立一个天国，并号召大家跟清廷拼了！

真实的历史总是脏兮兮的，只有加工过的历史才是光鲜亮丽不沾尘土的。

但这并不影响太平天国在中国历史进程中的重要性。

太平天国便于此建立，它锻造于洪秀全的理论，创立于冯云山的苦耕，兴盛于杨秀清的决策。

它给中华民族带来 2000 万人死亡的浩劫，也真正动摇了清王朝对中国 200 多年的统治。

洪秀全并不知道自己将要面对怎样的历史，但历史已经朝他扑面而来！

玖
紫荆山突围战

洪秀全在广西安定后，就把家人都从花县接到了桂平，而冯云山则没想到接家人过来。金田起义后，洪、冯两家的祖坟被刨开铲平，冯云山妻子与长子被官府斩首于广州，次子侥幸逃脱。

虽然各处资料只在这里淡淡写下了一句，就没有再多叙述，但估计冯云山内心深处，必定因为连累家人而充满了内疚和痛苦。

从他一贯的行事来看，冯云山是一个坚忍、克制而充满了温情的人，他不同于洪秀全和杨秀清，他能上能下，也没有那么强烈的私人欲望。

我看各处资料，说洪秀全在金田团营前后，就陆续娶了十几个女人，武宣东乡称天王时，共娶了36个女人，组成三十六宫。

部分资料说杨秀清和萧朝贵，在那段时间也各有36个女人，应该都是广西客家的大脚女性，不过没有任何关于冯云山的花边传闻。

冯云山从来都和他们不同，他是太平天国高层里难得的表率。

洪秀全、杨秀清、萧朝贵三人好色是没有疑问的，毕竟在定都南京后，相对可靠的资料都记载他们真的有很多很多女人，而且在分男女营时，他们要求别人分营，自己却任意胡来。

写到这里时，就得要厘清一个问题，这些起义领导人的好色，是不是也能从侧面证明，这些人本就是群历史垃圾人呢?

这个问题也常年困扰着我，中国历史上的农民起义军，或者许多重要历史人物都好色，往往会被当成污点来反复鞭挞，到底该怎么评价这些人的好色问题?

直到我会运用辩证法来分析历史，才找到了答案。

洪秀全等人的好色，确实具备一定的历史局限性，但在那个时代，手握最高权力的人拥有大量异性，几乎是难以避免的事情。

而且我在阅读西方历史资料时，发现西方无论是古代还是当代的名人，都是一样的在性生活上无节制。据传，特斯拉创始人马斯克除了工作，就是造人，跟女友同居时又跟女下属生孩子；英国女王伊丽莎白二世的丈夫菲利普亲王，据传前前后后有几十个情人和一堆私生子，到了55岁还在找22岁的小女友，伊丽莎白对此都一直睁只眼闭只眼；就连那个动都不能动一下的物理学家霍金，也能跟照顾自己的护士好上而离婚。我实在想不通动都不能动，怎么还能这么花心！

古代名人乱七八糟的性关系就更不用谈了，非常毁三观，没眼看。

后来我渐渐明白，一个人的性生活毕竟是属于私生活领域，其影响范围有限；而且一旦手握权力，男人就会不由自主地吸纳各种资源，性资源只是其中之一。

判断一个历史人物，还是要看他在政治、军事、经济上的功绩，看他对全国大多数人造成了什么影响，至于他到底有多少女人，就是花边新闻，没什么可大惊小怪的。

只顾盯着洪秀全的床有多大，研究他有多少个妃子，将主要精力放在这种事情上，靠这种离奇香艳的故事吸引读者，是做学问做偏了。

所以洪秀全、杨秀清、萧朝贵的男女之事，我们就不重点讨论了。

刚刚建立太平天国时的太平军高层，确实还是争气的。

在金田搞完开幕式，1851年1月13日，太平军向东来到二十里外繁华的集市江口圩。

迁移大军驻地，是为了解决几万人的吃饭问题，金田那边的粮食已经不够吃了，来这里好把大地主和有钱商人抢一波。那个跟冯云山处处作对的王作新家就在江口圩，他的当铺和米店就被充了公。

关于王作新的结局，有资料说他带全家逃至武宣县，将自己子侄四人编入团练抵抗太平天国，最后四个子侄全部战死，他自己活到了1870年病逝。另有资料则说他全家八十余口被太平军所杀，他逃出后在贵县被山贼所杀。

迁移大军的另一个目的，是接应过来会合的罗大纲人马。

罗大纲是广东揭阳丰顺县（今属广东梅州）人，带着1000多人入伙，也是“带资进组”，打仗还凶，入社团后成了萧朝贵的大马仔，是太平天国的一员前锋猛将。而且他比洪秀全更早信奉基督新教，曾在广州跟洋人一起建过教堂，跟洋人打得火热。但他在太平天国一直干高级蓝领的活，始终未能进入核心集团。

他成不了核心主要有三大原因。

冬官正丞相 罗大纲

一是他不是纯客家人，是半客半潮，说的是一口揭阳口音的潮州话，夹杂着一些以揭阳语调说出来的客家话。

二是他曾经在广东加入过天地会，经胡以晃介绍入教，出身不够纯。

拜上帝会在早期曾经模仿天地会，比如蓄发留须，穿晚明时的服装，戴红色头巾，新成员入会时有秘密仪式，说话时有大量晦涩难懂的暗号切口，这都是当时走江湖的常见手段。

但两个组织最多是偶尔联手抗清，却从没有结成正式同盟，本质上仍是一种竞争关系，有点像元末朱元璋和陈友谅的关系。

拜上帝会纪律更严明，组织更有章法，天地会则保留了大量黑社会习气，抢劫绑票平时没少干，因此拜上帝会有点看不上他们。当时来江口圩的其实也不只罗大纲一伙，还有另外八伙水贼，要不然洪秀全也犯不着为了区区1000人入伙在这里等他们。

其他八伙人里，像张钊这种，害怕拜上帝会纪律太严，迟早会弄死他们这些流氓，又带着人马四散了，最后还投靠了官府，帮助官府来打太平天国。

天地会后来有大批成员逃到了香港，一直到当代还存在，香港黑帮电影里常常出现的三合会，就是天地会的另一个名字。杜琪峰拍的电影《黑社会》里的许多黑帮规矩，也是清末天地会的遗风。

新中国成立后，在内地，三合会遭到了毁灭性打击，已经不存在了。

太平军严明纪律，在分男女营时，萧朝贵的继父萧玉胜，在行军途中悄悄找到自己老伴过夜，第二天被发现后，夫妻二人被当众处决，萧朝贵以身作则，其他人更不敢违抗《五大纪律诏》。

不过这个案子还有一些其他隐情，我后面再说。

罗大纲进不了核心层的第三大原因，也是最重要的原因，是他入太平军后，就是萧朝贵的心腹，杨秀清刻意打压他，尽管他军功很大，但就是不给他升上来。

罗大纲其实是杨秀清和萧朝贵暗中较劲的牺牲品。

太平军在江口圩停留了没多久，2 月中旬，清军又杀过来围剿。

伊克坦布被击杀后，镇压起义素来很有经验的四川文盲军官兼实战派达人向荣，刚刚搞定广西横州地区的天地会，又被朝廷着急忙慌地召唤过来剿灭太平军。

向荣带队赶到浔江南岸，跟吃了败仗的周凤岐部、云南过来增援的李能臣部合在一起，加上地方乡绅的民兵，凑了 1 万多人，准备攻打太平军。

此时太平军共 3 万多人，不过去掉家属，估计能上战场的总人数有 1 万，清军整体占优，因此向荣十分自信，兵分东西两路来攻，向荣亲率东路军，浔州知府刘继祖带天地会叛军张钊为西路军。

但向荣这次太轻敌，不知道太平军深浅，以为还是他过去镇压过的黑社会水平的渣渣，不知道要面对的，是有着常年械斗经验、又有一定组织能力的客家人半正规军队。

东西路几乎同时遇伏惨败。

东路由洪秀全指挥，这也是有记载的他唯一指挥的一次战斗，太平军派人迎敌，诈败逃走，引向荣军队入竹林深处，伏军突然从两侧杀出，清军大败，向荣在乱军中逃得快，捡回一条命。

西路由杨秀清指挥，在屈甲江渡口埋伏，先用土雷炸死一批先锋部队，又将上游决堤堵住去路，伏兵再跳出来砍死进攻的清军。

太平军此役损失了两三百人，清军损失1000多人，仗打得这么漂亮，倒也不是太平军有多强，而是此时的清军太弱，也就能欺负下流氓地痞，后面连续几仗，清军被太平军打出了心理阴影，都不敢跟太平军打白刃战。

幸亏向荣有大量的实战经验，懂得因地制宜，回去后开会复盘，总结教训，知道正面干不过这群悍匪，决定将太平军围困至死，陆路由自己带兵修筑工事，水路叫罗大纲原先的小伙伴、水贼出身的张钊封锁江面。

“老司机”向荣，确实点中了太平军的死穴。

这时候太平军没有水师，手底下仅有一些运炭船，主力又是一群“穷山佬”（当地人对他们的称呼），不喜水战，几万人要吃要喝，要是无法突围，会被向荣慢慢耗死。

负责军务的杨秀清跟向荣对峙了一段时间，清楚清军有后援，而自己只是站在原地等死，便于3月10日深夜撤军，放弃北上计划，从金田回到紫荆山，3月11日到达东乡，在这里建立了指挥部。

武宣与象州加起来仅2000清军，武宣知县急得想上吊。14日周天爵抵达武宣，也只带了200名兵勇，象州也同样空虚。如果这时候太平军向北进攻，会势如破竹，一路拿下大城市象州和柳州，但太平军侦察工作没做好，不知道武宣的虚实，反而在东乡驻扎了下来。

不仅没前进，反而在3月23日这天，洪秀全在武宣东乡正式登基称天王，又封杨秀清为左辅正军师，领中军主将；萧朝贵为右弼又正军师，领前军主将；冯云山为前导副军师，领后军主将；韦昌辉为后护又副军师，领右军主将；石达开为左军主将。

这里有两处信息值得注意。

一是出现了军师这个岗位。太平军主力是底层贫苦文盲，获取历史知识主要源于评书、戏曲，而评书戏曲里诸葛亮、刘伯温这种重要人物的身份即是军师，太平军便很珍惜自创的“军师”这个高级职称，很舍不得颁授给下级，连石达开这时都没有，后期虽出现很多人封王，但不能封军师。

二是再次暴露出太平军高层政治水平十分有限，这时候天国全员3万多人，能实际投入战斗的约七八千人，手头只有一小块勉强生存下来的根据地，靠从武宣周边六七十个贫穷小村庄补充粮草，大部分教徒还过着吃粥缺盐的日子，生存环境恶劣，应该保持低调求生存，像朱元璋那样“广积粮、缓称王”才对，但洪秀全这么着急自封为天王，引起了清廷高层的震怒，集中火力，将他们作为民间头号叛乱分子来围剿。

从这点来看，太平军的文化水平和政治水平一直处在较低水准，但幸好他们组织能力和军事水平还不错。

当然这个不错，主要还是跟清军对比出来的不错，放在中国历史上来全面比较，我觉得也一般。

清军此时差劲到内部忙着吃空饷、高级官员疯狂内斗、热爱抢劫周围百姓、纪律散漫、贪污横行，战斗力弱，比黑社会还黑社会，差劲到不敢和太平军正面交锋。

太平军起事时，苦命咸丰刚刚登基，20岁的小伙子性子急，在朝堂上一面跟曾国藩为国事吵得面红耳赤，一面急令大军来广西剿匪。

清军共对紫荆山深处的太平军进行了三次围剿。

第一次是1851年4月3日，清军6000人分四路来攻东乡。

6000人分四路，每路就1500人，而太平军有七八千人，这种情形有点像大明分兵几路出关找努尔哈赤决战，东路浔州知府刘继祖为抢头功率先出兵，被太平军围起来打，张敬修和向荣跑来救援，又被太平军伏兵打散，北路的秦定三连目的地都没到就中了埋伏，四路清军被分割聚歼、各个击破，惨败回营。

气得周天爵说：纵观清军大帅，无人可与之匹敌。

得知向荣等久攻不下，咸丰急调广州副都统乌兰泰，带1800旗兵和铳枪、小炮急援，又命自己的亲信、正蓝旗文华殿大学士赛尚阿，从内蒙古、东北、凉州凑15 000劲旅入广西，另从内库、户部、江南盐库和粤海关筹银360万两做军费，还给了赛尚阿遏必隆刀——就是满人版的尚方宝剑，对违反军令的官员可以先斩后奏。

从咸丰调集的资源来看，洪秀全在东乡称天王，使清廷极度重视太平天国，已经将太平军当作全国造反的典型来镇压，捻军、天地会都先放在一旁。

我还是认为，这是太平军高层政治水平不够招来的，实在是又急又莽，晚几天称王，可以少挨很多毒打的。

5月3日，乌兰泰率广州军队先到达武宣。

按道理，乌兰泰这时应该联合向荣一起忙着搞死太平军，但这时清军的腐朽之气又冒出来了，乌兰泰到这儿的第一件事，居然不是剿匪，而是忙着吵架。

是的，乌兰泰热饭都没赶得上吃一口，就先跟向荣和其他将军吵起来，双方为了争夺主导权发生口角，都忘了是过来打仗的，气咻咻地说不到一块去，谁也不服谁。

过了10天，钦州大臣李星沅突然病死（突然得很诡异），清军乱成一团，都忘了太平军的事了。

杨秀清和冯云山在一旁都被搞懵了，也不知道清军为什么迟迟不来攻，回头一商量，要不我们先撤了再说，太平军便突破清军防线，跑到了象州中坪一带，乌兰泰和向荣反应过来，又带兵追了上来。

双方军队在象州又僵持了一个月，大家大眼瞪小眼，谁也不敢贸然发起攻击，只发生一些零星的消耗战。到7月初，杨秀清得知赛尚阿的精锐部队已经进入广西地界，象州这里的资源也快消耗完了，中坪地势平坦又不适合防守，于是又从中坪拔营回到了老地方桂平新圩、紫荆山一带，将大本营驻扎在茶地村，在西南双髻岭、风门坳设防。

也就是兜了一个圈子，从1月到7月，搞了大半年，太平军一群山佬又回到了原点。

太平军在紫荆山周围跑来跑去，没有迅速移动突围，还有一个重要的原因，是他们舍不得丢掉各种辎重，山佬们实在太穷了，锅碗瓢盆舍不得扔，到处背着走，才会跟清军长久僵持。

7月2日，从北京过来的军机大臣赛尚阿，带着4500名精锐到达桂林，他不敢亲上前线，便躲在大城市喝花酒，只命都统达洪阿、巴清德率部前去增援乌兰泰和向荣，向双髻岭发起猛攻。

清军对紫荆山太平军的第三次围剿，也是双方的生死之战，正式打响。

双髻山是紫荆山外围防守要地，一山两峰，中间一条羊肠小道，太平军防守在高处的双髻岭，千米外另有一个猪仔峡，同样地势险要，太平军便在这两处布下重兵，将道路挖断，堆积垒石防守。

双方战斗从 7 月 11 日打响，韦昌辉和桂平县令李孟群反复争夺大湟江控制权，经过半个月激战后，李孟群力竭撤退，7 月 25 日，乌兰泰率生力军赶到，韦昌辉弹药耗尽退到大宣，大湟江被清军所控。

向荣也趁机在南部发起攻击，但在猪仔峡遭到太平军痛击，只能暂时后退。

为了鼓舞士气，这段时间内杨秀清和萧朝贵不断上前线，表演上帝、耶稣附身脱口秀，告诫太平军要死战到底。

从这些前线细节也可以看出，杨秀清和萧朝贵对军队的实控能力，是远远胜过洪秀全和冯云山的，跳大神表演对广西老兵也确实有着强大的激励作用。

读书少一般信神灵，读书多一般信科技，跳大神在广西农村有用，后面到了江浙富裕地区，这些人见惯了洋人物件，杨秀清再当众跳大神，当地群众就会用古怪的眼神打量着他，是压根儿也不信的。

久攻不下猪仔峡，急得向荣亲自装扮成百姓去侦察地形，意外找到了一条小路可以绕到双髻山背后，便派一队老兵从小道潜伏到险要处待命，刘长清带 400 人攻猪仔峡诱敌。

刘长清的进攻被太平军击退，巴清德赶上，用炮火压制猪仔峡火力点，远处双髻山太平军看到，用土炮轰击清军，巴清德让士兵用火箭射向太平军，意外射中火药库，双髻山发生大爆炸，此时从小路埋伏的清军精锐杀出，太平军敌不过，被迫撤退。

猪仔峡守军见双髻山失守，也放弃阵地逃命，清军终于攻下第一处关隘，向荣也把营盘移到风门坳附近的军营岭，准备攻取风门坳。

打风门坳没有什么技巧，全靠强推，双方打得十分惨烈，17 天的战斗里，韦昌辉的两个弟弟韦志先、韦十一战死，但还是没守住。

攻下风门坳后，向荣离金田仅有十几里地，如果这时候乌兰泰赶来合围，太平军必死无疑。

但乌兰泰没有赶来。

乌兰泰一直屯兵在新圩附近，默默地看着向荣的动向，没有过来帮忙的意思。

正红旗出身的火器专家乌兰泰，此时对四川汉人向荣充满了嫉妒，如果这时候他过去帮忙，向荣就是军功第一，他为什么要帮助这个一来就跟自己吵架的四川蛮子？

他出身高贵，素称八旗悍将，为什么要拿自己军队的人命，去成全一个字都不识的文盲汉将？

从 8 月下旬到 9 月初，向荣向太平军腹地莫村、金田发起数次进攻都被击退，乌兰泰全程静默站在一旁观战，寒了向荣的心。

乌兰泰与向荣的冲突，本质上是满汉军人的冲突，这种冲突在后期一次次救了太平军的性命。

太平军这边失去险要，也不敢久留，决定突围向北。

这次撤退能这么顺利，有一个大家都没有注意到的重要原因。

是太平军终于放弃了辎重，轻装突围。

没有穷过的人，不理解紫荆山山佬们对他们仅有的一点财产的珍惜，不到最后关头，他们是舍不得丢弃掉这些生活物资的。

他们烧掉自己的房屋，扔下自己的田地前来参加太平军，是原有的生活模式实在无法继续，已经处于破产边缘，现在手里头这一点点东西，是他们最后赖以生存的生产资料。

如果失去了这些辎重，他们就活得不再像个人，更像是一群武装乞丐。

但杨秀清经过反复考虑，果断下令：弃辎重，攀山越涧走。

清军后来对此事的总结是：“（太平军弃辎重）遂由此山窜永安，盖其势陡绝，官兵不能追也。”

跟清军在紫荆山周旋大半年的贫苦山佬们，忍痛放弃了他们最后的生活物资，开始撤退。

他们再没有任何可以眷念的东西，能让他们活下去的，只有手里头这一把快刀。

奔向永安后，太平军从此告别了新圩，不在原来的山区跟清军打转转，开始变成全国性流动武装组织，从广西一直杀到浙江。

1851 年 9 月初的一个深夜，太平军由新圩向东北，进入了平南地区。

向荣和乌兰泰第二天才发现动向，气得洗劫了金田村，再分兵前去追赶。

碰巧那几天一直下着大雨，向荣急于立功，带 1 万人急忙赶路，从江口圩进入平南，3 天后在一处叫官村的地方歇息。

全军连赶了几天路，十分疲惫，正睡得香甜时，早料到有追兵的萧朝贵和冯云山，率领赤膊披发的伏军，突然在夜雨中提着刀悄悄地摸进了军营，见人就砍。

向荣军乱成一片，火枪又被雨淋湿难以施展，太平军从四面八方冲杀过来，向荣军难以抵挡，被砍死砍伤无数，到处逃散，粮饷军械，全成了太平军战利品。

这一战把向荣直接打出了心理阴影，又迁怒乌兰泰事先不来相帮，才有今天结局，一气之下请了一个月病假不出县城，甚至因此事被咸丰革职处分。

向荣事后悲愤至极地说：

“我从军几十年，从未遇到如此凶恶的对手。”

他还说：

“剿贼十几年，大大小小数十仗，也从来没有打过像这样惨的败仗。”

官村夜袭，也确实是太平天国从成立起，打得最精彩、胜得最狠的一仗。

从这时起，他们也终于走出了紫荆山范围，开始向桂林、向湖南、向南京进发，快马加鞭，去建立他们梦想中的天国。

拾

永安突围

击败向荣的太平军，兵分两路，几万人浩浩荡荡，向着广西北部进发。

洪秀全、杨秀清、冯云山等，带着洪秀全的后宫团，从蒙江走水路，萧朝贵、韦昌辉、石达开这些武将则带着军队走陆路。

几万人已经在紫荆山区转战了9个月，奔波了2000里，大家都十分疲劳，急需一个地方长期休息，补充物资，给团队恢复元气。

几万人要休息，总得找个有房有粮有物资的地方，不能继续风餐露宿，沿蒙江向北，只有一座永安城还有点城市的样子，可以供大伙歇口气。

那就朝永安城进发吧。

到这里时，太平军还谈不上有任何战略可言，就是走一步看一步，能活下来就行。

队伍里头全是敢打敢拼的凶狠文盲，绝大部分人连南京在哪儿都不知道。

走陆路的萧朝贵等人，一边走一边等待没赶上金田团营的其他教徒，也招收新的教徒入伍，但凡信了教，就要一把火烧光自己的房屋，再破坏地里头的庄稼，断了自己的退路，只能跟着太平军向前走。

走到藤县时，收到一名28岁的年轻新会员，名叫李以文，到南京后，他改名叫李寿成。

这名小兵后来因为战功卓越，洪秀全将自己的“秀”字赐给他，他才改名叫李秀成。这个“秀”字在天国里，大小臣民原都要避讳，他的名字能有“秀”字，表示他拥有无上荣耀。

另外杨秀清原本叫杨嗣龙，他也是被洪秀全赐名才有“秀清”这个名字的。

不过要注意一点，李秀成虽是太平天国后期的重要将领，但他其实跟杨秀清同龄，28 岁的李秀成还只是个大头兵，28 岁的杨秀清却已经在领导千军万马。

李秀成奋斗一生，也没有达到同龄人杨秀清的高度。

所以从李秀成的角度上来说，杨秀清是神一样的人物，是他终身难以逾越的高峰，自己一生只能仰望他，以至于他临死前写的招供书里，还依旧充满了对杨秀清的崇敬之情。

后军主将 真忠军师 忠王 李秀成

李秀成 1823 年出生在广西藤县大黎乡新旺村一户贫苦农民家庭，据上海社科院研究员盛巽昌先生考证，他应该也是客家人。

李秀成家，世世代代穷得叮当响。

他原本也该是个文盲，但因为舅父是私塾先生，10 岁前便跟着舅父念了 3 年书，自己也十分喜欢看书，在文盲遍地的太平天国，属于有一定文化水平的领导。

10 岁后，穷人家的苦娃娃李秀成，就得到地里头忙活，跟杨秀清的剧本一样，帮家里种田、种蓝、烧炭，也去周边村里头给地主做短工，十几岁时，给秀才出身的私塾先生覃瀚元做伙夫，一边干活一边偷学文化知识，能将部分功课背得滚熟。

覃瀚元后来出任湖北黄梅知县，1861 年李秀成扫荡湖北时，出于旧情，才没有向黄梅发起进攻。

22 岁时，李秀成在大黎乡福隆号杂货店做学徒，又跟着店老板读了三四年书，李秀成的基础文化主要来自自学，对学习抱有很强的热情，后面在永安突围途中，他获得几本书没有按规定烧毁，还常常读到深夜，教人告发后被判了死刑，因清军袭营没有执行，但他仍戴着刑具回到队伍，上级被其诚恳的态度所感动，才饶了他的死罪。

藤县当时有天地会和拜上帝会一起搞事，但李秀成看不上天地会，觉得他们就是一伙没有前途的黑社会。26 岁时，农村娃娃李秀成第一次进平南县城办事，听到了拜上帝会的故事，回大黎乡后，胡以晃的亲戚恰好在这里传教，李秀成认为拜上帝会有点组织的样子，比天地会不知道高到哪里去，便在这年带上老母亲和兄弟好友入了教。

据李秀成回忆，大家都说当年传教时，冯云山跟民众一样穿短褂，而洪秀全则自始至终穿着代表私塾先生的长袍，以维护他那可怜的知识分子的自尊心，从这里也可以看出，洪秀全真心不是个能上能下的人，他的内心是脆弱的，能做做理论工作，但放不下架子，不能像冯云山那样深入群众。

钦命文衡又正总裁 前军主将
勇忠军师 英王 陈玉成

洪秀全最多就一个企划部经理的水平，但偏偏被命运推到了董事长的位置上。

1851 年 9 月，萧朝贵率军途经藤县，已信教 2 年的李秀成动了心，在这里烧屋毁田加入了太平军，成为一名普通士兵，并马上参加了罗大纲部攻打永安城的战斗。

太平天国后期另一位重要将领陈玉成，跟李秀成是藤县老乡，家里也穷得紧，10 岁开始做苦工过活，因此认识了同为苦工的李秀成，还同样因为胡以晃亲戚的影响，很小就入了教。

金田起义时陈玉成仅 14 岁，他随 28 名亲友加入太平军，但因为年龄太小，个子还没长成，被编入了童子军。

童子军和太平军一样，都是现代历史词汇，那时不叫这个词，一般叫“牌尾”，相当于干杂活的啦啦队，前面军队在打仗，他们在后面摇旗呐喊、递水壶递刀子。有点像 NBA 里永远上不了场的边缘球员，只能守饮水机，主力球员下场时负责给他们递擦汗毛巾。

天官正丞相 佐天侯 陈承瑢

陈玉成的叔叔名叫陈承瑢，名义上是叔叔，实际上陈玉成是他一手养大，可以说陈承瑢就是陈玉成他爸。

陈承瑢以前是一名马车夫，跑江湖跑出一身的处世技能，参加金田起义时已 30 多岁，他比寻常人会动脑子，1851 年他从羽林侍卫开始干，升得非常快，1854 年就封佐天侯，负责传达天国大事，后来甚至坐到了天国第八把交椅。

陈玉成年纪小，但成名比李秀成快，17 岁他在武昌一战成名时，还是个青少年。李秀成在 2 年后才打出成绩，这年 33 岁，都快中年了。

世人不知道的是，陈玉成能成名那么早，还能镇得住场子，他个人努力和天赋是一方面，另一方面是因为他是个官二代，拿到了大量天国里的优质军事资源。

不过，在前往永安城的道路上，李秀成和陈玉成，都只是罗大纲帐下微不足道的小兵。

攻打永安城由猛将罗大纲负责，清军战斗力本来就弱，又仅仅几百人防守，过程真没什么好说的，一天就打下来了。

城破后，永安知州跳井自杀，团练总目苏保德战死，平乐协副将阿尔精阿死于乱军中。

7天后，洪秀全才带着大部队从水路进入永安，开始了长达半年的休整期。

这半年里，太平军完成了最重要的建制工作。

说人话就是建立了一套政府班子，按照周朝时的模式（那肯定是冯云山设计的方案），搞了套内廷制度、朝廷礼节、政府规程。

还给大家许诺了官爵和股份。

12月，太平军在永安建“天朝”，5位高级领导被封王：杨秀清封东王九千岁、萧朝贵封西王八千岁、冯云山封南王七千岁、韦昌辉封北王六千岁、石达开封翼王五千岁。

秦日纲为天官丞相，胡以晃为春官丞相，罗大纲为总制。

其中东王最大，各王都得听东王的。

这里有个小细节容易让人忽略，洪秀全只是称王，并没有称帝，甚至后面定都南京后，他也一直没有称帝。

他不是不想称帝，而是太平天国顶级没有绝对核心，无法构成君臣关系，大家手里头股份差不多，相互制衡，所以洪秀全一直是“王”，并不是皇帝。

一个创业团队没有绝对核心，是很容易出问题的。

这份核心领导层名单，藏着许多不为人知的秘密。

本书开篇时写过，冯云山和洪秀全第一次到达广西，是住在远房表兄王盛均家（也有史料说他姓黄），而冯云山得以在紫荆山存活，是因为当地地主曾玉珍的赏识，让他做了自己的家庭教师。

冯云山在传教之时，王盛均和曾玉珍两家作为亲友最早入教，为在本地传教也费尽心血，是拜上帝会最原始的股东和积极分子，其地位原是高于杨秀清和萧朝贵的，队伍拉起来后，冯云山和洪秀全商议，有意栽培王家的王盛均、王维正和曾家的曾玉珍、曾云正为最高领导层，排位在杨秀清和萧朝贵前面。

没想到冯云山被官府抓走后，扶不上墙的洪秀全拔腿就跑，造成拜上帝会权力真空，杨秀清与萧朝贵先后来了个天父天兄下凡，猛地击碎了原有权力格局，将王家和曾家的排名打下去了。

为什么冯云山出狱后，看到队伍里突然多了个天父和天兄就愣住了呢？他当时都没表态，决定先回广东，找到洪秀全商议再决定是否承认他们的合法性。

因为冯云山知道，就在这一刻，拜上帝会的旧有格局被打破了，他不能乱下结论，否则全教上下都有土崩瓦解的可能。

当然为了大局着想，最后也只能承认天父和天兄下凡。

王曾两家失势，难免有人不服，就对天父天兄发几句牢骚，尤其王家的王二妹抱怨最多，杨秀清与萧朝贵就当着大家的面跳大神，说王二妹身上有妖上身，作法当众打骂她，将王家在帮会的威严都打散了。

俩人还不断试探洪秀全的底线，那时洪秀全住在王家，俩人轮流翻白眼，逼洪秀全不要去王家住，问他："秀全，你还去珠堂（王）家么？"

洪秀全胆小怕事，忙说："小弟永不敢回踪矣。"怕杨秀清和萧朝贵不放心，又补充说，"秀清、朝贵乃真十分帮手。至珠堂，有好多人未醒，何能帮得手也！"

王家和曾家，就是在杨秀清和萧朝贵这样轮番攻击下，逐渐从权力中心败下阵来，本来前途远大的两家，王家只在天国内拿了些虚衔，做起了闲散王亲，而失望至极的曾家，则干脆没有参加金田起义（有极少几个人去了）。

斗倒王家和曾家后，杨秀清和萧朝贵又联合压制住了冯云山，成功抢到了教内老二老三的实权位置。

杨秀清和萧朝贵的联盟在斗倒外敌后，两人又开始互相试探斗争。

金田起义后，萧朝贵部将罗大纲外出作战，将自己病重的妻子交给杨秀清岳父陈来照顾，陈来在罗大纲妻子病死后，顺走了她一只金戒指和一对银牙签。

萧朝贵知道后，连续5次以“天兄下凡”的名义审问陈来，还请冯云山、韦昌辉、石达开、秦日纲对陈来进行疲劳审讯，另让各营军官一起听审，陈来受不住压力最终认罪，按《天条书》，犯了偷抢、撒谎、起贪心三罪，当处死刑。

萧朝贵给杨秀清留了些面子，说天父要是下凡开恩，可以免陈来一死，杨秀清觉得事情闹得太大，岳父罪名又太多，最终没有救人，陈来最后被处死。

杨秀清虽然有大抱负，但他也是心胸狭隘之人，有仇必报。后面太平军男女分营，萧朝贵继父萧玉胜找老伴过夜，杨秀清得知后，将他们夫妻二人当众处决，就是在对萧朝贵公报私仇，顺便宣扬一下军队纪律。

你敢杀我岳父，我就连你继父母一起杀。

永安封王前，杨秀清势力略大于萧朝贵，但还没有成为绝对核心，两人互有攻守。在正式封王前，萧朝贵在永安城表演与妖魔战斗的巫术，不小心从椅子上摔下来，摔成了重伤，一度昏迷不醒，杨秀清抓住机会动手，才拥有了“所封各王俱受东王节制”的行政权。

如果萧朝贵当时意识清醒，杨秀清估计很难获得这么高的权威。

太平天国的种种内斗，其实根源都在洪秀全。

洪秀全但凡争气一点，在冯云山被抓后他不跑路，太平天国哪里会有这么多幺蛾子？内部管理哪里会这么混乱？

这就是一个软弱无能的董事长，配几个强大总经理的结果，董事长水平太低，镇不住场子，公司无法完成中央集权，不能上下贯通、团结一致，才产生了一系列内部管理问题。

太平军在永安给高层分完王位后，开始给中层和基层分配利益。

其他参与创业的公司几万名元老，被许诺凡是跟到“小天堂”的人，将来可以“累代世袭”官职。

至于这个“小天堂”具体在哪里，一直是含混不清的，就像公司老板跟大家说我们迟早会上市，但具体哪年上市，老板自己也说不清。

太平天国的官职，从高到低依次是：军师、丞相、检点、指挥、将军、总制、监军、军帅、师帅、旅帅、卒长和两司马。

这是一份十分古怪的官职命名，像军师明显是听三国评书听多了一样，而两司马又源自《周礼》里的兵制，官名夹杂着农村私塾先生与文盲会员的共同认知，是太平军整体文化水平较低的具体体现。

当时永安城里最普通的士兵，都被授予了两司马职位，这个职位原本要管 25 人，但现在大伙手下都没兵，算是领导给打了张白条：只要跟着我们继续造反，这个官职迟早是你的，还可以代代世袭，而且要是跟着大部队去到小天堂，最小也可以封军帅。

一方面，参加太平军必须烧屋毁田，断退路；另一方面，又许诺一堆股份给创业员工，为的是这支队伍人心不散，加强凝聚力。

应该说，这一套手段还是有效果的，太平军早期的向心力完全没有问题，战斗力十分强悍，士兵上前线时舍生忘死，跟武器先进却一击即溃的清军形成巨大反差。

除了相信利益承诺外，广西这一波太平军，是真的把领导层当成上帝下凡，对上帝附身脱口秀深信不疑，他们也真的觉得自己是天兵，清军是清妖，他们是来杀尽人间妖魔，求一个太平盛世的。

这套理论体系对广西深山里的文盲穷人有用，毕竟他们对鬼上身都习惯了，但出了广西就越来越没效果，见过世面的江浙人哪信这个？广西老兵打完后，后期太平军的新人战斗力也越来越差。

忙完建制工作，太平军还陆续搞出了“圣库”“太平历法”等一堆东西，这些东西不太重要，我们就略过了。

那清军在干嘛呢？难道在一旁看着吗？

真就在一旁看着。

太平军拿下永安后不久，乌兰泰率清军 8000 人至城南文圩，后进至佛子村一带。

刘长清、李能臣率兵赶至永安西北的古排塘，慢慢汇集了 3 万多清军。

清军南北两路共 4 万人，将永安城包围了起来。太平军这时候也有 4 万人，去掉家眷什么的，实际能战的约 2 万人。

南北包围这种景象，很像是几年后，江南大营和江北大营预演。

永安城四面都是崇山峻岭，太平军在城外关隘处分兵防守，南守水秀，北守上阳村、龙眼塘，竖起木栅、土垒、炮台，还埋下地雷，挖掘壕沟，清军10月份进攻被击败后，就一直僵在那，双方你看着我我看着你，大眼瞪小眼。

清军就眼睁睁看着太平军忙着搞内政，一会建官制一会分股份。

被咸丰寄予厚望的剿匪总指挥赛尚阿，十分怕死，这年11月至12月还远远待在几百里外的阳朔游山玩水，不敢上前线指挥，而前线的乌兰泰和向荣结怨已深，互不配合，乌兰泰在南边冲锋时，向荣在北边的军马一动不动，向荣跑去桂林度假时，他手下的五大总兵也不理乌兰泰。

内耗往往比外敌更可怕。

1852年年初，江忠源接到乌兰泰的命令，率500楚勇，来到永安城南面。

这是湘军大佬跟太平军的第一次照面，不过江忠源没待多久，就在开会时，被向荣和乌兰泰当众互相羞辱对方震住了，江忠源觉得这种军队混乱，没搞头，直接气跑了。

不过也不影响历史的进程，江忠源将马上在蓑衣渡，给太平军造成极沉痛的杀伤。

1852年1月下旬，咸丰实在受不了赛尚阿的胆怯，下旨逼他去永安前线剿匪，另拨银200万两军费，赛尚阿这才慢吞吞地到达永安城外。

因为强攻一直没什么效果，赛尚阿决定困死永安城，在城外修筑高墙，断绝太平军的供给。

这种法子效果不错，太平军的火药、食盐、铅子都陷入了短缺，被迫在旧砖瓦中提炼硝石、用水煮过滤盐分、用狗血提炼硫黄。

清军还运来大量大炮，准备在山上架起炮台，轰击城内。

由于物资极度缺乏，形势十分危急，太平军只能选择从永安城突围。

4月4日，洪秀全向所有人进行突围总动员。

据李秀成事后回忆，第二天夜里他跟李世贤、陈玉成所在前一军，共2000人由罗大纲指挥，冒暴雨向东南角清军防守最薄弱的古苏冲发起猛攻，罗大纲身为萧朝贵旗下第一人，作战十分勇猛，很轻易地冲垮了古苏冲的清军，并缴获了十余担火药和大量枪支。

那时的清军都不愿在暴雨天气作战，下雨天都在营寨里睡大觉，侦察兵也在外面瞎逛一圈就回来复命，突袭的太平军是雨夜从永安东门，大摇大摆走出去的，清军居然没发现，罗大纲杀进营寨时，这批安徽清兵“一触即溃、落荒而逃”，更像是流匪而不像是军人。

现在大家能体会到，江忠源被气走时的感受了吧？

这是李秀成参军后的第一仗，所以细节记得清清楚楚。

多年后，李秀成逃出天京城，流落到方山破庙海会寺，被当地士绅绑了送到曾国荃的大营，曾国藩曾亲自审问过他，还给他机会，写出了长达5万字的供状。

在狱中昏暗的油灯下，当李秀成提起笔来，必是想起当年第一次冲破永安城情形的。

罗大纲突围成功后，太平军开始有序从东南方向撤离，经玉龙关、龙寮岭，奔昭平县而去。

4月6日凌晨，赛尚阿才收到太平军突围的消息，这时候围剿太平军已耗资千万两白银，自己要让煮熟的鸭子飞了，咸丰赐给他的遏必隆刀，估计就要砍在自己脖子上了，急得命乌兰泰和向荣全力追击。

此时太平军基本已经撤完，秦日纲带领部队在古苏冲断后，遇到了乌兰泰最精锐的追兵。

秦日纲领军打仗的水平远低于罗大纲，李秀成也认为他有忠心、无才能，他敌不过乌兰泰精锐，全军撤退，乌兰泰率军追到7日凌晨，在龙寮岭赶上部分太平军，这波人马是秦日纲部分队伍和大量妇孺老弱，因大雨在龙寮岭休息了一晚，清军冲上来一阵乱砍乱杀，死了2000多人，是太平军自成立以来的第一次大败仗。

这次惨败主要还是秦日纲警惕心弱，在指挥上负有很大责任。

乌兰泰在事后奏折里说：“毙贼二三千人，其中大小头目不可计数……贼尸叠压满谷，路为之塞，水为之赤。”

赛尚阿收到捷报，认为是将功补过的好机会，急令向荣、长瑞、长寿、和春、邵鹤龄、董光甲一起向龙寮岭追击。

太平军收到家眷被杀的消息，个个咬牙切齿要为亲人报仇，决定在追兵要经过的大峒谷设伏。

向荣等人赶上乌兰泰后，决定休整一晚再追。8日早上，探子来报，说发现太平军在大峒谷生火造饭，准备吃完饭就转进仙回岭，乌兰泰急于再立大功，叫士兵们早饭也别吃了先去砍人。向荣在官村刚吃过亏，晓得太平军厉害，他正在一个棚子下休息，看到乌兰泰走得匆忙，急上前劝他冷静，乌兰泰认为向荣嫉妒自己，不听，领着队伍就冲杀过去。

向荣没办法，只能很不情愿地带着部队跟上，但跟乌兰泰保持一定距离，以免有个意外不要被全歼。

向荣的谨慎很快收到了回报。

那几天连夜大雨，山路湿滑泥泞，穿着长袍和靴子的军队行动本就不便利，人马又拥堵在一起，进入大峒谷后，太平军将准备好的礌石、滚木推下来，清军顿时乱作一团，太平军先远射一波，再手持短刀、脚踏芒鞋从几路冲过来搏杀，清军措手不及，或死于刀下，或摔死在崖涧，共有4000多人被杀，4名正二品总兵长瑞、长寿、邵鹤龄、董光甲被砍死，乌兰泰跌入山崖，落入泥流侥幸逃生，只有向荣因为小心行事，逃得及时。

这已经是向荣第二次从太平军手里死里逃生，不着急，后面还有好多次。

此次大胜成为太平军转守为攻的标志性事件，向荣和乌兰泰再不能给太平军制造麻烦，太平军之后一路从县城横扫到各省城，声势滚雪球般越来越大。

赛尚阿因为剿匪不力，被摘去顶戴花翎，押解回京听候查处，连他的3个儿子也受株连被革职。到京后他先被军机处和刑部判了死罪，后因军务紧急留了他一条性命，但也连降四级，此后跟着僧格林沁混了一段时间，重新做到正红旗蒙古副都统，病死于1875年。

清军为了泄愤，回到永安城，杀死几千名百姓，抢劫当地财物，杀得城内血流成河。

获胜后的太平军决定发动奇袭，由罗大纲率领一小支队伍，将战死清军的衣甲扒下来穿上，打着清军的旗帜，拿着缴获的向荣部队的公文印信，从小路赶去偷袭桂林，大部队则从阳朔大路往桂林支援。

但这支部队在路上刚巧被向荣遇见，向荣判断对方是冒充自己的部下去偷袭，快马于 17 日早上先赶到桂林，等到这支太平军当天夜里来桂林诈门，高喊“向大人回城，快快开城”时，向荣已跟广西巡抚邹鸣鹤做好了准备，向荣还亲上城头对太平军发起嘲讽技能，罗大纲只能折返，跟大部队在桂林西南近郊会合。

当时桂林城里头兵不多，仅 2000 多人，但太平军在这时候攻城能力还非常弱，主要是硬件差，只有在金田时打造的粗糙兵器，以及跟清军作战缴获的武器，太平军能打攻城战，还是拿下岳阳以后的事。

太平军高层见桂林有了防备，一时也没想好下一步去哪，就在象鼻山上架起炮台，对着城内开了两天炮，有枣没枣，先打两杆子试试。

2 天后，老朋友乌兰泰又杀了过来。

乌兰泰大峒谷惨败后，判断太平军会打省城桂林，又重新召集了 700 名清军，歃血起誓，要找太平军寻仇，带着 700 名敢死队队员飞速来援。

乌兰泰在城南 2 里外的小河撞着了太平军，为了争夺河上的将军桥，乌兰泰亲自率军冲锋，结果被炮子击中膝盖，受了重伤，第二天死于阳朔军中。

满洲正红旗火器名将、器量狭小但作战勇猛的乌兰泰，就这样死于火

清末时的桂林城

器之手，咸丰深感惋惜，赐银1000两治丧，予轻车都尉世职，谥武壮。

在向荣包围金田苦战时，乌兰泰如果合力一击，太平天国应该就灭亡在原地；在永安包围战中，向荣和乌兰泰的不合作，又再次成全了太平军的壮大。

对于太平军的发展，乌兰泰多多少少要负一些责任，在工作中也多少带了些个人情绪。

但他也以性命相报，最终战死沙场。

不过与其说是乌兰泰一人器量不够，更不如说是满汉权臣间裂痕太深，才给了太平军机会发育，这种裂痕到湘军崛起更甚，一直伴随清朝走向灭亡。

重大矛盾的产生，总是内因和外因的总和。

太平军从金田到桂林，便已经使清军大将死伤残败无数，就是前面这些名将里，只有和春和向荣坚持到了江南江北大营。

击败乌兰泰后，太平军继续围攻桂林，中间什么家伙都用上了，各种云梯、火箭、火枪、吕公车轮番上阵，就是打不下来，清军援军又源源不断开来，城内的守军从2000多变成了2万多。

围攻桂林33天后，太平军高层终于意识到拿不下桂林，便于5月19日晚上分水陆两路向北转移。

桂林解围6天后，胆小的赛尚阿才慢吞吞地来到桂林，但他再次重复清军爱内斗的常规操作，茶都没喝一口，跟广西巡抚邹鸣鹤和广西提督向荣先吵了一架，吵到大家都忘了去追太平军，吵到向荣跟他生闷气，吵完了也不愿领兵去追击，赛尚阿只能命令同为满族的将军和春去追。

这时，广西布政使劳崇光从南面剿匪归来，带来了一名归降的悍匪张国梁和部下3000人，赛尚阿便命劳崇光带着张国梁也去追击太平军。

张国梁原是贵县的一名小摊贩，因被地痞恶霸欺侮打死人，投靠了天地会，成了罗大纲的小弟，还因此结识了石达开。

张国梁后拉起一支队伍靠抢劫为生，屡败朝廷军队，劳崇光挺欣赏他的能力，跑去招安，说小伙子这么有能力，就别做盗匪了，过来吃国家粮吧，岂不快哉？张国梁也觉得做土匪没前途，就给招安过来了。

从此跟大哥罗大纲、好友石达开成了死对头。

不过现在张国梁还没什么露脸的机会，他要晚一点才正式出场。

我们现在要特别留意的，是冯云山。

太平军离开桂林后，全军移动到了兴安县，在这里，他们需要做一个决定。

从兴安沿着漓江南下，是经桂林下浔江；往北则是经湘江入洞庭湖，可以一直杀入长江。

湖南、湖北、安徽、江苏、浙江都在瑟瑟发抖，等待着太平军高层的决定。

最后，太平军决定北上湖南。

选择湖南，一是因为不能走回头路，二是需要湖南的人口和粮食。

那时候广西人口 1000 万左右，湖南 2000 多万，广西在中国历史上一直是较贫穷的省，湖南其实也不太好，但经济略强于广西，去湖南更容易有一番作为。

这个决定直接产生了两个结果，一是冯云山的死，二是激活了湖南境内江忠源、曾国藩这一批湘军大佬。

其实第一件事情，比第二件事情更重要。

太平天国走向失败，本质是输在自我成长折断，并不是输给绿营或湘军，而他们不成长的最重要原因，就是冯云山死得太早。

命运站在全州和蓑衣渡发出冷笑，他遥遥向冯云山招了招手，等待着收割太平军的灵魂。

拾壹
血战蓑衣渡

太平军经兴安灵渠一路向北而行，此时离桂林已 250 里，基本已放弃了广西。

穿过全州，前面就是人口和粮食更丰富的湖南，在贫苦的广西逗留了 17 个月后，终于可以换个环境发展了。

一想到前面有更广阔的天地在等待着自己，太平军们就要激动得直搓手。

因为下一步的目标是湖南省，他们对全州这个穷地方没有任何兴趣，只管低头赶路。

全州知州也十分害怕，他手里头只有不到 1000 名清兵，加上点百姓临时拉来一起守城，是断然不敢招惹太平军的。

本来两边相安无事，太平军沿州城外西北柳山穿行，几万人拉成一条长线依次走过，队伍散乱，常常 4 个人或 8 个人并行，如果路太窄，就直接踩踏稻田，并不像现代行军那样井然有序。

等到队伍走得差不多时，眼见太平军簇拥着一顶黄色轿子，在后面压阵，缓缓而行。轿子里显然是什么了不得的大人物，城楼上的一名炮兵见了，一时心痒，也没请示上级，瞄准那黄轿遥遥开了一炮，刚好击中轿身，坐在轿里的正是南王冯云山，被这一炮击成重伤。

太平军大怒，上下都要为冯云山报仇雪恨，洪秀全、杨秀清命已过境的队伍回师，全力攻打全州城。

从 5 月 24 日开始，太平军从东西南三面攻城，全州城城墙较高，城上防守严密，士兵用煮开的桐油、热粥和上松脂、大粪，将用吕公车和云梯攻城的太平军反复击退。

不过，全州毕竟兵少，死一个少一个，撑了数日渐渐撑不下去，知道全州不可能守住了，知州便开小南门，让百姓逃命去了，城内只剩1000多人守城。

6月3日，太平军先从城外的江西会馆发炮弹，轰得守军不能起身，又趁机挖地道至城墙根，将16担火药埋到城墙下，点燃炸药后，城墙被炸开2丈的缺口，太平军蜂拥而入，将城内1000多人尽数杀死，在城内休整了3天，才继续向湖南永州进发。

这次破全州最大的收获，是太平军第一次实践了炸药轰墙法，这种战法太平军在后期作战中将反复使用，一次次帮他们拿下各路城池。

另我手头看过的资料，好多都说太平军在全州进行了3天的大屠杀，我核对了各处资料信息，确认绝大部分民众在城破前，已经从小南门逃生，太平军杀的主要是清军，很多学者说有大屠杀，估计是他们当年写作时，资料还不够全面导致的，历史资料常常是一点点补充齐全的，越往后整理越有优势。

太平军于6月6日离开全州城，当时湘江水涨，预计3天可达长沙，而长沙此时仅有8000守军，太平军可以一鼓作气沿湘江而下，先拿长沙，再夺武昌。

离开全州时的太平军，资料最多说有6万人，最少说有3万多人，已经是一支颇大的队伍，已经让咸丰帝愁得每天在紫禁城抓脑壳，拼命催促前线快速剿匪。

能阻止太平军的，此时只有江忠源。

江忠源在太平军围桂林时就率部千人前来救援，不过一时插不了手，驻扎一段时间后北撤到全州，全州城破后，江忠源和赶来追击的和春部一起抵达城外富塘铺，两人一见如故，十分聊得来。

现在需要正式介绍一下江忠源了。

江忠源是湖南邵阳新宁人，比洪秀全大2岁，出身书香世家，曾祖和祖父都是太学生，父亲是岁贡生——太学生和岁贡生不是功名，只是说在中央高等学校读过书，只能说明他们家读书还行，所以他们家三代只是教书为业，并没有当过官。

江忠源 15 岁便考上了秀才，但他更喜欢舞枪弄棒，天天跟拳师教头混在一起，25 岁时又考中了武举人，是少有的文武全才。

因为常年跟不读书的武师鬼混，沾惹了一身陋习，江忠源 25 岁前吃喝嫖赌无所不精，把家业都给败光了，25 岁后幡然海悟、痛改前非，立志做一番大事业。

32 岁那年，江忠源才获得公职，在家乡任教，他能文能武，手把手教出了湖南第一代民兵。

这年瑶族首领雷再浩在新宁造反，官军敌不过他们，江忠源带着自己教出来的民兵，只花了一小时就攻破叛军总部，擒杀了雷再浩，因此被提拔为浙江知县，深受吴在镕赏识，他带来的楚军以后也被称为湘军鼻祖。

此时曾国藩完全不会带兵，还是个憨书生，说他是鼻祖也没错。

太平军起家后，江忠源还在替父守丧，他们家离广西近，眼看官军越打越不像话，在一旁越看越着急，才抄起家伙，带着上千民兵来到前线支援。

江忠源与和春碰头后，仔细分析了周边地形，决定在全州城东北 10 里外的蓑衣渡，打一场埋伏。

蓑衣渡的水流很深，无法在这里打下木桩阻止太平军，但往下 3 里远的水塘湾，湘江在这里急转向东，水不深但水势湍急，江面狭窄、地势险要，能依托两岸的参天古树架设大炮。

江忠源命人将大炮对准江心，又砍倒两岸大松树和樟树，打桩拦在江心，阻止太平军船只通行。

由于他人手太少，只能占据西岸，于是另请和春派兵占东岸夹击，和春便调张国梁去东岸。

张国梁还没率军赶到东岸，战斗就已经打响。

6 月 6 日，太平军抢了两三百艘小船，沿湘江而下，先头部队在水塘湾拐了个弯，就笔直冲进了江忠源的木桩区，一下发生了搁浅。

前面的船走不动，后面的船又不断冲进来，一下挤在一起，发生了大塞船，场面一片混乱。

楚勇居高临下，趁机朝船只发射劈山炮、火箭，太平军在急流中央只能被动挨打，无法还击，不少人被烧死、溺死、轰死。

身上有伤的冯云山这次恰巧在前队指挥，他命令前队弃舟上西岸，但楚勇准备充足，几次又将太平军赶回江中。

太平军不敢登陆东岸，因为东岸地形复杂，很有可能藏有伏兵，不过其实这时候张国梁的部队并未赶到，两边都错过了东岸的良机。

双方于水塘湾激战两天两夜，太平军损失惨重，一直到太平军陆路部队尝试从东岸过来急援，江忠源在狮子山上远远见到，才命部队准备撤离。

战事本来就要结束，突然一发炮弹，又打在了冯云山的船上，冯云山再次身负重伤。

冯云山实在是命苦，这两发炮弹的随机性极强，但每次都照着他打。

众人七手八脚赶忙将南王抬上岸，但冯云山伤势过重，很快气绝身亡。

太平军最后只能放弃沿江而下、直取长沙的计划，在湘江东岸登陆，改走弯弯曲曲的山路，徒步进入湖南永州（零陵）。

因急于赶路，冯云山只能被就地安葬，为了不被清军找到坟墓，冯云山被秘密葬于一处山谷中，不竖坟、不建碑，冯云山此后长眠于全州山谷，后人至今没有找到他的坟墓。

蓑衣渡一战，江忠源给太平军造成了一定的杀伤，但具体多少伤亡没有准确数据，最夸张的资料说有 1 万人，最保守的则说只有几百人，根据后期太平军的活跃程度来看，我个人倾向于伤亡数字不太高。

因为太平军一路折损广西老兵，打到后期陈玉成加入时，精锐还有好几千人，要是蓑衣渡就死 1 万人，是不可能熬过后面十几年战争的。

蓑衣渡给太平军真正的打击，是损失了冯云山。

冯云山是太平天国真正的奠基人，洪秀全靠他才得以稳住王位，而他又跟杨秀清、萧朝贵这些年轻人经历了最艰苦的早期创业，大家对他心服口服，只有他能平衡洪秀全与杨秀清之间的矛盾，没有冯云山，神权和军权的尖锐矛盾就难以化解。

更重要的是，失去冯云山，太平天国就失去了政治水平的成长空间。

太平天国的历法、朝纲、制度都是由冯云山一手创造的，而洪秀全只擅长搞宣传，杨秀清只擅长搞军事，没有冯云山的政治建设，太平军后期难以跟上局势发展。

太平军早期时以封建迷信起家，擅战的文盲客家山佬对“上帝和他的儿子们”深信不疑，因此舍生忘死，战斗力十分强，但走出广西后，文盲客家山佬这个精锐兵源越打越少，太平军要重新团结湖南人、湖北人、江西人、安徽人、江苏人、浙江人，这时候就应该有一套新的政治手段，去融合这些人的力量，及时转型，开始重视传统儒家，团结一切可以团结的力量，否则这些人就会变成太平天国的敌人，反过来帮助清政府消灭太平军。

比如，整个湘军集团，他们为什么如此痛恨太平军，就是因为太平军破坏了基本的儒家体系，摧毁了他们的价值观，他们也知道自己是在替满人卖命，但在湘军看来，保卫儒家价值观比被满人利用更重要。

同时，在后期太平军还要跟洋人打交道，这时候再跟洋人跳大神明显不合时宜，而是要学习洋人的优点，尊重他们的教义，暂时不威胁洋人的利益，尽量将洋人拉拢过来，不要让他们也跟清廷为伍。

随着太平军的发展和形势的变化，其政治水平也要提高，但失去冯云山后，太平军的政治水平就停滞不前，在后面一段时间，太平军虽然还有宣传、有军事水平，但他们失去了知识分子、士绅、洋人，甚至平民阶层的认同。

敌人无穷无尽，精兵迟早打光，走向灭亡就只是时间问题。

政治是什么？

政治，就是让更多的人和你共情，把朋友越搞越多，把敌人越搞越少。

可是在冯云山战死蓑衣渡这天，这个由农村私塾先生和客家贫苦矿工组成的太平军，就断送了自己的政治空间。

他们看起来还十分英勇，并将极大地冲击清廷半壁江山，但他们的灵魂，却随着冯云山，一起葬送在了蓑衣渡。

拾贰
萧朝贵陨落

太平军徒步进入永州后，发现清军早已截断湘江上的桥梁，船只也拖到了对岸，自己无法过河。

太平军只能向南于 6 月 12 日进入道州（今湖南省永州市道县），在湘南停留了 40 多天。

这 40 多天里，太平军在道州主要宣传教义、捣毁庙宇，高层内部也在争论下一步该往哪里去。

从起事以来，太平军高层处理大事，实行的是“六王商议制”，并没有谁一个人说了算，所以前面的重大战事，我也很少突出是某一个人指挥。

但这六王里头，宏观战略一直是冯云山出主意最多，毕竟他确实既读过书，又下过基层，有理论有实践，脑子里比其他人有货。

现在折了冯云山，剩下的五王慌得不得了，有人思乡心切，主张杀回广西；有人建议向东杀去广东，也好给天王涨脸；还有人主张进入四川，先在四川稳定基业。

只有杨秀清认为，当年李自成没有自己的根据地，至死都是个流贼，我们应该向北进攻，最好可以拿下武昌、南京，有了自己的根据地，再定大事。

洪秀全也想向北，不过他主张拿下河南，大家细节不一致，但向北进发这个大方向是统一了。

随后太平军不断向道州周边进攻，横扫各县市，占领了江华、永明、嘉禾、蓝山、桂阳、郴州，并发布了《奉天讨胡檄布四方谕》《奉天诛妖救世安民谕》《救一切天生天养谕》三篇檄文，揭露了清政府压迫百姓的残酷统治。

檄文内容写得挺好，很能感染群众，比如：

“务期肃清胡氛，同享太平之乐。”

“誓屠八旗，以安九州。”

“予总料满洲之众，不过十数万，而我中国之众，不下五千余万，以五千余万之众，受制于十万，亦孔之丑也！今幸天道好还，中国有复兴之理，人心思治，胡虏有必灭之征。”（太平军数据有误）

又比如：

“查尔们壮丁，多是三合会党，盍思洪门歃血，实为同心同力以灭清，未闻结义拜盟而反北于仇敌者也！今各省有志者万殊之众，名儒学士不少，英雄豪杰亦多，惟愿各各起义，大振旌旗，报不共戴天之仇，共立勤王之勋。”

这个三合会就是天地会的别称，到香港人拍黑帮片时，三合会还常常露脸，《古惑仔》系列里头的洪兴社团，其原型就是香港三合会下属最大分支新义安。

当时这三篇檄文，是以杨秀清和萧朝贵的名义共同发布的。

这说明两个问题：

一是早期两人确实共同掌握着太平军的最高实权。

二是哪怕开完永安会议，已经拿到合法权，杨秀清和萧朝贵还没有分出胜负，处于势均力敌的状态。

这时候的韦昌辉和石达开，很少在公众面前露面，杨秀清和萧朝贵俩人斗得不可开交，可见萧朝贵在太平军中的地位，一直是被低估的。

檄文影响到了社会底层民众，引起民众响应，罗大纲在道州、郴州、永兴、永州一带招收天地会原李沅发的旧部，一次就招到 2 万人加入了太平军。

前面我们提到过一次天地会的李沅发起义，他起事早于太平军，说起来大家都是熟人，李沅发原是雷再浩部下，雷再浩是被江忠源干掉的，而他是在广西被向荣干掉的，他死后半年，金田起义才爆发，但在湖南留下许多旧部。

罗大纲这办事能力，完全有资格称王，只是杨秀清对他长期打压，他才拿不到顶级资源。

湘南扩军顺利，还有一个重要原因，湖南自道光十一年（1831）开始，已经二十多年连续水灾、蝗灾不断，老百姓活不下去，都跑去参加天地会、白莲教、斋教，早就有了反清的苗头。

现在太平军势大，官府不是对手，大家为了寻求保护，都来转投太平军。

杨秀清原来也看不上天地会的人，因为蓑衣渡遭遇挫折，团队需要新鲜血液，他才放宽了条件，允许原天地会会员加入太平军。

太平军招募底层百姓很有效果，但招不到汉人当中的知识分子，在读书人眼里，太平军搞基督（不是正经基督）反儒家的做法比清政府更可恶，曾国藩起家攻太平军时，就写出针锋相对的《讨粤匪檄》，怒骂太平天国不尊孔孟和读书人，誓要跟太平军干到底。

清政府统治下的汉人知识分子，虽然对清政府的做法也有不满，但还是有一定羞耻心和民族情怀的，其实是可以通过尊重儒教争取过来的，从广西到湖南后，就应该因地制宜调整教义，犯不着跟汉人知识分子在战场上生死相见。

所以还是那句话，太平天国领导层政治水平太低，不懂得变通，自己给自己找敌人。

从另一个角度说，就是吃了没文化的亏。

在攻占郴州后，太平军又招募到两三万人，使太平军可作战部队达到了 3 万多人，而且这回捡到宝了，1000 多名挖煤工人加入他们的队伍，使太平军正式建立了土营。

这是一支独立的工程兵，专门负责挖地道、炸城墙，为太平天国攻取城池立下汗马功劳，队伍在后期也越搞越大，2 年后指挥级人员有 30 多名，将军级人员有 600 多人。

新加入的太平军弟兄，还利用手中的铜铁资源，打造了 300 多门大炮及大量兵器，使太平军整体军力又上升了一个档次，士兵们也终于可以不再用韦昌辉家打造的破铜烂铁了。

在湘南休整的这些天里，和春和劳崇光率领 1.5 万人到达道州，在 6 月 22 日和 7 月 4 日曾对太平军发起进攻，但都被太平军击退。

由于清军正面作战能力极差，由此一直到太平军拿下南京前，这伙人都只能尾随太平军，太平军走到哪里他们跟到哪里，打又打不过，撤又不敢撤，只能跟屁虫一样跟着太平军几千里地。

太平军在道州补充了兵源和武器后，全军含老弱妇孺已扩充到约七八万，一时士气高涨，高层便决定以郴州为大后方休整，向北派前锋进攻，先拿下长沙城再说。

负责进攻长沙的，是西王萧朝贵。

据侦察兵报告，长沙城当时只有 8000 守兵，其中 3000 人还是治安队水平，另外长沙城墙破败不堪，经吴三桂之乱后就没修理过，后经几场大洪水，已经破得不像话，而且湖南巡抚正在换届，骆秉章要调走了，新来的巡抚张亮基还在路上，现在城防交给前湖北巡抚罗绕典负责。

罗绕典是回家办事临时被抓来搞防务的，一看城墙太破没办法搞，就在城外重建了三道防线，第一道设在长沙 50 里外的跳马涧，第二道设在大规桥、妙高峰到天心阁，第三道在城内设月城，开挖内壕。

但这三条防线还没完工，而且因为要拆掉城南土豪的高楼，罗绕典跟土豪们在不断扯皮，还吵不过这些长沙本地有钱人。

收到探子消息后，为了赶时间，杀长沙一个措手不及，萧朝贵决定率曾水源、林凤祥、李开芳等带精兵 3000 北上攻取长沙。

萧朝贵这么着急亲自打长沙，是因为杨秀清的军政权力已经稍领先于自己，他渴望早立战功，增加自己在军队中的声望。

为了避开湘军彭玉麟、程裔采的军队，萧朝贵没有走耒阳、衡阳这条最快的直线，而是经东北小路，一路攻占永兴、安仁、攸县、茶陵、醴陵，于 9 月 11 日到达长沙，沿途还收拾了些人马，队伍变成了五六千人。

萧朝贵在长沙郊区的石马铺，先撞着西安镇绿营总兵福成和浏阳民兵 2000 人马，由于他们来得太快，陕西兵战壕都没来得及挖，遭到萧朝贵的迎头痛击，2000 多人被全歼，太平军缴获火药 4000 余担，火炮、骡马不计其数。

萧朝贵大喜，趁胜进攻长沙南门，派一路刀牌手攻南正门，一路枪手在城外高楼射击掩护，一路炮兵在碧湘街、妙高峰架起炮台攻城。

此时的长沙城乱作一团，萧朝贵即将立下大功，不料冯云山的霉运突然降到他头上。

9 月 12 日，萧朝贵身着镶龙黄缎长袍，张开大旗前往妙高峰察看军情，由于穿得太招眼，魁星楼城墙上的清军炮兵远远见着，点燃了一尊长丈余、重 3000 多斤的前膛炮，一炮击中萧朝贵，正中他胸膛乳上处，将他击成重伤。

曾水源、林凤源、李开芳一边命军队继续猛攻长沙，一边派人去郴州通知洪秀全和杨秀清。

洪秀全和杨秀清收到消息已经是 25 日的事了，这时候萧朝贵已中炮 13 日，估计已没得救了。

洪秀全连续折了冯云山和萧朝贵，大为震撼，而杨秀清是三分忧、七分喜。

忧的是军中少了一员猛将，喜的是再也没有人可以在军政方面制衡自己，从此自己就是毫无疑问的军政首脑，太平天国事实上的一把手了。

等到太平军前锋赶到长沙时，已经是 10 月 5 日，萧朝贵早已重伤而亡，年 32 岁。

首义五王的权力地位，至此也尘埃落定，东王军政一把抓，天王负责神权合法性，其他诸王再没有挑战的资格。

太平军大部队全部到齐已经是 10 月 11 日，他们在城外连营十里，要为西王报仇。

但清军的援军也到齐了。

邓绍良带来了 900 人，江忠源带来了 2000 人，和春跟向荣一共带来了 3 万人，张亮基带来了 5000 人，骆秉章还留下来做他的助手，长沙城里一下拥来 5 万援军。

张亮基还带来一个重要的幕僚——左宗棠。

这是太平天国起事后，各路名将的第一次会集，清军这边有江忠源、骆秉章、左宗棠、向荣、和春、张国梁，太平军这边有杨秀清、石达开、萧朝贵（已战死）、林凤祥、李开芳。

塔齐布、李秀成、陈玉成其实也参加了长沙战役，不过这时候他们还太弱小，历史这时候懒得记住他们的名字。

这其实是湘军与太平军长年对抗的一次预演。

10 月 5 日，双方第一次在蔡公坟交手，这种正面战场清军打一次输一次，江忠源都险些丧命，要不是向荣冒险启用 5000 斤旧炮，从天心阁对着民房一顿乱轰，打乱了太平军的进攻，太平军当天就攻进城了。

11 日，杨秀清率大军抵达南门，发起三路猛攻，双方互有胜负。

此时，两路人马主力到齐，大家手头各有大几万人，谁也吃不下谁。

进入对峙状态后，战事停顿了许久，长沙城内的老百姓，都快忘了在打仗，除了凶险的南门，还常常在其他门，用绳索吊出城去处理事情。

为了获取战略空间，石达开率军攻入河西，拿下橘子洲，将和春、向荣等人的部队打得大败，保障了太平军对常德和洞庭湖方向的连接，这样太平军进可攻、退可守，已立于不败之地。

向荣在遇见太平军前，历来胜多败少，遇到太平军后，已经不知道多少次被打得怀疑人生。在长沙作战时，60 岁的向荣曾多次率兵 3000 带头冲锋，还是输给了年仅 21 岁的石达开，真是想死的心都有。

太平军长时间不攻长沙倒不是准备放弃，而是想让土营的新同事试试身手，一直在悄悄地挖隧道，准备炸开长沙城墙。

从 10 月 30 日到 11 月 29 日，连续一个月时间，太平军在长沙城外挖了十几条地道，5 次炸塌城墙，其中 4 次没有取得成效，仅有一次将南城魁星楼都炸塌了，城墙崩倒 4 丈，2000 多名太平军举着刀就冲了进去。

眼见太平军要攻进城里，布政使潘铎调 3 万两白银犒赏前线，邓绍良亲率士兵堵住缺口，左宗棠号召大家往缺口扔砖，“每扔一块奖一千文”，官民一起挖掘街道石条，填满空棺材堵塞缺口，终于又将缺口堵上，太平军共阵亡 500 多人，因没有后援而撤退。

经过这一次攻防战后，双方都知道确实吃不下对方。太平军这边物资供应又出现了问题，李秀成回忆说粮食没问题，但油盐供应不上，太平军只有在 11 月 30 日撤退。

长达 81 天的长沙包围战就此结束。

这次战役主要给太平军带来了三个结果。

一是折损了萧朝贵，在太平军六王中，洪秀全、冯云山、萧朝贵三人略亲近些，杨秀清、韦昌辉、石达开三人略亲近些。注意我使用的是“略亲近”这个词，六人并没有形成两个绝对的对抗团伙，但洪秀全确实很需要冯云山和萧朝贵的支持，现在冯云山、萧朝贵先后战死，洪秀全在高层已十分孤独，要不是处于被清军围困的生死局面，一直有外部压力在，他跟杨秀清的内部矛盾早就爆了。

所以南京一安定下来，洪秀全跟杨秀清就处于你死我活的状态。

二是经过长沙这一战的锻炼，太平军后面打其他城市水平直线上升，他们懂得了前期对城池做侦察规划，也懂得炸城墙时需要双线夹击，太平军边打仗边学习，进步速度相当快，所以后面打武昌就轻松多了。

三是打长沙彻底惊醒了湘军，湖南的民兵组织从这时开始觉醒，曾国藩在第二年开始办理团练，他这时候还十分稚嫩，后面将被石达开吊起来打，但好歹湘军已迈出第一步，他们跟太平军一样边打仗边学习，日后将成为太平军最强大的敌人。

太平军离开长沙前，声称发现了一块玉玺，说这是上天对太平军的认可，洪秀全又发表了一些神神鬼鬼的言论，太平军就吃这套，士气高涨，一路向益阳、岳阳而去。

从这时候一直到拿下南京，太平军的运气一直好得烫手，他们在连续失去了南王和西王后，终于迎来最黄金的发展阶段。

拾叁

克武昌

太平军离开长沙后，经宁乡去往益阳。

我看了下地图，觉得有些奇怪，太平军在长沙向北，明明顺着湘江就可以杀入洞庭湖，为什么走了很长的陆路，绕了个大弯往西北先攻益阳，再从资水进入洞庭湖?

原来长沙围攻失败后，太平军高层一度改变计划，打算经益阳前往常德，再从常德占据湖北荆襄地区。

太平军这时候还有个痛点，导致他们只能走益阳：他们没船。

他们在全州抢来的船只，全折在江忠源手里了，长沙打不下来，没有水上交通工具，就没办法利用湖南的水系快速行军。

但他们运气很好，益阳有很多船。

1852 年 12 月 3 日，太平军主力到达益阳城外，此时的益阳还是个县，知县是李鸿章的哥哥李瀚章，这哥们听到太平军进入益阳地界，早撒开腿跑长沙去了，只有 500 团练在城外白马山跟太平军意思了一下，一触即溃，太平军经资江刘公滩水浅处徒步过河，轻松拿下了益阳城。

太平军进城后，照例烧庙宇、学宫（知识分子恨太平军的原因之一）、官员豪宅别墅，并开仓放粮，刚走完流程，“牛皮癣”向荣便带着追兵又来了，屯兵城外陆贾山。

石达开见到手下败将又来送经验值，也不客气，分兵三路进攻陆贾山，用火炮打得向荣老头子哇哇叫。向荣败退，石达开紧追不放，斩清军总兵纪律于茶亭街桥下，向荣夺命狂奔，石达开再追，将向荣一口气从石头铺追到沧水铺才罢休，连追 40 里地，一路杀清军千人。

要是搁别的将领，一而再再而三，被一个小自己近 40 岁的小伙子反复羞辱，心态早就崩了，但向荣韧性很好，60 岁还在战场上这么玩命，被石达开摁在地上反复摩擦也没爆心态，向荣已经很不容易了。

其实不是向荣有多差，他要是真差，吃这么多败仗，早被咸丰换下来了，向荣在清军里已属于特别能打的那一类，前期镇压天地会起义，他是战绩最出色的，实在是清军绿营战斗力太弱，打打毛贼还可以，遇到硬茬就暴露出真实水平，而石达开和他的将士足够勇猛，两边遭遇属于降维打击。

不是向荣不努力，向荣真的已经尽力了。

那绿营打仗，为什么战斗力这么弱？

其实是清政府需要他们这么弱。

对，你没看错，是清政府需要，不是太平军需要。

清朝绿营一般在 60 万人左右，是八旗兵的 3 倍，在八旗入关迅速腐化后，绿营的高光时刻是在镇压三藩之乱和平准噶尔时表现出色，但满人素来防汉第一，生怕这支汉人军队造反，等到天下太平，便故意削弱绿营的战斗力。

清廷故意给绿营极低的薪资。绿营士兵主要分守兵、战兵、马兵三个等级，马兵月薪 2 两银子、战兵月薪 1.5 两，守兵仅 1 两，守兵的收入只相当于一个地主家长工，这个月收入还包括了士兵的伙食费、军装费，马兵甚至包括了马匹的饲料费，根本只能勉强度日。

如果加上军官克扣，那这日子就更没法过了。

清朝还有个奇葩规定，绿营日常训练的费用也得士兵承担，像火绳枪的火绳、装火药的袋子这些都由当兵的自己出，大家就故意不训练，以致军备废弛。

因为军饷太少，绿营兵有的出去做生意，有的出去打工，想尽办法多赚点钱养家，以致绿营越来越不像一支军队，而像是一支临时警察队伍。

他们只能抓抓小偷流氓、催缴钱粮、征派徭役，平时偶尔去剿一下盗匪就是武力极限，弄不好还得干守陵、码头搬运这种杂活。

清政府还给绿营世袭制，老爸死了儿子当差，那年头工作难找，有一份稳定的固定低薪，总比没有薪水好，这就使绿营长期保持这种“稳定的低下战斗力”。

为了防止绿营造反，清政府把绿营军驻扎分得极散，少的十几人，多的上千人，而八旗则是集中驻扎，时刻形成以多打少，方便随时扑灭绿营造反。

总之，清政府在设计全国行政、军事、文化、经济框架时，一律以“防范汉人”为第一原则，故意使汉人的教育、科技、军事保持极低的水平。

所以这样的军队，怎么可能打得过从土客械斗就在不断实战的太平军？

而且绿营没有“为何而战”的觉悟，就当份差领薪水，谁会为了一两银子的工资玩命？太平军主力广西老兵，那是真信洪秀全是上帝之子下凡，冲锋时完全不要命地干仗。

不怪向荣，真不怪向荣。

得胜回城的石达开，受到了洪秀全的亲切接见，太平军在益阳开了场派对，洪秀全和石达开心情都不错，各写了几副对联，石达开的一副对联值得注意，原文是：

“伤心哉，二百余年，可怜上国衣冠沦于夷狄；所望者，三千君子，相率中原豪杰还我山河。”

从这对联来看，太平军想搞死清朝的大方向没问题，可惜政治手段实在太差，像烧学宫这种事情，就是逼知识分子站在自己的对立面。

杨秀清受亲戚卢贤拔影响，并不赞同毁古籍、烧学宫，还多次扮演天父，要求“千古流传之书不可毁弃”，太平军这么敌视儒家，多少带着点洪秀全的个人情绪，其实说他屡试不中后心理变态，也没什么大问题。

一支军队没有知识分子做参谋，就像壮汉没有眼睛，再狠也迟早撞墙。

拿下益阳城的太平军不仅击败了追兵，还获得了心心念念的船只。

益阳是资江枢纽，本来就船多，清廷原在湘江跟太平军作战，为了避免太平军抢船，把湘江上的船都赶到资江去了，最后这些船都汇集在益阳，转了一圈，又打包全落太平军手里了。

太平军连征带抢，4 天时间搞到了几千艘船，以及大量船夫。

这是太平军历史性的一刻，不仅有了交通工具代替双脚步行，此后太平军更以此为基础，在岳阳将民船、水手组建成了太平军水营，全盛时水师达 9 个军，拥有上万船只。

现在兵强马壮，还去荆襄这种小地方干嘛，直接打武昌啊。

于是数万太平军登船顺流而下，顺着资江进入了洞庭湖，13 日进入岳州地界。

岳州就是今天的岳阳，湖北巡抚常大淳亲自赶来防守，他的办法很简单，命渔民、水手在船上装满石头，沉船入湖，堵塞临资口、土星港航道，只要拖上几天，就能等打不死的向荣再带兵来援。

就堵了一天。

由于平时被征税征得太狠，清军又常欺负渔民，渔民们都对清廷怨恨至极，看到太平军来到临资口，渔民和水手反过来帮他们，几万人潜入湖底清理障碍物，一天就疏通了航道。

部分渔民还干脆直接带着船加入了太平军。

至少这时候的太平军，还是受民众欢迎的，而清廷从来是本性恶劣，民众痛恨至极。

等太平军兵临城下时，由于城里就几百个士兵，官兵几乎作鸟兽散，太平军没遇到任何抵抗，兵不血刃地拿下了岳州城。

因为岳阳位于洞庭湖，是整个湖南水系交汇的地方，因此在岳州停留这三天里，太平军再次搞到了几千艘船，还找到了一个叫唐正才的老水手为典水匠，掌管所有水师。

唐正才驾船熟练，本是个贩木材粮米的小生意人，太平军打到岳阳时，他正运货去武昌，刚巧路过，见到太平军势大，可能是出于反清或者搏一把的想法，他将船上粮食献给太平军，又联合熟悉的船户一起参军，杨秀清很欣赏他，命他正式建立水营，统辖水师。

此时水营有前后左右中五军，共计 2 万多人，已经是一支颇大的队伍。

太平军至此在湖南共得到三样大红利，实力比起在广西时，已经不可同日而语，再也不是过去的流寇水平了。

一是在湘南获得大量新兵，二是在郴州获得了第一批工程兵，三是在益阳和岳阳获得上万船只、水手，建立起自己的水师。

工程兵加水师，是太平军后面打武昌、安庆、池州、芜湖、九江、镇江、扬州、南京时的法宝，各城多是通过“地道爆破”加水师围攻拿下来的。

我看到不少严肃学者的研究资料，说太平军在岳阳获得了大量吴三桂留下的火炮，甚至李秀成的口供也说得了吴三桂的武器。

这应该是误传，古代冶金技术还没这么发达，南方天气潮湿，火炮长久不用，内壁会生锈，放炮也会炸膛，就算吴三桂真有火炮留下，也不可能投入战斗。

在湖南重新武装起来的太平军，12 月 16 日分水路向武昌进发时，总人数达到了 10 万人，可以参加战斗的有 5 万人，已经到“沿途清军，望风而走”的地步。

此时已没有人，能阻挡他们拿下武昌。

但现在我们不着急讲太平军攻武昌的事，因为就在林凤祥、李开芳刚刚拿下岳州城的同时，正在湖南湘乡守丧的曾国藩收到咸丰皇帝的来信，要求其加急办团练。

是的，曾国藩终于正式登场了。

清嘉庆年间就有办团练对付白莲教，道光也曾允许广东办团练对付洋人，由于太平军无往不利，指不定哪天就打到北京，于是咸丰帝向前任取经，让地方大员搞民兵组织，给地方防御加码。

咸丰也不指望曾国藩一个人就把事情给办成了，他一共向 10 个省的 43 位大员，同时发布了办团练的命令，这些人要么是退休回籍的前高官，要么是丁忧（守丧）在家的前大员，咸丰普遍撒网，重点捉鱼，搏一个成功率。

其实这时候，他对曾国藩是不怎么指望的。

名人语录专家、湘军话事人、清末军阀缔造者、满汉势力平衡者、湖南之光、宗师级家书爱好者、半个圣人、前两江总督、直隶总督、一等毅勇侯曾国藩，这时候还是个讨人嫌的人。

曾国藩生于1811年，他比左宗棠大1岁，比李鸿章大12岁，比张之洞大26岁，收到皇帝办团练的信件时，已经41岁了。

大多数历史资料，一说起曾国藩带兵打仗前的人生，就喜欢用“平庸”二字来形容，并以此为对比，强调他奋发自省、成为“半个圣人”的厉害之处。

他哪里平庸！

他出生于离县城130里的偏僻山村，爷爷曾玉屏虽然性格豪迈刚烈，但靠刻苦勤劳累积田地百余亩，在当地很受尊敬，父亲还是本村第一名秀才，但他的起点上限极低，能中个举人就是祖坟冒青烟了。

曾国藩在父亲严格教导下，4岁启蒙，8岁读完五经，学写八股文，他也就是考秀才不怎么顺利，从13岁考到22岁，连考7次才过关，但他第二年就中了举人，28岁中进士并进翰林院读书，起点就相当高。

大家可以看一下我写的《清朝官员是怎么搞钱的》这篇文章，里面详细介绍了进翰林院有多牛，还没去正式读书的曾国藩，请知县办事，只需要递个条子就成了。

他在北京城当官也异常顺利，得穆彰阿提拔，“十年七迁，连升十级”，是北京官场的传奇人物，38岁时就干到了正二品礼部右侍郎。

曾国藩不仅不平庸，而且他打一开始就是天才，学习能力异常强大，他最多就是善于伪装。

清末时，曾国藩和左宗棠已经非常重视个人形象的塑造了，曾国藩说自己平庸，是为了跟以后的牛逼做对比，左宗棠还常常不分场合不分地点的嘴毒，说他“以博直名”，这些都是他们的个人宣传手段，我们不要被种种假象所蒙蔽了。

赏识曾国藩，给他升职的是道光，咸丰刚上台，曾国藩就跟他起了冲突，主要是曾国藩上了篇《敬陈圣德三端预防流弊疏》，当中有数落咸丰不是的地方，并在早朝，当着同事的面把奏疏念了出来，气得咸丰将折子怒掷于地，要问他的罪。

幸好有军机大臣祁寯藻和季芝昌替他求情辩解，曾国藩才逃过一劫，另转任刑部侍郎，但咸丰内心深处，始终是不太喜欢曾国藩的。

咸丰发来旨意时，曾国藩正在湖南守丧，他自己对搞团练一点把握都没有，直到第二年1月26日，才离开家乡见当地巡抚，商量怎么弄，湘军才开始逐渐萌芽。

等他慢腾腾还在思索时，太平军早已经拿下了武昌城。

12月22日，林凤祥、李开芳、罗大纲、黄玉昆的前锋大军到达繁华的商业枢纽汉阳，太平军的船只帆樯蔽天，而汉阳却只有300守军，太平军不费吹灰之力便拿下汉阳城，顺便缴获了汉口港码头上停泊的上万艘商船和民船。

洪秀全和杨秀清的队伍在几天后赶到，洪秀全住在关帝庙，第一件事是又打造了一枚十余斤的金玺，准备搞宣传用；而杨秀清住在万寿宫，第一件事是组织军队准备攻打武昌。

这两人越来越清楚自己擅长什么，都只在自己熟悉的领域活动，互不干涉。

第一次武昌战役就此打响。

武昌这地属九省通衢，算是华中最重要的城市，被太平军占领，会直接打断长江航运。太平军拿下岳州时，武昌城里仅仅3000守军，湖广总督徐广缙听说太平军往武昌而来时，心情绝望，说自己“屏息以待雷霆”。

湖北巡抚常大淳（常遇春后人）、提督双福，提前将武昌城外关隘据点的清军全部撤回城内，加上总兵常禄、王锦秀带来的湘南援军，总算凑齐了1万人左右。

常大淳收到情报，知道太平军擅长用炸药炸城墙，为了便于观察敌情，16日下令让城外居民入城，要放火烧尽城外的房子，居民们哀求暂缓几天，好收拾家当再进城，可常大淳被太平军吓破了胆，生怕太平军突然杀到，不敢等，19日半夜在居民入睡时纵兵烧屋，烧死了不少无辜百姓，活着的也成了流民，百姓气愤不过，等太平军一到，好多人就主动加入太平军围攻武昌，要干死常大淳替家人报仇。

唐正才按杨秀清命令，24日开始在汉阳、汉口用铁索连接船只，建造两座浮桥，将武汉三镇连在一起，方便调动兵马展开攻坚，常大淳和双福就在城墙上远远看着，不敢派兵迎战。

打不死的老骨头向荣这时又带兵赶到，出于对石达开的畏惧，不但不进攻太平军，反而向后退缩到柏木岭驻扎。

浮桥的建造于25日完工，太平军将武昌九门全部都围了起来，武昌已成孤城，太平军优势巨大。

攻武昌跟以前太平军攻桂林、长沙时情况已大不一样，那时太平军兵少，围不起来，只能逮住一面狂攻，桂林、长沙后援不断，越打越艰苦。现在打武昌兵多将广，器械弹药充足，进攻手段花样繁多，武昌城成为太平军升级后第一个练手的目标。

26日凌晨，大雾弥漫，几米内人畜不分，林凤祥、李开芳、朱锡琨、黄益芸、吉文元带5000兵马，发起了第一轮攻城。

为了震慑清军，太平军用染料涂面、羽毛插头，化装得跟印第安人一样，携云梯先从小东门发起进攻。

守城的100名四川绿营表现不错，看到2名太平军登城后，马上呼叫其他清军，并迅速组织反击，枪炮乱射，桐油狂泼，太平军被烫得哇哇叫，纷纷从云梯上掉落，清军又点火烧掉了40多架云梯，到天明时，太平军被迫撤退。

27日，太平军又开始挖地道、埋炸药的战术，从武昌城东面城墙开始挖掘隧道。

常大淳急命人在城墙下挖了个大深坑，再放一个大缸，让听力极佳的盲人卧在里头，日夜监听挖掘动静，一旦发现地道方位，就派敢死队吊下城去骚扰，但遭到太平军痛击，骚扰失败。

1853年1月2日，向荣终于鼓起勇气，率1.4万兵马连续进攻太平军洪山大营，以牵制太平军攻势。

7日凌晨，趁太平军熟睡时，和春与秦定三率6000人攻洪山大营，向荣与马龙率8000人攻打田家园。

和春与秦定三作战勇猛，一甩清军被追着打的颓势，冲进还未睡醒的太平军营垒，夺取洪山炮台，开炮轰击太平军，炸死了几百人，太平军乱作一团。

和春一路狂攻，又拿下了双峰山，焚毁营垒15座，已经杀近武昌城下，这是清军几年来难得一见的胜战，大功在即，但此时清军满汉将领不和的毛病再次爆发，总兵马龙平时跟和春相当不对付，眼见和春要立下大功，他下令收队，失去后援的和春即将被太平军包夹，不敢孤军深入，只能含恨撤兵。

经此一仗，向荣移营洪山，占据制高点，杨秀清也不敢轻视向荣的队伍，将汉阳守军调武昌郊外防备向荣，在双峰山和文昌门一带构筑炮台，加固长虹桥至李家桥防线，高度戒备。

又命将埋炸药的地点改成文昌门，修了座土城掩护土营挖掘地道。

向荣见太平军戒备森严，要冲到文昌门将损失惨重，便只能在外观望，常大淳和双福瑟瑟发抖，不敢派兵骚扰，四川兵 500 人主动下城骚扰土营，常大淳还大发脾气，不给发赏银，于是更没人去阻止土营工作了。

常大淳这种行为，跟等死没什么区别。

1 月 11 日，已经挖了几里地的三条巨大地道直通文昌门下，土营士兵扛着三副装满上千斤炸药的棺材，放在隧道尽头，将引线延伸到洞口竹筒内。第二天凌晨，杨秀清下令点燃炸药，三条地道轰天巨响，文昌门给炸塌二十余丈，林凤祥带兵蜂拥而入。

太平军进城时，常大淳在衙斋，双福在公馆睡觉，守备清军也还在熟睡，根本来不及反应，待林凤祥杀入，武昌城一片混乱，常大淳上吊自杀，双福被乱刀砍死，布政使梁星沅、按察使瑞元、总兵王锦绣、副将春荣等百名官员，要么自杀，要么游街后被杀，要么被斩首，太平军依着湖北官员名册杀人，使武昌城内“正署各官一百余人，一员无存”，1 万名守军也被全歼。

杨秀清进城前，下令“官兵不留，百姓不伤”，太平军没有发生抢劫滥杀的事件，此时军纪还算严明。

16 天的武昌攻城战，就此结束。

太平军进城后，继续依着名册，将官员及亲戚全抓了出来，满门抄斩，家财没收进圣库，又把整个武昌城居民编入队伍，设“牌尾馆”和“牌面馆”，负责后勤保障和前方作战，城中百姓按年龄、性别编入各营，财产全部充公。

洪秀全乘着32人抬的大轿，在武昌城内巡视，想起当年秀才都不中，现在兵强马壮，今非昔比，一时兴起，派兵将武昌的读书人都捉拿过来，自己出题做考官办科举，还亲点了一次状元，过足了科举瘾，满足了一下他那奇特的变态心理。

不识字的杨秀清没有这种情结，他只是埋头管理军务。

今天武汉是中国重要的中心点城市，从这里乘飞机或高铁出发，去哪座城市都行程较短，交通四通八达。

但也很容易被围攻。

武昌是太平军攻克的第一座省城，他们很想在这里多歇歇脚，但清军几路大军即将到达，会对武昌形成合围，他们必须选择下一处落脚点。

至此时，洪秀全更想去河南，石达开更想去四川，杨秀清更想去南京。

据李秀成自述，在武昌时，大家对去向犹豫不决，一名年老的湖南水手，突然大声扬言："启禀东王，不可往河南。河南河水小而无粮，敌困不能救解，今得江南，有长江天险，又有船只万千，又何必往河南！"

正是这个建议，使杨秀清下定决心往南京去，为了说服洪秀全，他还叫人出了本小册子，叫《建天京于金陵论》，发给太平军各王。

最终大家都被说服，决定打下南京，定都金陵。

拾肆

定都南京

关于为什么定都南京，另有部分资料，说是林则徐前幕僚钱东平向洪秀全献策，建议仿明太祖定都南京，再依朱元璋的路线夺河南、取山东，可得天下。

我在写作时尽量采用李秀成自述，是因为许多事情他确实是亲身经历，相对可信，但他并不是事事亲历，有些也只是耳闻，尤其前期他人微言轻，重大决策不可能参与或旁听，所以我并不排斥其他说法。

钱东平献策有一定依据，因为太平军定南京后再北伐的大战略，确实跟当年朱元璋的总体思路是一样的。

我认为太平军模仿朱元璋的可能性很大。

但搞事业要因地制宜，不能死搬硬套，朱元璋一直有自己的根据地，还没对北方动刀子的时候，根据地已经大到吃下半个南中国。

太平军到现在还只是加强版流寇，打下一座城池抢一波就跑，一直没有能持续提供资源的根据地，基本盘太差。

而且朱元璋起家时，全国其实是军阀割据的局面，北元自己内战打得昏天黑地，南方起义军群雄并起，只有南方敢称帝的刺头，北元才集中火力打。

太平军是当时清廷的心腹大患，远没有群雄并起的火力掩护，被清廷调集全国资源满世界追着打，太平军生存环境要艰难得多。

朱元璋定都南京是结果，而太平军定都南京，那是过程，其性质根本不一样。

那南京到底适不适合做首都呢？

南京是南方政权相对来说还不错的选择，它有长江天险保护，又处在鄱阳湖平原和太湖平原的枢纽位置，古代湖南、湖北、福建还十分落后，江西、安徽发展慢于江南，四川远离国家中心区域，武昌、长沙、成都首先被淘汰，南方政权通常没有更好的选择，只能在杭州和南京之间二选一。

而杭州位置过偏，南京在南方的位置，如同北京在全国的位置，需要卡住南京，以便调动兵马粮草守江淮防线，但凡有点清醒的南方政权决策人，都只能选南京。

南京的缺点也很明显，是不能破淮河防线，淮河破，长江就破，南京基本就守不住了。

选南京通常是一个综合比对后，相对更好的选择，是一个不得已的决定，否则历朝历代南方的政客军人也不会瞎了眼要定都在这里。

古代中国的统一战争都是从北向南攻，是因为北方有人口和战马，宋开始南方人口渐渐压过北方，才出现朱元璋和民国北伐两次从南向北攻的胜利。

因为中国历史上从北向南攻的次数更多，才造成“南京永远守不住”的印象，其实南京没那么差，换谁统治南方政权，都只能定都南京。

既然南京还不错，又可以控制江南赋税重地，太平军定都南京，战略上到底是对是错?

大量历史学家批评太平军定都南京，是重大的战略失误，太平军高层从此安于享乐，沉醉在温柔富贵乡，又无法在江南吸收优质兵源，又错过湘军崛起前的空档期，最终发生内讧而亡，太平军应该一鼓作气，向河南、北京一路打过去，直接一口气推翻清廷。

我认为应该跳出问题看问题。

前面说过，太平军自身基因有问题，那些善战而忠心的广西老兵死一个少一个，两湖吸收的兵源还能一战，越到后面兵源越差，由于没有知识分子加入，管理水平也跟不上，组织不是正向循环，容易发生夭折。

太平军如果攻入北方，胜算根本不清楚，他们一直都在逃亡，全军上下十分疲惫，而选择定都的话，放在哪座城市都是错的。

对，是选哪座城市都是错，因为太平军无法吸引知识分子，也无法消化新的平民阶层，组织就失去了活力。太平军后期靠着几个军事天才勉强支撑，整体衰亡是不可避免的。

所以根本不是选不选南京的问题，而是太平军自身原因走不出困境的问题。

但是1853年身处武昌城的洪秀全和杨秀清，并不清楚这些。

洪秀全从1844年和冯云山开始传教，转眼已过去了近十年，从金田起义到拿下武昌，又被清军追杀了两年半，这中间死了无数亲人战友，创业伙伴一个接一个倒下，他们实在太疲倦太疲倦，全军压力极大，现在有了长江交通线，可唾手拿下一座富贵大城，好好抚慰大家紧绷的神经，怎忍受得了这种诱惑？

另外当时决定去南京，还有一个不得已的原因，太平军攻下武昌后，已威胁到清帝国的东南财政命脉，咸丰帝心急如焚，派三路大军前去围剿。

这三路分别走河南、岳州、九江过来，但三路领导都贪生怕死，第一路琦善到河南就停下了，第二路到岳阳也停下了，两路人马站在原地干耗时间，也不敢过来跟太平军对攻，第三路陆建瀛连九江都不敢去，太平军向东一路将没有强敌，为了减少损耗，此时也只能向东进攻。

那就去南京吧，去那里建立太平军的小天堂。

太平军高层从一开始就没打算在武昌久待，从武昌内城抢来的火药、粮食、金银都直接运上船。

进入武昌城内后，太平军要求市民将金银、钱米等全部上交，等于洗劫了武昌全城平民，又抄没了官员与富豪家，光李祥兴一家就抄到120万两白银，这些白银与物资被尽数带入南京。

武昌市民们在城破时，出于害怕与恐惧，对太平军“焚香供桌、夹道相迎”，但太平军并没有放过全城百姓，所有市民全部被编入军队，分开男女营居住，每人每天发一杯油、1.8斤杂粮（不是大米），所有男子要剪去长辫、头扎红巾，平时穿短衫，不能穿华丽的衣服。

武昌城内所有商店、作坊全部停业，整座城市变成了一座军营。

男女营的市民再没有夫妻生活，而洪秀全和杨秀清却各挑了60名13～16岁的清秀少女为妻。

太平天国的正式腐化并不是从南京开始，而是从武昌开始的，准确地说，太平军大部分高层早就想过这种花花日子，只是过去打桂林、打长沙攻不下来，现在打下繁华的武昌，迅速暴露出太平军的真实政治水平。

洗劫全城、挑选美女都是背叛基层民众的行为，而绑架武昌所有市民加入军队，更是赤裸裸的流寇行为。

大部分作者在写作时，会对自己描写的事物投入泛滥的情感，比如，金庸写韦小宝，明明干了很多强奸、贪污行为，经常表现得像一个小痞子，但金庸总是以一种包庇式的语气为韦小宝解释，忍不住美化主角。又比如许多清史作者写清朝，恨不得跪在康熙、乾隆面前山呼万岁，并努力掩饰清朝的落后本质，我认为这种写作态度是不可取的，写作要坚持实事求是。

今天我写作太平天国时，他们起义时的艰难和勇气可以褒奖，但他们的愚昧、贪婪、不思进取，也要一一批判。

在他们进入武昌前，太平军落后的一面还没有这么清楚地暴露过，进入武昌后，太平军表现得像是一台软件落后的军事机器，始终没有脱离历朝农民起义的阶级性和短视，这些该批评的地方我绝不掩饰。

1853 年 2 月 9 日，在武昌休养一个月后，趁清军不敢合围，太平军将武昌城内所有劫来的人口、物资，共约 60 万人（也有资料说 50 万人）加粮食、金银、炮弹等，一股脑儿装上 2 万艘船，分水陆沿长江东下。

在前往南京的路上，太平军几乎没遇到任何像样的抵抗。

2 月 15 日，太平军到达湖北武穴，石达开指挥的先头部队，趁子夜清兵熟睡时，全歼武穴 4000 守兵，在前线督师的两江总督陆建瀛吓得拔腿就跑，坐小船逃回南京。

2 月 18 日，太平军到达江西九江，800 守军与当地百姓逃了个精光，石达开只派几名童子军就占领了九江。

2 月 24 日，太平军到达安徽省会安庆，虽然同为省会，安庆比不得武昌繁华，城池小、城墙也单薄低矮，守军仅 2000 人，安徽巡抚蒋文庆是嘉庆十九年（1814）的进士，在中央、地方都干过，此时年已六十，无助地面对五六十万大军。

陆建瀛刚好从安庆城下逃命经过，蒋文庆向陆建瀛求援，陆建瀛说打不过，逃命要紧，我先跑了，继续向南京狂奔。

安徽其他高官也找借口跑了个精光，只有蒋文庆独守安庆，他自知守不住，但也不逃跑，太平军攻城时吞金自杀，没死成，又一口闷喝下毒药，终于死透。

蒋文庆选择自杀，是因清廷对于弃城逃跑的地方高官向来予以严惩，翁同龢哥哥翁同书后接任安徽巡抚，城破未殉节，被曾国藩上奏折弹劾，慈禧流放翁同书至伊犁，搞得翁同龢后期把气全撒在曾国藩弟子李鸿章身上。

蒋文庆的选择是牺牲自己换取妻儿前程，保一家人富贵，向荣将他的事迹上报后，朝廷“予骑都尉世职，入祀昭忠祠”，蒋文庆为了这个家，算是拼尽全力了。

太平军在安庆只劫掠到 30 万两白银、百余门大炮及部分粮食，可见安徽在清朝时就不怎么富裕，同样作为省会，安庆比武昌穷多了。

由于太平军一路势如破竹，沿途百姓部分出于反清、部分出于投机，大量献上各种物资及户籍资料等，不少人就此加入太平军，等大军开到南京时，已经有 75 万之众。

从冯云山在紫荆山创业收下 2000 名信徒，到南京城下 75 万人马，一时恍若隔世。

1853 年 3 月 9 日，石达开主力抵达南京西南郊外扎营，南京攻坚战打响。

陆建瀛疯狂抽调八旗兵、民兵、雇佣兵，连死囚都放出来守城，也只凑齐了 1 万人的队伍，而南京城墙全长 96 里，共 13 座城门、1.6 万个垛口，这点兵连垛口都不够填满。

陆建瀛又迷信至极，每天躲在衙门里诵经拜佛，还叫人扎了个丈二高的纸糊送葬俑童放在仪凤门，想求上天保佑退敌。

面对已身经百战几乎无往不利的石达开，南京城内清军的这种战斗力，根本没有守得住城池的可能。

攻城过程跟武昌差不多，在耗尽守军的弹药后，林凤祥组织土字营开始挖地道、埋炸药。

3 月 18 日地道竣工，19 日凌晨，太平军引爆了仪凤门外三处地道中的炸药。

但这次炸城墙出现了重大失误，只有两处炸药炸响，城墙垮塌，太平军将士正从缺口往城内冲锋，突然第三处炸药爆炸，上千名士兵被炸死，后面的太平军犹豫了一下，还是踩着同伴的尸首冲进城内。

其中一队太平军杀到成贤街时，恰巧遇到陆建瀛刚开完会，乘四人绿呢官轿、一路敲锣打鼓回府，太平军也不废话，只知道遇上了妖官，上前将陆建瀛拖出轿子，五六刀将他当街活活砍死。

清廷两江总督，总管今天江苏、安徽、江西、上海四地的军民政务，是封疆大吏里最重要的一员，就这样莫名其妙被砍死了。

太平天国战乱期间，原本最肥的两江总督是个苦差事，曾国藩之前的六位前任，一个被处决、两个被革职流放、三个战死，平均在岗一年多一点，个个都被太平军折磨得痛苦不堪。

杀死陆建瀛后，南京已群龙无首，加上太平军知道陆建瀛迷信，还在武昌时，就预先安排了 3000 人伪装成和尚道士，以避难为名提前逃入南京，这些人每 300 人为一伙，里应外合攻击清军，清军大乱，南京于 3 月 20 日凌晨被攻破外城。

清朝时大城市分为里城和外城，里城也叫满城，住的都是满人，不准汉人踏入半步，比如过去成都内有个少城，其实就是满城，也住八旗兵和亲属。

当时南京城有八旗兵 4000 多人，由江宁将军祥厚、都统霍隆武指挥，他们知道太平军痛恨满人，必置自己于死地，满城内连妇女都登上城楼作战，但在林凤祥指挥下，一天时间满城便被攻破，4000 八旗兵全部被斩杀，祥厚抹了脖子，霍隆武死于乱军当中，南京就此被太平军拿下。

据盛巽昌记载，南京城破之时，洪秀全正坐在安庆到芜湖的龙船上，这条船原本是陆建瀛坐的船，被太平军缴获而来，洪秀全在船上每天用玉碗吃东西，每次吃饭时要有 10 个菜肴，旁边有 8 个乐手奏乐。

南京捷报传来，上千名太平军用自己的生命打开了南京城门，而这时洪秀全正在船上左拥右抱、偎红依翠，听到消息后，洪秀全兴奋地站起来，哈哈大笑。

这名广东花县禾落地村私塾先生、心性高傲却十几年考不中秀才的人，终于一偿所愿，即将进入南京，成为他心目中真正的天王。

拾伍
宿敌的起点

洪秀全将自己进入南京城的仪式搞得分外隆重。

韦昌辉率领的先行部队进城后，先清理尸体、扑灭大火、清洗街道，又迅速修复了城墙，并选两江总督衙门（这地方现在还在）为天王宫，烧毁了清廷的所有字画匾额，用黄纸裱糊门墙，张灯结彩等待洪秀全进城。

破城十日后，1853 年 3 月 29 日，洪秀全随队进城。

那天清晨，太平军里的两广老兵们，先把守了两江总督衙门到仪凤门的街道，南京城还没跑完的 10 万百姓听说天王要来，都纷纷跑来围观，但刚刚走近，就被太平军强令沿街跪倒，不得走动仰视，10 万百姓就大气也不敢出，缩着脖子跪在原地等候洪秀全。

不一会，凤仪门尘土飞扬，先过来 5 人一排、整整 100 排的太平军马队，马队后是一顶 64 人抬的大黄轿，轿身四面绣着 4 条巨龙，轿顶有 5 只纸扎的仙鹤，轿上面坐着身高一米六七的 40 岁广东客家中年男子洪秀全，他戴着昆剧《长生殿》里的唐明皇帽，黄绣龙袍龙鞋，不穿靴坐在轿中。

轿后面是洪秀全十分喜爱的配乐团队，一共 16 对吹鼓手、16 对铜鼓手，一路吹吹打打而来。

我看过的所有资料，都有意无意地提到过，洪秀全是个对配乐团队很痴迷的人，他吃饭时要听、走路时要听、坐轿时要听，没有配乐团队简直没法活。

他越来越像《天龙八部》里的星宿老仙。

洪秀全身后是他更喜爱的后宫团，足足 36 位 20 岁左右的年轻女子，都穿着短衣长裤，骑着马，各人后面紧跟着一个女仆，举着日照伞随行。

后宫团后面跟着的，是步兵方阵。足足走了 1 小时，才轮到萧朝贵的儿子幼西王、冯云山的儿子幼南王，然后是天、地、冬、夏、春、秋等二十四丞相，再接着是检点、指挥、将军等，再是英姿飒爽女兵方阵，等这支队伍全部走完，足足花了 6 个小时。

沿街的百姓，也跪了 6 个小时。

进城后，军士们在南京城里，摆开千万桌酒席庆功，洪秀全自己也在天王宫金龙殿设 20 桌，请高层将领等吃酒，每张桌子上，都有一大碗油焖狗肉、一大碗爆炒狗内脏、一大碗狗肉炖萝卜汤。一位读者告知我，这种吃法源自广西，太平军首领均来自广西客家，这么说也解释得通。

洪秀全在酒席上正式宣布定都金陵，并改名为天京，喝得醉醺醺的功臣们，一齐起立，高呼万岁。（注：另有资料说是进城约一个月才决定正式定都天京。）

几天后，天京城里渐渐平静下来，杨秀清和韦昌辉又各献 12 名江南美女给洪秀全。从此，洪秀全基本就活在天王府里，在美女与配乐团队的美妙音乐中日日开派对，整整 11 年时间，与 2300 名嫔妃女官相伴，再也不舍得离开天王府一步。

太平天国对清王朝势如破竹的进攻势头，大体上也止步于此。

董事长水平不够，最后严重限制了公司的发展。

此时只要给清王朝歇一口气，它还是能从全国庞大的资源库里，提取出足够的物资与人才的。

是的，曾国藩先生，你现在可以发力了。

当洪秀全大喜之际，太平天国一生的宿敌曾国藩，却刚从悲痛中缓过神来。

1852 年秋天，曾国藩得了个肥差，正急着赶去江西主持乡试，我在《清朝官员是怎么搞钱的》介绍过，乡试是京城官员捞钱的重要途径，本来曾国藩欢欢喜喜拿个口袋正走到安徽小池驿站，湘乡有人来报，他母亲江太夫人去世了。

曾国藩很爱自己的老妈，痛哭一场后，收拾收拾情绪，知道自己得丁忧守孝，官是不能做了，先写信给北京的家人叫他们搬回湖南，又故意绕道江西，找沿途官员富商收奠金，捞一笔油水，以弥补搬家和办丧事的开支。

回到湘乡办完丧事后，曾国藩每天就读读书散散步，准备提前退休，但仅仅几个月后，1853 年 1 月，巡抚衙门派快马送来一封咨文，原来是咸丰叫在籍官员协助地方官员兴办团练。

前面说过，咸丰这时候被太平天国给干懵了，绿营被打得哭爹喊娘，手底下实在没兵，想起祖上用过团练这招，还挺好使，那能救一分是一分，就叫在自己家乡待着的官员们，统统爬起来搞团练打配合。

此时离南京城破，还有 2 个月。

但收到咨文的曾国藩，压根不想干这份工作。

他是个文臣，又不是武将，写写报告搞搞管理还行，这辈子就没带过一天兵，专业不对口，而且咸丰也看他不顺眼，他不想受这气，谁爱干干去，反正他不干。

曾国藩马上起草奏折，准备辞掉差事。

奏折还没送出去，老友郭嵩焘过来吊孝，听到这事，认为这是曾国藩实现人生抱负的大好机会。

郭嵩焘说出自己的观点，他认为“长毛必败”，因为长毛“毁孔圣牌位，焚士子学宫，与我中华数千年文明为敌，已激起天怒人怨。凡我孔孟之徒、斯文之辈，莫不切齿痛恨。就连乡村愚民、贩夫走卒，亦不能容其砸菩萨神灵、关帝岳王像之暴行。”

接着，他说出最重要的一句话：“洪（秀全）杨（秀清）以民族大义争人心，我则以卫道争人心！”

意思是洪秀全他们靠反清起事，确实有一定的号召力，但他们依靠歪把子洋教搞宣传，破坏性太大，我们可以靠维护中华文明压制他们。

郭嵩焘这番话很有见识，确实说出了太平天国的致命弱点。

还是那句话，太平天国的政治水平有问题，团结不同的人群，需要使用不同的方法，出广西、到湖南地界的时候，天国就应该要开始转型，但是还没出广西，政治水平最高的冯云山就死了，政治水平无法升级了。

太平天国各王分治的缺点明显，他们缺少一个全能型综合领袖。

郭嵩焘一针见血的推论，促使曾国藩改变了原先的决定，他那双三角眼开始闪闪发光，内心热血翻涌，打算跟太平天国杠到底。

没几日，张亮基再度来信，说武昌也陷落了，恳请涤生兄（曾国藩字伯涵，号涤生）出山镇场子。

曾国藩再也不能推托，他叫曾国华、曾国荃先在家看看动静再行动，自己带着曾国葆先去长沙。

曾国藩还要求郭嵩焘和他的弟弟郭鹭焘必须做他的参谋，否则他不去长沙，郭嵩焘劝着劝着，把自己给劝进去了，只好跟着曾国藩去长沙，一口气打了 4 年工。

1853 年 1 月底（咸丰二年农历十二月底），曾国藩带着郭嵩焘、曾国葆来到长沙，刚到大托铺，江忠源带 100 楚勇来迎，至新开铺，左宗棠又带着长沙乡绅与故友来迎，至巡抚衙门，湖南巡抚张亮基带着一众湖南高官迎接，并亲自在衙门里设宴招待。

这一路上给足了曾国藩面子。

酒足饭饱就得正式干活了，曾国藩跟张亮基商量，太平军随时会打回来，而且他们经湖南这么一过，起了个带头示范的作用，湖南各地土匪黑社会蠢蠢欲动，都想学太平军叛乱，得收拾，得狠狠收拾。

曾国藩收到咸丰的上谕，确实是“令其帮同办理本省团练乡民、搜查土匪诸事务”，他这个主张也是本职，张亮基表示赞同。

曾国藩便给咸丰上了道折子，要在长沙搞大团练，要练一支能打仗的新军出来。

本来满人特别在意汉人练兵，但现在太平军都快冲到南京城下了，谁顾得过来呀，加上朝廷里有肃顺、唐鉴作保，练就练吧，咸丰批了。

曾国藩得了咸丰允诺，马上把罗泽南和他的弟子叫来了长沙。

其实曾国藩进长沙这段我可以一笔带过的，这里写这么详细，主要是为了介绍罗泽南。

因为这个人，实在很重要。

罗泽南比曾国藩大 4 岁，两人是双峰同乡。罗泽南家穷得要死，打小一边砍柴一边读书，而且命极苦，18 岁他娘去世，之后 10 年连死 9 个亲人，几乎一年一个，这里头还包括他 3 个儿子，老婆为此把眼睛都哭瞎了，他自己也落下一身病痛，一辈子也没考上举人，就是个穷秀才（但一点都不酸），听起来倒霉悲催至极，活成这样，还不如重新投胎。

但他天分极高，打小被当成神童，学得也杂，天文、地理、水利、兵法都学，本地人都高看他一眼，把他当人中龙凤。

罗泽南学问深，19 岁还没中秀才，就在双峰当私塾先生，一教就是二十多年。

他这个私塾先生水平比洪秀全厉害得多，他自己就是文武全才，不仅教经学，还教人骑马射箭，教出来的学生个个都满腹经纶、胸肌发达，能读书、能砍人。

湘军名将王錱（zhēn）、李续宾、李续宜、曾国荃、曾国葆、杨昌濬、康景晖、罗信南、朱铁桥等都是他的学生，差不多占了湘军名将大半，其中又以李续宾和曾国荃战绩最为出色。

罗泽南在湖南名气很大，曾国藩老早就和他结识，太平军起事后，罗泽南在双峰以他的学生为班底，迅速组建了一支团练军，搞起了地方武装用来自保。

可见罗泽南这个私塾不是啥正经私塾，相当于一所文科抓得严，散打教得好的文武学校，根基深厚，随时能拉出一支队伍来。

曾国藩守孝期间，拜会过罗泽南和他的书生团队，跟他长谈过练兵方法和撸铁心得，两人聊得激情四溢、火星四溅、惺惺相惜。

所以他一到长沙拿到咸丰许可，就马上把罗泽南跟他的弟子叫过来。

其实曾国藩这支嫡系湘军队伍，基本就是以罗泽南和他的学生为基础的。

今天我们只知道曾国藩，很少有人听说罗泽南，是因为他战死得早，后面的大战他没机会露脸，但罗泽南是实打实的湘军联合创始人，真正冲在前线的操盘手，罗泽南在早期，和曾国藩的历史地位，是一样重要的。

罗泽南这次来长沙，一共带来了 1000 名精锐，曾国藩在当地又招了几百人，最后凑成三个营，中营归罗泽南统领，左营归王錱统领，右营归邹寿璋统领。

这三个营，就是曾国藩起家的原始家当。

邹寿璋这个人在史书上没什么记载，他很快就消失在历史里。罗泽南资历这么牛，坐镇中营很正常，长相清瘦的王鑫跟老师一样统领一营，是因为前期湘军里头，他最能打，前几年把太平军都打服气了，管他叫“王老虎”。

但王鑫爱出风头，喜欢打断别人说话，自己一开口就滔滔不绝，声音洪亮且语速极快，是个能打硬仗，但政治情商较低的人。

也因此埋下了跟曾国藩冲突的种子。

春节一过，湖南各路黑帮土匪果然开始纷纷闹事，道州、衡阳、安化、攸县等各地有天地会、一股香会、半边钱会、红黑会、串子会抢掠闹事，曾国藩正愁没有业绩，安排各营前去剿匪，罗泽南等人好不容易有了秀本领的机会，手心正痒，乒乒乓乓一顿打，只花了大半年，就把这些人杀散了。

曾国藩认为当下是乱世，乱世就要用重典，因此下手特别狠。

除了匪徒，其他各种流氓、地痞、流民、盗贼等，只要落到曾国藩的审案局手里，要么直接拉去砍头，要么当场活活打死，要么在牢里头被折磨至死。

为了威慑百姓，曾国藩还做了十个木笼，犯人四肢捆绑站在笼子里，白天用车拉着游街，夜晚放在露天场所，不给吃喝，一般三四天，犯人就被活活饿死、累死了。

其实这里头有许多人，只是被军队拉去做苦力，回家没有盘缠，是去抢劫了，但不是大恶之徒；有的是小流氓、小痞子，也没做太过分的事；还有的只是造个谣碎个嘴什么的，都被曾国藩以残酷狠戾的手段杀了。

这里头甚至有一些十几岁的孩子、六十多岁的老人，也被曾国藩拉出去砍了头。

另有很多土豪劣绅，拿着曾国藩给他们杀人的特权，把一些跟他们作对的人，随便找个理由就给杀了，因此湖南当时到处都是冤魂，错杀了好些人。

一时之间，长沙城里头充满了恐怖氛围，但全湖南的土匪都不敢闹事了。

由于曾国藩“杀人如剃头般容易”，大家便给他起了个外号，叫他“曾剃头”，或者“曾屠户”。

曾国藩这人，有两张脸，一张是儒家半个圣人，另一张是毒辣军阀头头。

他在长沙杀人之前，毒辣的一面一直没有暴露出来，现在他有了咸丰赐予的特权，杀人如麻的性格就火辣辣地蹦了出来。

曾国藩认为，以前就是该杀的人不杀，杀的人不够，才引来今天天下大乱，所以他杀人，是为了社会稳定，是用一时的恐怖主义，换更多人的正常生活。

杀这么多人，当时整个长沙城的人都坐不住了，大家都很不喜欢曾国藩。

而且他在湖南的靠山，刚好也都一个一个调走了。

张亮基由湖南巡抚升到湖广总督，留了点兵给塔齐布训练，自己带着大部队调走了，左宗棠也北上了，原湖南布政使潘铎接了张亮基的工作，原云南布政使徐有壬调任湖南布政使，按察使则由陶恩培担任。

新来的三位本省领导，都看曾国藩很不顺眼。

曾国藩在湖南乱杀人，那就是在蔑视提刑按察使司的人；他为了打击会党，强迫绿营一起操练，就是动了提督的权力；他还不会上下打点，跟所有部门都梗着脖子扯皮，那是不识时务不识抬举。

长沙城上上下下，从官员到百姓，都极讨厌曾国藩的所作所为。

曾国藩和湖南官场的矛盾越积越深，双方终于都忍不住爆发了。

1853 年 7 月，曾国藩让塔齐布传令绿营兵会操，并要与他手下的官勇一起听训话。

这个塔齐布属于湘军，但他却是个满人，听起来……是有点奇怪。

塔齐布是满洲镶黄旗人，原是火器营鸟枪护军，1851 年来到长沙前线，参加过对抗太平军的长沙保卫战，此时是一名普通营官，左宗棠觉得他很能打，没有八旗和绿营的恶习，便向曾国藩推荐他搞训练。

曾国藩也挺赏识塔齐布，更重要的是，他需要一个满人的加入，以让朝廷对其搞私人武装放宽心，表明自己不会瞎造反，忠心得很。

在相互信任这件事情上，朝廷跟湘军之间，一直保持着一种微妙的平衡，双方斗而不破，各取好处也尽量不越界，很有节制地试探比画。

所以这个满人塔齐布，居然在湖南人为主的湘军里头，混成了曾国藩的贴心人。

这年 7 月，塔齐布要求绿营跟他们一起到户外操练时，绿营的人都炸了，长沙夏天特别热，操练场晒得烫人脚心板，这些绿营战士本来都是拿着低薪，把这份工作当兼职干的，一个月也操练不了一两次，每次还凑不齐人，现在这么玩命，换谁都有意见。

本来就跟塔齐布有过节的绿营协副将德清，带头不练了，对塔齐布挑衅辱骂，还挑唆鼓动大家不要受曾国藩摆布。

塔齐布向曾国藩汇报情况后，曾国藩直接向咸丰参了德清一本，咸丰正有求于国藩叔，还指望着他打太平军呢，便下旨将德清给革职查办了。

曾国藩这种行为彻底激怒了德清的上司——湖南提督鲍起豹，他公开对绿营兵们说，以后盛夏操兵是虐待军士，违令者军棍伺候!

绿营兵听完，一片欢呼，再没有人去操练了。

又过了些时日，一次鲍起豹手下的永顺兵，跟塔齐布手下的辰勇，因为赌博起了争执，永顺兵人多，冲进辰勇兵营闹事，两路人马厮杀在了一起，场面一度十分混乱。

曾国藩听到后炸了毛，叫鲍起豹将带头闹事的绿营兵抓起来，并送到他这来受罚，鲍起豹正想把事情搞大，就真的把闹事者给绑了，又放出消息，说曾国藩要严惩这些兄弟，打我们绿营的脸。

绿营官兵听到后怒不可遏，哇哇叫着拿着刀枪就冲到长沙街道上，先去将塔齐布家砸个稀烂，塔齐布跑得快，没逮着人，又跑到曾国藩公馆要痛揍他一顿，曾国藩急得从后门逃了出去，躲在屋后围墙的垃圾堆里，才逃过一劫。

曾国藩的团练大臣公馆，是设在湖南巡抚衙门里面的，原巡抚潘铎因病，替换成了骆秉章。骆秉章是省里的一把手，但他此时对曾国藩还有些冷淡，也不愿跟军士们正面冲突，竟对一墙之隔的混乱不闻不问，根本不出来镇场子。

一直到曾国藩敲门求救，骆秉章才假惺惺地开门，还说要将事情查清楚，结果鲍起豹将带头闹事的人真捆过来，骆秉章居然亲自给他们松绑，好言劝慰，反而说兄弟们受惊了……

曾国藩在一旁给看得目瞪口呆，一直到这一刻，他才猛地发觉，自己在长沙是如此招人讨嫌，从官方到民间，没有一个人喜欢自己。

自己到底做错了什么？才会使周围全是敌人，竟没有一个朋友？

为什么所有人都站在了我的对立面？我明明为湖南的长治久安，付出了这么多。

我下了那么大苦功，才带出这么一支精悍的队伍，为什么大家不为我感到欣慰，还处处跟我作对？

曾国藩这时候是想不明白的，他要真正清醒过来，认清楚各方利益链的利害关系，还需要一定的磨炼。

这世上大部分人，活了一辈子，对于为人处世，都只能处在曾国藩在长沙这个阶段，很少有人能把人情世故搞明白，很少有人能看透人世间的利益链关系。

大部分人都浑浑噩噩地活着，不知道自己为什么得罪了人，也不知道如何化解别人的仇恨。

曾国藩也是普通人，只不过他后来被毒打得够深，反省得够及时。

既然在现阶段无法挑战整个湖南官场，那就先避一避吧。

长沙是留不住了，那就去省内第二大城市衡阳，毕竟衡阳也不算小，又是自己曾经求学的地方，多少有些熟悉。

1853 年 9 月，曾国藩借口湘南局势不稳，自己要亲自坐镇，和骆秉章吃了顿散伙饭后，带着 1000 多名精锐奔赴衡阳。

他将在这里扩充军队、锻炼队伍，带着一身伤痕和一肚子不明白，创立一支真正的湘军。

拾陆

北伐

由于曾国藩从衡阳练兵出来，还需要半年左右，我们现在抽点空，把镜头转向天京城，看看洪秀全和杨秀清在搞什么名堂。

洪秀全进天京后，主要忙着修他的天王府，这座天王府每天有一万人施工，花了半年才建成，“穷极壮丽”，但很快因一场大火烧了个干净，第二年重修，《贼情汇纂》记载天王府“城周围十余里，墙高数丈，内外两重，外曰太阳城，内曰金龙城”。

天王宫殿里有掌官、侍臣、侍卫、典天舆、典天马等各种岗位，共1621名女官，绝大部分都是伺候洪秀全一个人的，洪秀全基本放弃朝政，大小事都交杨秀清处理，特别重要的事情，杨秀清和韦昌辉会来天王府请示。

天王府这座宫殿不准任何外人进入，王宫大门外写着一首诗：“大小众臣工，到此止行踪。朝奏方准入，否则雪云中。”

雪云中是太平军专用名词——他们有很多内部流通的独家词汇，有点像黑帮切口——就是乱刀砍死的意思。

洪秀全发明了一套严格的制度管理天王府里的女人，王府里的人不准将任何信息透露给外面，外面的人也不准打听王府里的事，否则动不动就雪云中。

这套制度执行得很彻底，给后世研究史料的人造成了大麻烦，因为很多关于王府内部的夸张信息，其实都是野史，正史是不认的，我写作时，通常是将多份历史资料相互印证，但翻遍手头严肃的资料，都没有关于天王府内部的各种详细信息，只有一些只言片语能大概勾勒一下。

洪秀全确实贪图富贵，迅速腐化，但太平天国整体上还行。

我没有说优秀，我是说还行。

太平军进城后，按旧例在天京设立了女馆，男女分开居住，所有女性都必须参加劳动，刺绣、缝纫、运粮、挖渠、伐木，等等，从广西过来的客家老姐妹，常常催促江苏的新姐妹快点干活，裹小脚的江苏女性难以忍受大量劳动时，老姐妹甚至会鞭打她们。

任何出现在女馆连体大房周围的男性，都会被太平军处决，如果要见自己的妻女母亲，一周只能一次，而且还必须有女官陪伴。

太平天国这种变态的男女分居制度，一直到两年后才彻底结束，倒不是因为领导层改主意了，而是粮食不够吃了，只能释放女性回家。

所有的政治制度，都必须屈从于经济基础。

太平天国对儒家十分憎恨，到处烧学宫、毁孔庙，但他们到底有没有攻击读书人，现在有两种说法，一种是“手指上没有老茧的男性，就会当成读书人，轻则关起来，重则见到就杀”；另一种是简又文的说法，太平军进南京后，迫切需要读书人来帮助自己起草报告，对他们十分尊重，允许他们着民众常服，免除他们的兵役，叫他们“先生”，跟军官同席同食，像对待贵客或老师一样对待读书人。

还说他们每日三餐，通常是 8 个人一桌，二荤二素 4 个菜，吃饭前要全体肃立，主管带头祷告，感谢天父恩福之类，这也应该是洪秀全以前在广州罗孝全那儿学来的。

我个人偏向于是尊重读书人的，一是洪秀全到每座城市，都特别喜欢过一过开科考试的瘾，对冲当年屡试不中的挫折感，那总得给读书人一点面子吧，要不谁来考？二是据中国留美第一人容闳回忆，他 1854 年到达天京拜访，在城里头见到住着三位饱学老人，一位是梅曾亮，一位是包世臣，还有我老乡魏源。

这些人都被太平军编入了老人馆，这个馆里的人，平时只用干一些清扫街道的轻活，而且魏源很受太平天国尊重，就因为这个，他在杭州的坟墓还被清廷给削平了。

魏源是当时极难得的开明派，是“睁眼看世界第一人”，而太平天国又十分看重他，所以我个人的看法是，太平天国顶层腐朽的私生活是事实，说他们愚昧黑暗，也是有据可循，但说他们全面不尊重读书人，也不完全对。

此时的太平天国，只是上限低，并不是下限低。

为了避免士兵和百姓冲突，太平军住在天京城内，百姓则住在近郊，城区就是一个军营，没有任何店铺，他们平时买东西，都得到城外的商业街上去。

天国后期的栋梁，这年30岁的李秀成，在春官正丞相胡以晃手下办事，后因添了许多新兵，需要提拔一批人为将领，李秀成被选为右后四军军帅（这个官按道理管1.3万人，不过数据肯定有水分），把守太平门外新营，任命状是杨秀清签署的，其实杨秀清跟李秀成并不熟，但李秀成误以为是杨秀清直接任命，当成了知遇之恩，所以他一直很崇拜东王，临死前的招供，也把杨秀清夸得花一样的。

而陈玉成此时年仅16岁，他平日里作战勇敢，上头也提拔他，任职“左四军正典圣粮”，主管几万军队的军粮。

由于原来的市民和满人都不在了，天京城里的房子便任由太平军处置，高级官员住进了豪门大宅，比如杨秀清住的是山东盐运使何其兴的宅子，韦昌辉住的是中正街李姓富户家宅，这种王府大院城里头一共有19座，低级官员就挑了大民房和商铺，普通士兵则在长官附近的房子里栖身。

有些太平军根本就没住几天，又忙着东征去了。

3月28日，也就是洪秀全进南京城的前一天，罗大纲、吴如孝、林凤祥、李开芳领两万人、几百艘战船东征，相当于出去打野，清理下天京城旁边的野区。

派罗大纲出征，是因为东边有洋人，罗大纲在广州时常跟英国人法国人打交道，吴如孝也是广州十三行小伙计出身，会讲一点外语，两位都是天国里头难得能对外沟通的人。

东征进行得十分顺利，清军这边的守将杨殿邦、杨文定、文艺都是一群草包，也就在金山时反抗了一下，并立即被击溃，途中罗大纲遇到文艺，只率200精兵夜袭，就把文艺旗下1500名八旗兵杀得魂飞魄散，直接逃往苏州，31日太平军就攻进了镇江，城内竟没有一个清兵防守。

逃掉的杨文定求吴淞太道吴健彰联络英国公使，希望英国人帮忙镇压太平军，但这时英国人持中立态度，英国人说只要他们的商业利益没被破坏就行，你们中国人打中国人，他们可不想掺和。

英国人这时候确实是这么想的，只是后来事情发生了变化。

拿下镇江后，太平军向北进军大富之城扬州。

扬州是长江和大运河的交通要点，盐商的聚集地，盐商就像今天的石油商人，所以当时的扬州，就像今天的迪拜，富得流油。

我以前在写江苏时介绍过扬州，盐商富人们的生活奢华至极，烤鸭、早茶、瘦马、扬州园林都是他们搞出来的，到今天还在影响着中国人的一些生活习惯。

这种交通便利又有钱的城市，太平军人人都想进去见见世面。

扬州漕运总督杨殿邦保持草包本色，见到太平军过来，带着军队一哄而散，扬州本地富商就派一个江寿民的贫嘴书生过来谈判，求太平军不要进城，他们愿意给 40 万两白银孝敬。

10 年前的第一次鸦片战争，他们对英国人用过这一招，英国人收了钱就真的没进城。

但太平军是造反派啊，哪跟他废话，银子收了，城照样进，进城后还要江寿民戴红巾、穿短衫，江寿民没把事办成，富商们都来骂他，此番又觉得受到了侮辱，羞愧自尽。

太平军在扬州城待了一个月，洪秀全和杨秀清召李开芳、林凤祥回天京，太平军将扬州城美女（扬州娱乐业特别发达）、财宝、壁画匠、刻书匠全打包掳走，留下部分军士守城，第一次东征结束。

扬州城夜生活这么丰富，想唱歌就唱歌，想按摩就按摩，李开芳和林凤祥是舍不得回去的，不过不回天京不行啊，他们打不死的老朋友向荣，居然又追到天京了。

61 岁的老向荣，骑着马打了一辈子仗，跟天理教、张格尔、李元发、天地会打个不停，屡战屡胜，唯独被太平军压着打，屡战屡败，屡败屡战，已经反反复复折腾了两三年，千里奔波、风餐露宿，一把老骨头都折腾坏了。

杨秀清也烦向荣，从紫荆山追到南京城，都追了三四千里地，足足追了大半个中国，死缠烂打，到现在甩也甩不掉、打又打不死，真是没完没了。

22 岁的咸丰看着向荣也急，老喊着冲业绩，又总是完不成绩效考核，真想叫他滚蛋回家，但现阶段，他除了向荣，真没什么人可用，其他全都是一群废物。

一想到这里，咸丰就更来火了，气得要掀桌子，手下怎么全是猪队友、蠢货，没一个能打的。

现在可靠不了曾国藩，曾国藩这会子更不行，他的那批湘军嗜血狂魔，还在萌芽阶段。

向荣来得晚，是在江西九江等了几天船只，3 月 11 日才凑齐军队慢慢出发，到芜湖时知道南京陷落，这才火速行军，咸丰很生气地骂了他几句，但又不敢治罪，一治罪，那就没人打仗了，强忍着怒气叫他快去围南京。

4 月初到达南京，水路停在石头城，陆路驻扎在明孝陵附近，组成了江南大营。

4 月 16 日琦善和陈金绶、胜保到达扬州，建立江北大营，以保卫南北交通大动脉大运河，庇护两淮盐税重地，顺便威胁天京。

江南大营初建时约 1.7 万人，加上江北共约 4 万八旗、绿营兵，最高峰时 8 万到 10 万人。如果看地图就可以发现，江北大营所在的位置还能理解，江南大营离天王府居然不到 10 公里！

我平时跑步，大约 35 分钟跑完 5 公里，水平算比较差的，跑得快一点的大猛人，一小时可以跑完 10 公里，一个时辰可以从天王府到江南大营跑个来回，这就是把营帐扎在洪秀全眼皮子底下，简直是脸贴脸防守。

虽然绿营八旗军正面确实干不过太平军，但是向荣毕竟是沙场老将，防守还是做得很扎实，把江南大营建得十分牢固，当时的土木工事成熟，火炮技术还跟不上，谁进攻谁吃亏，朝廷也下极大的成本资助江南大营，每月军饷给足 6 万多两，浙江一省要人给人、要钱给钱，防止太平军向东突进袭扰清朝最富庶的苏浙地区。

我们常看到嘲讽江南江北大营战斗力差的段子，但这种骑脸侮辱性质的碉堡式防守，搁谁都不可能忍，太平军能拔是一定会拔掉的，结果还是跟江南大营相互僵持拉扯长达 7 年，江南大营打了又建，说明双方都没实力吃下对方。

太平军此时的财力也不够，粮食也常常跟不上，仅仅控制着南京及周边区域，如果长期跟江南大营对耗，是无法维持下去的，向东向南都被江南大营卡住，为了扩大资源和财源，也抱着直取北京的幻想，太平军最后被迫决定西征和北伐。

100 多年后，当历史学家回顾这一次战略分兵时，都觉得西征还算正常，可北伐就有大问题了。

太平天国高层制定的策略，是韦昌辉为中央军总指挥，守卫天京及周边；北伐军由李开芳和林凤祥为总指挥，向北一路占领北京，之后拿下陕西、甘肃、山西，再折向四川；而西征军，由石达开和胡以晃为总指挥，向西占领安徽、江西、湖北、湖南，再攻入四川。

最后北伐军和西征军在四川会师。

这个战略听起来相当不靠谱，也不知道洪秀全和杨秀清哪里来的勇气。

他们将扫荡全国的过程，想象得未免过于儿戏，中国历史上，从来没出现这种孤军深入、缺少后援，还能打遍全国无敌手的情况，中国国土太广、地形太复杂、气候相差太大，士兵常常水土不服，很难一口气打得顺利，就算这一路摧枯拉朽，攻城容易守城难，又怎么控制拿下来的区域呢？

尤其是北伐军，一句淡淡的“占领北京后转陕西”，好像打北京唾手可得一样，那可是一个帝国的首都，集全国顶级资源保卫的地方，光驻防的常备军就有 20 万，就凭北伐军这区区 2.2 万人一路杀过去？

这份战略实在是荒唐极了，像西征军那样，打不到四川，也可以扩充领土、兵马、财源是正常的战略，北伐军这种打法，纯粹送死。

我个人认为，北伐应该是内部斗争和牵制北方清军、争取生存空间的结果。

从到达天京之后，洪秀全和杨秀清的权力斗争就开始激烈化了。

洪秀全在进入南京城后，不知道什么原因，他还是觉得，应该定都河南，而不是南京，这事还可以争取一下，为此和杨秀清发生过激烈争论。

是的，所有的资料都认为，主张定都南京最坚决的，一直是杨秀清，而不是洪秀全。

在刚进南京的最高会议上，洪秀全因为读过书，各种论据论点滔滔不绝砸向文盲杨秀清，杨秀清争不过他，便拿出杀手锏，模仿羊痫风发作，扮天父下凡，痛斥洪秀全，大家只好从他。

洪秀全次次都被他以这种方式碾压，而这套系统又是他自己创造的，根本无解，搞得烦不胜烦，他躲进天王府不理朝政，也有一些赌气的意思。

在面对江南江北大营围堵，制定出击策略时，西征大家都没什么异议，但在北伐这件事情上，洪秀全意图夺回军政大权，想通过分化杨秀清势力，来削弱杨秀清，因此支持北伐。

而石达开和罗大纲也支持北伐，希望以全军之力北上，一举击溃清廷。

石达开和罗大纲是为整个太平天国着想，但洪秀全和杨秀清却在这件事情上，为自己的权力做平衡。

因为大伙都主张北伐，杨秀清只能接受，但他选择了折中方案，派出原萧朝贵嫡系林凤祥、李开芳、吉文元，以及原西王和南王的士兵出战，自己心腹则留在天京。

洪秀全想削杨秀清，结果变成了杨秀清削萧朝贵旧部。

这样北伐的军队实力不弱，他对大家有个交代，如果战损，在他可承受范围之内，如果真攻破北京，那就当捡了个大便宜。

所以北伐的队伍，和西征的队伍不一致，西征是王字级别的石达开带头，而北伐这种大事，至少出一个北王韦昌辉吧，但最高决策者，只是天官副丞相的林凤祥，和地官正丞相的李开芳。

北伐风险更高、难度更大，派出的话事人却远不如西征，这是十分不合情理的。

谁叫你们是萧朝贵的人呢？你们老大跟我杨某人争第一争那么久，现在他不在了，没人罩着你们，只好牺牲你们了。

林凤祥和李开芳的北伐，从一开始，就不是什么低级战略失误，而是洪秀全和杨秀清政治斗争的牺牲品。

只有这样去理解北伐，才能解释种种不合理现象。

此时离天京事变仅差 3 年，洪秀全和杨秀清的内部矛盾，从紫荆山延续到南京城，已经难以调和。

一个缺少核心领导的团队，有力气也没办法往一处使，真的很难搞好啊。

另外，对于北伐，杨秀清也不全是政治斗争，他应该还考虑到，是为了牵制北方清军主力南下，将清军蒙古精锐骑兵挡在北方，为太平天国定都后，向外发展获得宝贵的时间和空间。

1853 年 5 月 8 日，在做了一段时间准备后，李开芳、林凤祥、吉文元率部由扬州启程，乘船千艘，西上长江，开始了太平军的北伐。

5 月 19 日，春官正丞相胡以晃、夏官副丞相赖汉英等带着 2 万多人先行出发，石达开和罗大纲后期跟上，开始了太平军的西征。

李开芳和林凤祥出发的那天，千艘战旗排列整齐，旌旗在风中招展，圣兵们士气昂扬，大家都以为这一去，就要扫荡北京、平定华北，直捣清廷黄龙，却不知道从一开始，这就是条不归路，几万老兵，个个死期将近。

太平军的北伐并不是一上来就被干倒了，而是经历了一个比较复杂的过程。

太平军北伐的主力是李开芳、林凤祥，另有两路偏师，由朱锡琨和吉文元率领，从天京或镇江守军抽调出来，原计划与主力在浦口会师。

不过，朱锡琨部在六合县遭当地知县温绍原伏击，损失了一些人马，最后还是勉强赶到了安徽滁州会合。

因为洪秀全叮嘱北伐军“师行间道，疾趋燕都，无贪攻城夺地糜时日”，军队集合后，跟头疯牛冲进羊群一样，在安徽、河南随意冲撞，1 个月内连克滁州、凤阳、怀远、蒙城、亳州、归德府（商丘），并在归德府缴获 2 万多斤火药。

出发时 2 万多人，这一路不断有捻军、游民、团勇跟着加入，队伍像滚雪球一样越滚越大，居然扩大到 10 万人。

北伐军来到归德府刘家口准备渡黄河时，清廷已提前知道其意图，将沿途船只烧毁，北伐军只能沿河西走，19日打到开封城外，打不动，只能在河南乱窜了好些天，终于在7月4日从巩县渡过黄河。

过河后北伐军先拿下河南温县，7日进攻怀庆府（沁阳），怀庆知府余炳焘颇有胆识，死战不退，太平军三次破城都没有杀进去，这时清军大批支援赶到，城内清军共2万人，很不好打，两军僵持了2个月分不出胜负。

9月1日，北伐军主动后撤，被怀庆府这么一耽搁，清军已在北面层层布防，北伐军只能经济源进入山西，在山西省乒乒乓乓一顿乱打，又经黎城返回河南，在临铭关击败钦差大臣、直隶总督讷尔经额1万多人后，一路向北，于10月13日一路杀到河北张登镇，距保定也只有30公里。

而从保定再到北京，今天开车也就160公里，5个月时间打出这种成绩，当时太平军的战斗力真的没话说。

这支起义军从广西桂平起家，怎么灭都灭不掉，现在居然从南打到北，离京城也就200公里左右，京师一片震动，3万户达官贵人逃出北京，北城区逃了大半，平时热闹的正阳门连个鬼影子都没，北京全城戒严，人心惶惶，物价飞涨，连咸丰都做好了去热河避难的准备，搞得整个京城鸡飞狗跳。咸丰大怒之下，将讷尔经额革职，急命胜保为钦差大臣，僧格林沁为参赞大臣，前来围剿北伐军。

胜保就不提了，后期被陈玉成追着打，都被打出精神抑郁了。

但僧格林沁是有真家伙的。

我在文章《大清灭亡史》开篇就介绍过僧格林沁，他是蒙古人，小时候靠给土豪放羊为生，因被某个做郡王的族伯认作养子，继承了郡王爵位，因这位郡王娶了道光皇帝的姐姐，他也就从放羊娃成了皇亲国戚，进入满人核心圈层。

因为出身贫寒，僧格林沁没有八旗子弟的纨绔之气，朴实努力、豪爽悍猛，道光很喜欢他，许了一位格格给他，又让他去军队锻炼。僧格林沁训练十分刻苦，也带出了一支真正能打仗的军队。

僧格林沁是真拼，五十多岁时追击捻军，能十几天不离马鞍，累得双手连马缰都拿不住，用布带拴住肩膀才能骑马。

主将这么拼，下面的小弟哪里敢偷懒，因此他手下的军队，是真的不

僧格林沁

怕死，是真的能打。

其实在遇到太平天国的北伐军前，僧格林沁也就在密云剿剿匪什么的（那年头匪是真的多），没有什么过硬的战绩，而这时他都 39 岁了，看起来也没多少时间刷出战绩来。

赶巧不巧，他 50 多岁时，太平天国北伐军冲过来了。

僧格林沁兴奋得哇哇大叫，抽出双刀，领着 4500 名蒙古马步军，就朝着李开芳、林凤祥冲了过去。

拾柒
北去的亡灵

僧格林沁部兵强马壮，胜保手下也有1万多人马，且都有火器、重炮、骑兵，北京城外另有十几万人驻守，北伐军自知保定打不下来，在深州休整一段时间后，向东进攻献县、交河，准备经沧州、静海（今天津静海区）进攻北京。

10月27日，太平军到达沧州，突然遇到了大麻烦。

河北沧州自古有习武风气，汉子们个个彪悍能打，这里风气又保守，对拜上帝会这种洋玩意嗤之以鼻，听说太平军过来，汉子们拳头发痒，很想跟太平军比画比画。

沧州知州沈如潮，除了动用绿营兵和八旗兵，还另招募了3000名沧州乡勇，在沧州城南5里红孩口迎战北伐军。

太平军首先以小股部队焚毁了清军大营火药，废了清军枪炮，但当天大雾，太平军自己也看不清，双方只能展开近身肉搏，沧州人本来就不是远程攻击手，那一身身腱子肉只擅长近战，肉搏时跟太平军打得相当惨烈，但正规军比江湖汉子还是更能打，沧州人退守到城内后，还坚持跟太平军打巷战。等到终于将这些走江湖的干完，太平军居然阵亡了4000多名广西老兵。

林凤祥跟这些老兵一路同生共死，感情已十分深厚，眼见死了这么多战友，一时怒气冲天，情绪失控，下令全军屠城，沧州汉、满、回三族共1万多百姓被北伐军杀死。

屠沧州这事，严重损害了太平军在北方民众中的声誉。

北方人民对清廷本来也没什么好印象，这一路在后勤与兵源上多多少少有人站太平军这边，屠沧州后，太平军在北方口碑迅速恶化，对于孤军深入北境的太平军，大家再不愿提供援助，军队无论开到哪，都要遭到当地团练的顽强抵抗。

北伐军就这样因为一次屠城，将北方人民群众放在了自己的对立面上，之后不仅处处被打，还断了自己在当地的补给。

这时更致命的事情出现了，打着打着，北方进入了冬季。

从广西过来的精锐，既不习惯北方的面食，更不习惯北方的寒冷，而且还没有后援。

在向北进发的路上，他们衣食不济，偏偏还遇到天津河堤因多雨决口，全军将士深一脚浅一脚，不穿鞋袜，赤足走在冰冷的黄水泥地里，一路疲惫不堪。

胜保和僧格林沁带着 6 万人大军，就一直慢慢尾随在北伐军后面，他们这时候已不太着急，战场主动权在他们手里，只要慢慢磨，就足够耗死北伐军。

北伐军其实不是战死的，他们是被耗死的。

僧格林沁和林凤祥都很清楚，这支部队打到现在，是不可能冲进北京城了。

林凤祥用尽全部力气，也只能在 10 月 29 日，从沧州冲到天津西南的静海县独流镇，前锋抵达离天津城 5 公里的稍直口村。

这是北伐军能到达最北的位置了。

天津知县谢子澄见到太平军过来，毁运河堤岸，引水环城，太平军便无法攻城。

之后胜保于 11 月 5 日率军进入天津城，僧格林沁则移营天津西北的杨村待命，由于太平军确实战斗力强悍，清军也没打算强攻。

有一位叫陈思伯的北伐小兵，在他 57 岁时，也就是 1894 年冬天，记录了他 40 年前参加北伐军的详细经历，全文共有 1 万多字，名叫《复生录》，是关于太平军北伐少见的当事人材料，十分珍贵。

陈思伯是湖北武昌人，他爸原是清廷武官，1853 年 1 月太平军攻下武昌时，他父亲早已去世，他自己躲在伯父家避难，因太平军在他伯父家搜到飞虎旗，要把他伯父抓去杀掉，陈思伯站出来说这旗是自己老爸的，要杀杀我好了，跟他伯父无关。

太平军觉得陈思伯是条汉子，取出红头巾叫他跟着太平军混，陈思伯只能与家人痛哭分别，便随着太平军攻南京，又跟着林凤祥的队伍北伐。

据他回忆，北伐时李开芳手下精锐骑兵单兵战斗力极强，有一次太平军被围，有个太平军戴着金手镯，被俘后，清军骑兵想要他的镯子，那太平军说，我死在眼前，这手镯也没用了，你给我松了绑取走吧。

清军骑兵就给他松绑，正要拿他手镯，这名太平军反手拔出清骑兵的刀，一刀将骑兵手臂砍断，夺马突出重围，于马上砍伤清兵几十人，狂奔而去。

到黄昏时，这马因自己想回营，又把这太平军带了回来，清兵不敢上前单挑，骑马将这人团团围住，马不能跑，几十人上前才将这名太平军乱刀砍死。

陈思伯后来降了清，为了感谢僧格林沁不杀之恩，对清朝武将一顿吹捧，因此他记叙太平军战斗力彪悍的一面，反而有很强的可信度。

出于太平军老兵这种生猛的战斗力，僧格林沁不会轻易硬碰硬。

林凤祥前后临敌，手下兵员较少，大概还有 4 万多人，但南方来的老兄弟已不足万人，都战死在半路上了，为保存实力，也不敢主动进攻，就在静海、独流挖壕筑垒，等援兵来救。

双方僵持了一段时间，清军源源不断调来各种神威大炮、抬枪、鸟枪等，让北伐军感受到了强大压力，北伐军单兵强但硬件弱，又孤立无援，被迫撤退。

陈思伯在《复生录》里记录了撤退时的详细情景，能让 170 年后的我们，感受到当时战争的残酷性。

书中记载，林凤祥在静海、独流坚守到 12 月，湖中结冰，冰层厚到可以走人。

太平军便趁机突围，造了 24 架木制冰车，车下面有 4 个轮子，车两侧有 2 个炮眼，一个人推就能跑得飞快。

除夕那天，清军有 8 只送年货的冰船，误入被太平军已攻破的军营，人都被杀了，货物归太平军所有。

几天后的晚上，林凤祥下令由冰上紧急突围。

陈思伯在冰路上走了60多里地，天渐渐亮，一口气冲上大堤，终于突出重围，但路上见到不少冻死的太平军。

堤上还有很多坐着的、躺着的太平军，一开始以为睡着了，用手一推他们，才发现全部冻死了。

快到中午的时候，突然有人喊太热，脱掉衣服吃雪，翻滚倒卧在雪中，全身赤红而死。

这段非常真实的冻死人细节，叫“反常脱衣现象”，人体体温低于35摄氏度时，四肢血管收缩，血液流向心脏和大脑，当人体对抗极寒失败，肌肉因疲劳放松，血液会重新回流四肢，此时人体因意识模糊，血液回流会产生发热或滚烫的错觉，因此会不由自主地脱衣服，也想吃雪降温。

一个古代南方人如果没有亲身经历过，这种事情很难编撰出来，这也凸显了《复生录》的真实性。

陈思伯连走两天两夜，中间只稍微休息，吃一点面饼充饥，走出300多里，衣服鞋子都结了厚厚一层冰，他想休息一会，在一堆熄了火的灰烬里站了一会，脚趾都被烫熟了，跑到陈谷庄部队驻扎的地方，剪开鞋袜，十个脚趾都变成了黑色。

休息3天后，陈思伯双脚溃烂，双手蜷曲，半个月伸不直，手上褪去一层黑壳，左手两个手指冻死半节。

这种冻伤双脚双手的太平军到处都是。

到2月末，林凤祥又下令从陈谷庄后撤，此时路面刚好解冻，路上全是淤泥，受到冻伤的太平军常常陷入泥里，一开口喊救命，长官怕他喊得太大声招来清兵，就上前抽刀将小兵砍死。

因为冻伤落在后头的士兵，或者陷泥里头的士兵，也都被清军杀了。

陈思伯说这样死掉的人估计有上万人。

陈思伯有一匹白马，所以没有陷在淤泥里。一天凌晨，马后蹄陷入泥中，陈思伯九个脚趾溃烂，寸步难行，情知这一次必死，准备拔刀自刎，没想到白马突然跃起，挣脱烂泥，又驮着陈思伯逃出泥地，上了堤坝才停住喘息。

陈思伯手抚马颈，全身大汗淋漓，不断感谢白马。

之后几次又险些被清兵追到，不断仓皇狂奔，一路上心都吊在嗓子眼里。

终于在阜城县（今属河北衡水）外，追上朱锡锟的营地（这也是最后一次有史料记载朱锡锟）。

才刚安定下来，黎明时清军四面来攻，太平军冻伤太多，难以抵挡，中午时大营被攻陷一半，喊杀声响成一片，陈思伯觉得这回肯定又难逃脱，又准备自刎，突然朱锡锟率领大家拿砖石抛掷，击伤清军，城里太平军出来救援，才击退清兵，陈思伯又捡回一条命。

他还记载了北伐军第三号人物吉文元的死。

在阜城驻扎 2 个月后，吉文元和清军骑兵中一个蓝顶花翎将军单挑比枪，吉文元用的是太平军自制的火药，硫黄少力道不够，子弹射出慢，被先射中喉咙身亡。

我们阅读资料时，要注意分辨其真实性，陈思伯所写回忆，有部分是他在军营中听来的，并不是亲身经历，其实史料都记载吉文元是在阜城作战时，被清军洋枪队击中，当场毙命。

但陈思伯亲身体验过的还是蛮可信的。

1854 年 4 月，军中传出消息，一名会说各地方言的广东妇人来见林凤祥，说天京派出的援军已到达山东临清。

李开芳遂在营地里，挑选出一批优秀的骑兵前去会合，入选的人要求能跳 3 米多宽的深沟，能抛 6 米高火球，能在马道旁并马跑出马道，又挑了 1000 匹健马，由李开芳带去接应援军。

这一段时间，陈思伯在连镇养伤，找到一种能去死骨的药，4 个月后，将冻死的九个脚趾剪断筋，逐渐康复，能下地走路了。

1854 年 10 月初的一天深夜，陈思伯过一座浮桥去对面下棋时，清军营里突然炮火喊杀声起，太平军劫营，陈思伯受惊，不小心掉到河里，这时以为又没得救了，结果胡乱仰面朝天，竟漂了起来，又用仰泳姿势划到岸边，莫名其妙又捡回一条命，不由想念老母，坐在水中大哭，这时劫营回来的太平军路过，又将他救回营里。

陈思伯已经是无数次死里逃生，战争时人命真如蝼蚁一般。

到了 1854 年冬天，清军为了围困林凤祥，在连镇外围建造长城，并每天浇水，连成一座冰城围困太平军。

双方又用火炮对轰，一觉醒来时，身边的战友有的没头了，有的四肢被打断，有的被炮弹将胸膛打穿，胸前一个大窟窿死在旁边，陈思伯此时负责给人敷药，他记述说此时受伤者必死，几乎没什么人痊愈。

这样围了几月，深冬时有个姓李的笨拙伙夫，突然说自己是耶稣附体，来保护林凤祥突围的，林凤祥病急乱投医，就认他做军师，好吃好喝伺候他，伙夫常常站在高台上教训林凤祥，还教大家各种阵法，林凤祥毕恭毕敬听着。

但教了一个多月，没什么效果，还损失了不少士兵，林凤祥就把他给砍死了。

这说明水平不够，不要乱讲脱口秀，乱讲是会死人的。

1854 年农历十二月初的三更天（陈思伯自述时用的是农历），清军从西北小营攻了进来，陈思伯穿衣从后门逃走，爬出布满竹签的壕沟，用树枝跳过布满地雷的梅花坑，回头还看见其他战友因为挤吊桥，结果桥断被活活压死。

1855 年正月初二，太平军断粮，最惨的时候到了，他们先吃骡马、再煮皮箱刀鞘、最后挖野菜、剥树皮吃。

如果捉到清兵或逃兵，就把人杀了吃掉。

陈思伯实在受不了了，便和一路交好的战友曾廷达，商议一起逃出军营。

初五，两人带着竹筐和小锄头，假装出去挖当归，他们从西门出去，刚好看到有逃兵被太平军抓到，正要回营杀了分人肉，等他们走过，两人甩开膀子向西狂奔，太平军发觉，就在后边猛追。他们一口气跑出 5 里地，一直跑到清军营外，城上清兵看到，开炮击退追兵，两人才没有变成别人的午餐。

随后在清军营地，两人被先前逃出的太平军将领，带去见了僧格林沁。

僧格林沁问陈思伯，里面其他人为什么不逃出来？陈思伯说，大家传言逃出来的都遭惨死，你只要做一做宣传工作，说投诚免死，大家就会争先恐后逃跑的。

僧格林沁将陈思伯安排去做了文职，还听取了他的建议，做了四面写着“投诚免死”的白旗举出去，太平军立马逃出 12 000 人。

后面逃出来的人，每个人怀里都揣着一块腌人肉，说是太平军“遍掘男女尸身”，所有人都在分吃人肉。

北伐军已经惨到了极点。

僧格林沁将这些逃兵编为 5 个营的前锋，要求他们在前面杀敌，杀死一个太平军，才可以剃发，这 12 000 人又被驱赶到战场，十来天后，战死 5000 人，剩下的都剃了发。

连镇也终于被攻破了，但清军找了 3 天，也没找着林凤祥。

到第 4 天打扫战场时，士兵在一片瓦砾下发现一个巨大的地道，洞口盖着石板，僧格林沁问谁愿意下去看一看？

一名太平军厨子跟林凤祥熟悉，愿意下去查看，僧格林沁便夸他胆子大。

厨子下去 2 个小时才回来，说里面藏着 30 多个北伐军高级将领，林凤祥也在，还负了伤。

洞里生活用品齐全，粮食够吃一个月，将领们都持刀要杀了厨子，但林凤祥阻止了他们，说洞口已破，杀了厨子也没什么用。厨子才得以脱身回来。

僧格林沁便派士兵下去，将林凤祥抬了出来，押送到北京，其他将领全部被处斩。

1855 年 3 月 14 日，林凤祥被押到北京，惠亲王绵愉亲自审问他，林凤祥毫无惧色，依旧发誓要效忠天王，清廷不耐烦，第二天将他押到菜市口刑场凌迟处死。

林凤祥死后，牙齿被清廷作为战利品收藏起来，45 年后，八国联军进北京，英军士兵洗劫内务府广储司仓库时，在一个盒子里发现了林凤祥的牙齿。

这副牙齿现在不知去向，可能在英国人的某个博物馆里。

陈思伯还见证了李开芳的死。

攻下连镇后，他又随军来到冯官屯。李开芳带着最后几百名骑兵，驻扎在这个小村子，他们已经是北伐军最后一支部队。

李开芳本来是接应天京来的援军的，这支军队由曾立昌、陈仕保、许宗扬统率，共 7500 人，但刚过黄河，就被胜保带领的清军歼灭，曾立昌渡黄河时落水而死，陈仕保退到安徽时阵亡，只有许宗扬逃回天京。

李开芳就成了最后的孤家寡人。

前面说过，李开芳骑兵战斗力最强，僧格林沁也不着急开战，雇了 2000 多个民夫，每人每天给 300 文钱，让他们用水车向村内灌水。

这样灌了十几天，村子里都要坐船出行，李开芳实在没办法，只能送来降书，僧格林沁允了，派船将他们都接了出来。

这批骑兵是北伐精锐中的精锐，僧格林沁一个都不敢留，分五处全部处斩，李开芳也被送到北京，6 月 11 日被凌迟了三四个时辰才死，凌迟时每割一刀，还要用醋盐水淋遍全身，以免他昏死过去，但李开芳至死也未求饶。

天官副丞相 靖胡侯 林凤祥

地官正丞相 定胡侯 李开芳

北伐军至此全军覆没。

僧格林沁也刷到了这辈子最重要的经验值，此后更得清廷重用。

陈思伯后来回到武昌，茫茫乱世中捡回一条命，与家人抱头痛哭，此后生儿育女、开枝散叶，为了激励后代知道珍惜生活不易，便在40年后写下《复生录》，我们才得知这么多北伐军的细节。

拾捌

西征之路

1855年年初，林凤祥和李开芳在北方遭遇惨败之时，曾国藩也在江西经历同样的屈辱，44岁的曾国藩，正被24岁的石达开摁在水里痛打。

在北伐军出发10天后，西征军也踏上了进攻的征途。

与北伐军内斗妥协与牵制清军的作用不同，西征军的目标是夺取中游产粮区、建立天京战略屏障，必须认真抢地盘，扩大根据地。

太平天国从成立起就一直在逃命，打下城市带走人口和财富就跑，从来不守城，北伐和西征，是他们立足后的第一次扩张。

刚改名的天京城，有数据说当时城内共有30万人，全城所有粮食加在一起，只够吃半年，拿下长江中游的粮食产区，夺取官库和农田里的粮食，再顺着长江将粮食运回到天京，是当时最紧急的生存问题。

比如西征军自己记载，在1853年7月，就把从官库收缴来的16万石粮食（约2000万斤），动用40多艘船紧急运往天京。

所以太平军西征主线，是逆着长江往上打。

太平军几次西征，和湘军相互拉扯，最核心的征战区域一直在江西省，兼顾安徽、湖北、湖南，这是导致原本极富庶的江西迅速衰落的重要原因之一。

太平军拿下天京后，共有军队小几十万人，真实详细的数据不明，诈称130万，太平军特别爱夸大军队总数，《被掳纪略》里记载陈玉成出场，说他手下有124万人，说明爱吹牛这毛病，太平军从来没断过。

实际队伍里，特别能打的应该在六七万左右，其中2万人参加了北伐，几万人分守镇江、天京各地，前后参加西征的共5万人。

第一批出发的西征军，由春官正丞相胡以晃、夏官副丞相赖汉英带领，只有2万多人，乘船千艘，溯长江而上去抢地盘。

这支部队1853年5月19日出发，一个多月没遇到一点像样的抵抗，因为清军各地主力都被抽调到了江南、江北大营保卫更重要更富庶的江浙地区，西边各省都是些没战斗力的渣渣兵，各路清军看到太平军过来，都是一哄而散，太平军轻易就拿下了芜湖、安庆。

当地群众也送钱的送钱，背米的背米，过来慰问西征军，搞得西征军连后勤都省了。

太平军在去往南京的路上，曾经拿下过沿途的武昌、九江、安庆，但以前只攻不守，新任的安徽巡抚李嘉端就收复了安庆，又觉得这儿太危险，天京（此时太平军已占领南京）那边随时有长毛来打自己，便把驻地改放在庐州（今安徽合肥）。

今天有飞机、高铁，从合肥到南京很方便很快，但古代主要靠水运，坐船去安庆更方便。

安庆是扼守天京的重要门户，胡以晃与陈宗胜便率1万多人驻守此城，以保天京安全。

6月24日，洪秀全的妻弟、做生意出身也懂点医术的赖汉英，带领剩下的1万多人，经九江彭泽、湖口，再横渡鄱阳湖，前去攻打江西省会南昌。

南昌城此时仅有1000多名残兵，都不够赖汉英塞牙缝的，巡抚张芾急忙向路过江西的江忠源求援，请他赶紧过来救命。

41岁的江忠源，已经很久没有登场了。

因为在长沙保卫战中表现出色，江忠源已被升为湖北按察使，此时他正带着1000多乡勇，前去南京协助向荣的江南大营，正走到半道，有快马送来两封急信。

一封是朝廷写来的，说北伐军逼近凤阳，命令他北上合肥支援。另一封是张芾写来的，求老兄快来南昌救命。

江忠源思虑良久，觉得张芾这边的情况更紧急，也不向朝廷汇报了，带着手下3天3夜急行军400里，终于在太平军到达前两天，先行抵达南昌城。

3天行军400里地，这在军队里属于强行军，意志极为坚定的部队才能有这水平。

太平军能压着绿营和八旗打，除了他们作战不畏死、士气足打得凶、训练刻苦，还有就是他们行军能力远强于绿营和八旗，常常打得清军措手不及。

比如萧朝贵带队从郴州出发攻长沙时，太平军8天时间跑了600多里地，清朝一里地是576米，太平军每天行军43公里，相当于每天一个马拉松，而且是边跑马拉松，还顺手攻克了4座县城，比拿破仑步兵的最快行军还要快，可见体能之强悍。

江忠源能把自己的军队训练成这样，不像绿营那些草包，侧面说明他带领的军队真不是吃干饭的，他本人是真有两把刷子。

张芾自知不是打仗的料，将南昌的指挥权全部交给了江忠源。

两人加上办团练的在籍刑部尚书陈孚恩，东拼西凑了5000人，直面赖汉英的1万多名精兵。

江忠源十分清楚，自己手底下这些将士，不可能跟太平军硬碰硬，只能坚壁清野、闭城死守，为了不给太平军留下可掩护的民居，他下令将城外所有房屋烧毁，著名的滕王阁就是这次被烧成灰烬的。

我们今天在南昌看到的滕王阁，是1985年新砌的建筑，跟古代的滕王阁完全不是一码事，不过滕王阁初建于唐代，因为是木质结构，历史上曾十几次被大火烧得渣都不剩，光康熙年间就被烧毁过5次，江忠源烧掉的只是道光年间的一个版本，你也说不好哪个版本才是真正的滕王阁。

赖汉英带着大军赶来时，江忠源已伫立在城头，做好了全部的防御工作：他将自己的人马安排在最危险的德胜门和章江门，杀了几名逃兵示众，烧掉了城外的民居，每天亲自巡城，夜晚和衣睡在谯楼。

当赖汉英望向城头上的江忠源时，已经知道南昌城很难攻破了。

有江忠源在，南昌就在。

赖汉英起先采用火炮掩护攻城，攻了几天都被守军打退，随后用太平军拿手好戏，斜着挖出一条长五六里的地道，企图放炸药轰开城墙。

江忠源也用老办法，雇了几十个盲人伏在大瓮里，贴着地面听声音，发现哪有挖地道的迹象，就向那块区域灌水，屡次坏掉了太平军的炸药破城法。

江忠源严禁士兵出城打野战，双方就此僵持到了 8 月。

两边都有人马来援，石贞祥和韦俊（记住这个人）带来了 2 万人马，清军也来了几千人，南昌城里的士兵终于达到了 1 万多人。

8 月下旬的时候，湘军联合创始人罗泽南，带着 1000 多人赶到了战场，驻扎在德胜门外七里街。

罗泽南的名号很强，不过这是我们隔着历史的尘埃来阅读他的名号，这时候的他，只是一名武校教师，之前只打过小毛贼，没有在真正的战场实战过，而在从理论到实践的过程中，无论是谁，都是要交一点学费的。

这个规律谁都躲不过，曾国藩躲不过，罗泽南也躲不过。

罗泽南这 1000 多人的队伍，由他的 15 名学生做中层领导，他们平时只是撸铁练拳的肌肉书生，刚刚脱去长衫，生平第一次上战场，完全没实战经验。

天天过着刀头舔血生活的太平军，很快给这些健身房练把式的上了生动的一课。

撸铁是一回事，杀人，是另一回事。

罗泽南刚驻扎不久，就跟太平军遇到一场遭遇战，结果这次领队的 5 个弟子，罗信东、罗镇南、易良干、谢邦翰全部战死，只剩一个李续宾还活着，尽管湘军第一仗表现勇敢，但跟太平军第一次慌慌张张的对垒，湘勇就阵亡了 81 人，伤亡共 500 多人。

后来名震天下、被咸丰极为看重、以战功升至巡抚、被称为湘军第一猛将的李续宾，这一战也只是捡回一条命而已。

理论与实践的差距，就是这 81 条人命。

江忠源看着惊魂未定的罗泽南和李续宾，只能深深地叹了口气。

就是江忠源自己，现在也不敢和太平军打野战，曾国藩这支部队刚刚出手，不能让他们着急对抗这么强大的太平军，必须让他们先找点野怪，刷刷经验值，把等级升上来再说。

刚好这时候，泰和县天地会首领邹恩隆起义，连克泰和、万安、安福各县，江忠源便让罗泽南带李续宾前去镇压，对于这种水平的小怪，罗泽南还是搞得定，9 月中下旬两人带兵将邹恩隆起义扫尽，11 月回到湖南。

经此一役，罗泽南和李续宾认清了自己的实力，理论与实践的巨大差距、4 名好同学好战友的鲜血，深深刺痛了他们。

每一次成长的代价都是昂贵的。

他们开始进行更艰苦的训练，开始了解战场、畏惧战场、熟悉战场，终于在一次次血战中，将自己锻炼成了湘军悍将。

再强大的人、起点再高的人，也只有正视自己、客观地看待自己，一步步鞭策自己，才有可能缓缓进步。

而资质普通的凡人，更需要付出比天才多几倍的血汗和努力，才能够触及行业的天花板。

让我们先目送罗泽南和李续宾的离去，现在还不是湘军表演的时候。

在南昌城外的太平军，保持着野战无敌的状态，在击败罗泽南后，又击败了奉向荣命令前来支援的云南鹤丽镇总兵音德布，云南老乡也被广西老表打得落花流水。

江忠源深知不敌，就一直缩在城里，坚守不出。

西征军偏师、年过六十岁的老将曾天养，见没人可以对阵，就带队把南昌周边州县全洗劫了一遍。

曾天养是个非常特殊的人物，他出生于 1790 年（一说 1795 年），那年还是乾隆五十五年（或乾隆六十年），也就是说，这哥们历经乾隆、嘉庆、道光、咸丰四朝。

他又生得威武，“浓髭长胡、彪悍异常”，人称老黄忠。

曾天养参加金田起义时已 61 岁，是太平军里年纪最大的将军，古代活

秋官正丞相 飞将军 曾天养

到 70 岁就不容易了，这年纪都是在家抱孙子安安生生养老，他居然跑去搞起义这种杀头的营生。

而且曾天养是地主出身，他不是没活路才起义，虽说萧朝贵为了笼络他入伙，曾在他面前表演过天兄下凡脱口秀，曾天养可能受到蛊惑，但看他这状态，更像是为了过把瘾才参的军。

反正也活不了多少年了，临老扮演一下老黄忠，也不失为人生一大快事。

男人至死是少年嘛。

不过，太平军猛人再多，在将地道、地雷、云梯各种攻城法用尽之后，南昌城还是攻不下来。

大家互相拿对方没办法，清军各路援军又开拔过来，为了避免被围，在攻城 3 个月后，杨秀清令太平军于 9 月 24 日撤退。

赖汉英因战绩太差，耽误了西征战略，被调回天京革职，贬入文化部门工作，后面正史很少提及他，算是从历史长河中匆忙下线。

而江忠源几年时间，靠着打太平军的战绩，一路从知县、知府、按察使疯狂升职，这次又因守南昌有功，被咸丰晋升为安徽巡抚，成为湘军第一个地方实权派。

可惜江忠源福薄，这个巡抚只当了 4 个月，就被人坑死在庐州。

在赖汉英率军撤退后的第二天，9 月 25 日，23 岁的石达开率 6000 名新兵进入安庆，将这里作为西征军的大本营，全部谋划布局西征工作。

西征军在这时分为两路。

攻南昌的那一路，由韦俊、石祥祯（石达开堂兄）率领，占九江，溯江而上攻湖北武昌。

原先待在安庆闲逛的胡以晃，与回到安庆的曾天养，率大军前去进攻安徽的临时省会庐州。

胡以晃 11 月 14 日先攻打北边的桐城（现为安庆下面的县级市），在籍工部侍郎吕贤基率团练抵抗，给胡以晃造成了很大麻烦。胡以晃入城后十分恼怒，命士兵们杀“吕妖”，即吕贤基的亲信，但太平军文化水平低，那时候全国也没有统一语言，下边的将士竟听成了“女妖”，就破门入百姓家杀人，从凌晨杀到中午，杀死了桐城 3500 名女性，这是太平军一次重大的管理失误。

太平军无数错误的细节都向我们证明，这支队伍真的不是一支高水平的军队，真正高水平的军队不会犯这么严重的错误，犯下了也会开展非常严肃的反省，进行深刻的自我检讨，处理队伍里酿成大错的首要分子，给百姓一个交代。

但胡以晃就当没事一样，愣了一下，拍拍屁股走了。

没有任何人，就这件事承担责任，也没有任何人，展开自我检讨工作。

太平军的口碑，就是这样一点点做烂的。

11 月 29 日，胡以晃再攻打桐城北边的舒城，城破后吕贤基投水自尽。

12 月 12 日，太平军推到了庐州城下，老对手江忠源，已经在这里等待了他们两天。

江忠源是被庐州知府胡元炜给骗过来的。

当胡元炜知道太平军朝自己攻过来的时候，立马乱了手脚。

按清廷的规矩，他不可以弃城逃跑，为骗到更多援军，他对江忠源撒谎，说庐州兵强马壮，就缺巡抚大人过来镇场子了。

江忠源当时遇风寒感冒发烧，正在六安养病，哪知道会遇到这种猪队友，见军情紧急，便拖着病体、带着 2700 人赶赴庐州。他跑过来一看，全城正规部队和一些散兵游勇才 3000 人马，粮草兵马也严重短缺，这不是坑死人吗？

但他身为安徽巡抚，这里又是安徽的临时省会，来都来了，那就守城吧。

江忠源按照南昌的防御方法，刚将工作布置一遍，2 天后，胡以晃和曾天养就带着大军杀到了城墙下。

幸好庐州城墙十分坚固，江忠源又善于打防守，太平军照例一波云梯、一波炮弹、一波地道、一波地雷，都被江忠源破解了。

太平军分七个门狂攻，木城土垒将庐州围得水泄不通，城内粮食越吃越少，兵士也越打越少，江忠源渐渐有些吃不消了。

这样坚守了一个月，清军陆续派来援军，分别是陕甘总督舒兴阿部 1.5 万人、寿春镇总兵玉山部 2000 人、音德布部 5000 人、和春部 1000 多人等。

这些援军不是同时到达的，12 月 18 日玉山部最先到达，太平军在威武门外迎着，上去一阵冲杀，将玉山部几乎全歼，玉山也被阵斩。来自云南的音德布 19 日到达，也被太平军打得哭爹喊娘，赶紧回家去了。舒兴阿与和春被太平军的凶猛给吓着了，两人 1 月才磨磨蹭蹭到达庐州城外，但是不敢跟太平军打对攻，只是远远望着，也不过来救江忠源。

舒兴阿为了给上头交差，曾派一小队骑兵从小西门佯攻太平军，结果这些陕甘草包骑兵，远远看到太平军旗帜，就吓得魂不附体，连战马都不要了，惊慌失措地跑进树林里躲藏，太平军远远看到有马匹乱跑，过来找到藏匿的清军，但这些骑兵只会跪地求饶，哭喊成一片，太平军也不客气，全都提刀将其捅死。

舒兴阿这个胆小鬼，更不敢来救庐州。

江忠源见到援军近在咫尺，却龟缩不前，给气得病情加重，一度僵卧不起。

江忠源性格刚直，自己被胡元炜骗到庐州，心里头老大不爽，加上重病在身，越发苦闷，便忍不住对胡元炜这个下属没什么好脸色，时常辱骂嘲讽，胡元炜说自己筹军饷辛苦时，江忠源嘲笑他："尔既如此多虑，何以仍长此一身的肉。"

胡元炜受不得这种侮辱，也认为庐州难以守住，便跟一些因练兵不力、差点被江忠源砍了脑袋的士绅串通，私下放情报给城外的太平军，请他们尽管攻城，城里兵马不够，其实快守不住了。

1854 年 1 月 14 日深夜，庐州异常寒冷，冷风像刀刮一样吹拂在大家的脸上，四更天时，漆黑的夜空闪过一道亮光，跟着一阵巨响，太平军终于用地雷炸开了庐州水西门城墙，庐州守军刚刚用麻包堵上缺口，跟着又一声巨响，城墙再被炸塌 10 丈，太平军持钢刀火铳蜂拥而入，庐州城终于被攻破。

庐州城内守军再也没有斗志，要么用绳索系在腰上缒城逃命，要么弃械投降，城外哭喊声逃命声响成一片。江忠源眼见城失，要拔刀自刎，被亲兵阻拦，都司马良勋背着他向城外逃命。

江忠源倍感羞耻，不愿逃走，猛咬马良勋耳朵，挣脱马良勋，拔刀回去与太平军交战，身上连中 7 刀，在水闸桥时无力再战，跳入古塘自杀，年 42 岁。

和平年代的人才能算是人，战争年代的人，活得真是太残酷、太凶险。

这一战杀得血流成河，城里城外尸积如山，死伤军民共十几万人，天刚破晓时，曾天养率大军跨过遍地伏尸，缓缓进入城内，已经只见到如同地狱一般的庐州了。

攻破庐州对太平军来说最大的收获，是逼死了江忠源。

江忠源最大的历史成就，主要是两个：

一是在蓑衣渡打死了冯云山，切断了太平天国政治成长空间，使太平天国的政治水平一直在低维度徘徊，也使得洪秀全和杨秀清之间的矛盾缺少调停人，最终引爆了天京事变。

二是他用事实证明，组建民团是一种可以与太平军抗衡的武装形式，在清政府正规军全面崩盘的情况下，民团是清政府最后的救命稻草。

江忠源在邵阳新宁组织的500名楚勇，是清代第一支出省剿匪的私人武装，《清史稿》说："湖南募勇出境剿贼，自江忠源始。"湘军的第一阶段，其实是江忠源完成的，是由他完成了铺路工程，清廷才有信心继续放宽对民团的束缚。

第二阶段，才是曾国藩和罗泽南共同完成的，是他们共同组建了后面大家熟知的湘军。

曾国藩第一次见到江忠源，就评价他："当立名天下，然终以节烈死。"

最后，江忠源果然节烈死于合肥。

江忠源是一个有才能的人，也是一个尽职尽忠的人。

拿下庐州后，太平军向皖北的进攻转为守势，开始集中力量进攻湖北，后又转向于湖南。

在衡阳练兵结束的曾国藩，也终于迎来了真正的劲敌。

但湘军此时还十分稚嫩，就像南昌城外，赖汉英给罗泽南和李续宾上课一样，在军事学上还没有修够学分的曾国藩，即将被小他20岁的石达开，好好地上一课。

拾玖
陷入绝境的曾国藩

现在，我们需要将时间调回到江忠源战死4个月前，这里有西征军另一路人马的故事，他们是第一批对曾国藩完成“课外辅导”的人。

1853年9月，韦俊跟石祥祯没攻下南昌，便集齐兵马船只，经鄱阳湖回到长江，沿水路朝着武昌杀奔过去。

路上清军照样被打得落花流水，1854年2月，这时候江忠源头七都过了，林凤祥则被围困在阜城，西征军已轻易占领汉口，但接替张亮基位置(张改任山东巡抚)、新来的湖广总督吴文镕已经做好了防守准备，武昌一直打不下来。

现在知道吴文镕的人很少了，可在当年，他是跟林则徐齐名的人物。

他为官清廉，不喜欢搞人情往来，能力又突出，能平匪、能治吏、能赈灾，常常冲在基层一线，在浙江察看海塘决口的灾情时，差点落水而死，是一位实干派高官。

他还算是曾国藩的老师，当初在北京城里，曾国藩参加会试时，穆彰阿是阅卷大臣，吴文镕是主考官之一，那年头考上的人都认主考官是自己的老师，以作为在北京扩展人脉的起点，因此穆彰阿和吴文镕都曾是曾国藩的守护人。

吴文镕极爱才，对曾国藩和江忠源都照顾有加，官场内口碑很好，咸丰十分喜欢他，因此把他从闽浙总督调过来守湖广，希望卡住太平军的攻势。

到任后，湖北巡抚崇纶被太平军的攻势吓破了胆，建议在城外扎营，以方便随时跑路，吴文镕看出他的小心思，不许。崇纶跟他发生口角，吴文镕拔出佩剑，放在桌上，厉声说：“城存与存，城亡与亡，自司道以下敢言出城者，齿吾刃。”才结束了这场争论。

但崇纶怀恨在心，最后还是想办法害死了上司吴文镕。

咸丰没有看错人，吴文镕在武昌的保卫战中表现合格，太平军强攻十几天，一直打不下来，被迫东撤到黄州。

这期间吴文镕一直和曾国藩保持通信联络，曾国藩也劝他坚守不出，死守武昌，等我曾某人将湘军水师练成出关，咱二人再里应外合，一起夹击太平军。

计划往往是简单而美好的，但执行往往是复杂而残酷的，吴文镕最后就是被逼死在了主动出击这件事上。

太平军退走后，吴文镕奏请胡林翼从贵州过来增援，也听取曾国藩的建议，等待湘军水师出关，自己当前工作重点，就是守住武昌，稳扎稳打，积蓄力量再反攻。

但咸丰不同意，下属崇纶也不同意。

清军和太平天国交战期间，部分战略错误，其实是咸丰一手造成的。

我们先简单了解下咸丰，就能明白许多战争期间问题的起点。

咸丰生于1831年，是道光的第四个儿子，出生时，道光已经49岁了。

之所以生得这么晚，是因为道光的二儿子三儿子夭折，大儿子因为是普通宫女所生，他一直挺嫌弃，打小处于放养状态，就没打算传皇位给他，后来突然只剩这一个儿子，都17岁了，还没怎么念书，性格叛逆，想培养来不及了，大儿子23岁时顶撞道光，道光气得几脚踢死了他。（这里死法有争议）

这时候道光一个儿子都没有，急了，都快五十的人了，才开始疯狂播种，后面十几年一口气生了6个，咸丰已经是活着的儿子里最年长的了。

清朝皇室上百年都被天花折磨，死掉的孩子不计其数，咸丰小时候就得过天花，差点因此死掉，治好后也毁了容，脸蛋皱得像柚子皮，满是坑坑洼洼的斑洞，看起来有些吓人，我们现在看到的咸丰画像，都是美颜过的作品。

十几岁出头的时候，咸丰在南苑打猎，从马上摔下来，一条腿摔坏了，以后就成了瘸子。

生理上有一定缺陷，心理上咸丰也空落落的，他母亲全贵妃死得早，在他 10 岁那年就走了，是静贵妃一手把他带大，而静贵妃也有个儿子，就是后来的恭亲王奕訢。

奕訢在咸丰死后，联手咸丰老婆慈禧斗倒了顾命八大臣，慈禧得权后又压制奕訢，最后是慈禧独掌朝政 47 年。

咸丰这辈子算是白忙活了。

出于肉体和精神上的双重打击，咸丰从小形成了安静、好学、勤勉、谦逊、自卑、敏感、多疑、刚愎、急躁的复杂性格。

他上任后跟曾国藩第一次起冲突，就是因为刚当皇帝不自信，挑剔大臣在礼节上对他不敬，“步趋”“叩头”不能有一点点失误，曾国藩上折子，说他过于注重小节，咸丰很生气，拿小本本记下了，就跟曾国藩有了过节。

咸丰又命苦，他 20 岁就当了皇帝，搁现在还是个读大三的孩子，上早朝后收到的第一份折子就是广西叛乱，马上又黄河溃堤、四川地震，紧接着太平天国崛起，将南方打成一锅粥，咸丰都被残酷的环境整傻了，逼得刚刚上朝就下罪己诏，太平天国拿下南京，他又下了一次罪己诏。

咸丰刚刚登基没多久，没招谁没惹谁，就写了两份检讨书，搁谁都想不明白。

咸丰本来心理建设还是撑得住的，他从 10 岁开始，有个敬爱的老师杜受田，两人天天见面，杜受田含辛茹苦，教会了他如何做一个皇帝，如何驾驭群臣。

为了更好地给咸丰上课，杜受田平时很少回家，住在离皇宫较近的西安门内，私教一对一指导咸丰成材。受到杜受田的熏陶，咸丰跟老油条大臣过招时，还常常能见到些谋略锋芒。

但咸丰注定是个苦命娃，他刚登基没几天，杜受田外派赈灾，竟突发急病死了，咸丰“扶棺洒泪、悲悼实深”，哭成了泪人，从此他少了一个指路人，一位精神上的明灯，变得更孤独、更自卑、更敏感、更多疑。

如果有杜受田在旁指导，吴文镕就不会死得这么早了。

太平军从武昌撤退后，咸丰这位 20 岁的年轻人，一时急于求成，他要求吴文镕立即率兵马攻黄州，要乘胜追击。

没有亲自上过战场的咸丰，一直靠折子分析战局，对太平军的野战能力实在没什么心得体会。

吴文镕知道这是找死，上折子说一定要等曾国藩，要不就是送人头。

这时候，崇纶眼见吴文镕跟咸丰对着干，正想推他一把，就偷偷上折子弹劾吴文镕，说兵勇杀敌心切，吴文镕却不准大家出战，也不知道是何居心。

年轻人未历社会阴暗，最容易被油腻中年人怂恿。咸丰就上了头，下旨怒斥吴文镕不顾大局，龟缩在武昌。吴文镕还要再辩，崇纶又上了几个奏章参劾他，咸丰越骂越凶，吴文镕忍受不了这种职场压力，只能愤愤说："吾受国恩厚，岂惜死？"

他便带兵出城，去跟太平军打野战。

吴文镕天天在大雪泥地里苦战，负责后勤的崇纶还故意拖延军饷和武器，没几天吴文镕所率军队就败于堵城，吴文镕没脸见咸丰，自己像江忠源一样投塘而死。

他死的这一天，正巧是咸丰四年（1854）农历正月十五，是家人团聚的元宵佳节。

他死于年轻皇上的无知冒进，死于构陷忠良的权力斗争。

他直接死于崇纶的陷害，以及自己的沉不住气，但间接死因，是咸丰的多疑。

这里有一个问题，就是为什么咸丰那么相信崇纶说的话，却不相信他自己一直挺欣赏的实干派官僚吴文镕？

因为崇纶是满人，吴文镕是汉人。

因为防汉，甚于防洋。

吴文镕干得再好，那也只是个为清政府效力的工具人，而崇纶水平再低，也是满贵族的贴心人，军国大事，当然还是信满人。

这就好像办公室里有位老板亲戚，他可能水平很差，他坐在格子间，就不是来工作的，而是帮老板盯住基层动向的。

满人对汉人的不信任及咸丰的多疑，不仅吴文镕要拿命来体验，曾国藩也会在后面一次次被恶心到。

这也是曾国藩后期一次次自污、一次次主动分解湘军的重要原因。

曾国藩能活下来，是因为他面对满人的质疑和咸丰的躁进，他沉得住气。

吴文镕在被太平军多路攻击时，曾请求曾国藩出兵援助，但曾国藩拒绝了自己的恩师。

他知道自己这时候还不成熟，现在出兵，无非就是多送几个人头。

吴文镕没有责怪曾国藩，他回信表示理解，还劝曾国藩没有把握时，轻易不要出兵。

我死之后，东南大局，只能指望你了。

涤生兄，对抗太平军，就全靠你了。

吴文镕战死后，太平军又围在武昌城下，但还是攻不下来。

这次大家吸取了赖汉英攻南昌的教训，不再死守在这里，以免拿不下战果受处分，于是分兵几路，韦俊率 1 万人围武昌、曾天养攻湖北西部、石祥祯和林绍璋率 2 万人进入湖南。

28 岁的林绍璋走在前面，他沿着长江进入洞庭湖，几乎没遇到任何抵抗，轻易拿下了岳州、湘阴，又攻下靖港、新康，此时离长沙近在咫尺，长沙城再次陷入一片慌乱中。

敌人都杀入湖南腹地了，曾国藩不能再置之不理，只能派湘军应战。

到宁乡时，湘军最前锋储政躬带着一个营的兵力冲到宁乡对敌，太平军诈败，将他们引入城内，然后关门围攻，湘军数百人被杀，储政躬阵亡。

这是太平军与湘军正式交手的第一战，稚嫩的湘军被经验丰富的太平军打得惨败。

湘军要提升战斗力，还需要交很多很多学费。

这世上没有一件事业是可以轻易创建的，何况锻炼出一支铁血般的军队。

太平军干掉储政躬之后，其实也没太把这事放在心上，很快撤出了宁乡。

毕竟在他们看来，这不过是西征路上很普通的一次战斗，又是一群战斗力极弱的乡勇过来送死而已。

但随后赶来的王鑫不这么认为，性格孤傲的他，正急着跟太平军打一仗立下军威。

王鑫、塔齐布、胡林翼共率8000人马，从3月底到4月初，陆续收复了宁乡、湘阴、岳州，中间还获得了几次小胜，不过湘军并不知道，这是太平军发觉对面有大军到来，正在收缩战线，准备反击作战。

4月4日，林绍璋率军从赤壁绕道临湘的羊楼司，突然对王鑫发起攻击，太平军野战能力照常没话说，高傲的王鑫全军被击溃，一时羞愧得要自杀，被部下簇拥着逃到岳州（今湖南岳阳）。

湘军本来打算依仗水军，在岳州城好好打一场防守，但运气太差，7号洞庭湖狂风大作，将湘军装有粮食火药的24艘战船吹翻，湘军慌忙后撤，王鑫等900多人缒城逃出，又被生生羞辱了一次。

在湖北通城防守的塔齐布与胡林翼一看情况不妙，也赶紧跑路，大家一齐狼狈地逃到长沙。

太平军如入无人之境，重新在湖南乱砍乱杀，到4月22日，林绍璋绕过长沙攻克湘潭，石祥祯占领靖港，南北夹击长沙。

湘军这时候眼看要全部完蛋。

由于曾国藩在长沙办事横冲直撞，湖南官场一直看他不顺眼，早就想搞死他，不是说你挺能练兵的吗？现在仗打成这样，你还有脸在本地混？本省布政使和按察使都劝骆秉章弹劾曾国藩，解散他的部队。

骆秉章这时候跟曾国藩关系一般，他有自己的处事原则，煽风点火对他没什么用，他既不落井下石参曾国藩一本，但也不给曾国藩好脸色看。

骆秉章的意思是，你曾国藩现在混到人憎鬼厌，我且留你一阵，看你能不能冲一冲业绩，你要是自救成功，杀出一条血路，那就不参你。你要是全军覆没，就别怪我不客气了。

曾国藩此时陷入了绝境。

曾国藩的绝境，不仅仅是湖南官场要对他下杀手，而是他在衡阳练兵，本来就是有原罪的！

曾国藩到衡阳后，第一是缺少人才，他便急忙向亲友写信，最后有好友刘蓉、李元度、学生陈士杰等过来帮忙，最重要的是郭嵩焘，为他在湘阴募集了 20 万两银子做军饷，解了燃眉之急。

第二是缺编制，他搞出来的是私人武装，不是你想招多少人就能招多少人，得经过朝廷允许。这件事曾国藩一个人是搞不定的，全靠当时湘军地方上职位最高的江忠源出马。

江忠源在江西作战时需要援军，曾向曾国藩求助，曾国藩委托他给咸丰上折子，允许他在衡州招募 5000 勇丁，这时江忠源的职位是湖北按察使，咸丰看他比看曾国藩顺眼多了，他上的折子都批，曾国藩才有了 5000 陆军的家底。

曾国藩的水师编制，也是江忠源搞来的，他在南昌见清军水师太弱，根本打不过太平军，又给咸丰上折子，请求在两湖、四川造战船。江忠源面子大，咸丰又批了，曾国藩最后才凑齐了 5000 陆军、5000 水师，加上各种长夫、随丁、水手 7000 多人，以这 1.7 万人，完成了湘军最早的框架。

湘军最早不会造船，是江忠源给曾国藩介绍成名标、褚汝航帮他搞技术，曾国藩自己又请来专家黄冕，不计成本地投入，才将中国第一支技术先进的内河水师弄出来。

有了水师，还得有指挥，曾国藩在衡阳遍访人才，当地人说，我们这儿最厉害的就是彭玉麟，你就请他啊。

湘军水师大佬彭玉麟就从这儿出场。

彭玉麟的父亲是一名底层小吏，很早就过世了，他打小和母亲过着一贫如洗的苦日子。

为了养家，彭玉麟 13 岁开始在水上搞长途运输，那年头那种破交通工具破基建，黑社会又遍地都是，凡是跑长途的都特别苦特别危险，弄不好就给人在半路杀掉扔水里，不是穷人家的娃娃根本没人干，跑水运就是拿命换钱。

跑了 3 年水运，这时候彭玉麟 16 岁了，按常人的剧本，就该把省下来的钱，拿去结婚生娃娃，安安稳稳过一生了。

但彭玉麟不想结婚，他拿着这些钱去深造，到衡阳石鼓书院读了 3 年书。他只读 3 年，不是不想读下去，而是他做苦力换来的钱，只够他读

3年。

古代读书是一件很奢侈的事情，特别花钱，像曾国藩这种读书人，是三代人扛着接力棒才培养出来的，彭玉麟还没这个福分。

从书院出来后，彭玉麟就算半个文化人了，去军队做了文书工作，一干就是18年。

本来这辈子干个资深文案了，不料李沅发造反，我们的老熟人向荣前来镇压，李沅发到处乱跑，向荣追得累个半死，彭玉麟献计向荣，两次押对了李沅发的动向，生擒到了李沅发。

向荣对彭玉麟刮目相看，向朝廷为他申请了一个六品武官的工作，但彭玉麟认为这个官职是用多少人命换来的，不愿意干，反而从军队辞职，跑去耒阳一家当铺做账房先生去了。

彭玉麟的世界观和常人不太一样，这种有官不做的奇特反应，在后面还会多次出现。

1852年太平军攻长沙，彭玉麟卖掉所有财产，资助耒阳县令防御太平军，事后也没要功名，只请求把捐掉的财产还给他，他好回衡阳。

连续几件事情让他声名大盛，衡阳城传得到处都是，因此曾国藩出来找人才，当地人首先推荐彭玉麟。

曾国藩便上门去请彭玉麟，彭玉麟借口为母守孝，推辞了一会儿，曾国藩讲了一堆大道理，彭玉麟听明白了，便出来帮忙。

这种上门求贤、贤达婉拒、勉强出山的段子遍布中国历史，都把我看腻了，他们就是走个儒家流程，哪有可以施展本领而不心动的人？所以每次他们要走这种流程，我一般都略过，懒得详讲。

曾国藩此时人才有了、编制有了、硬件也有了，他选读书人做将领，选质朴山民做士兵，陆军水师越练越强，但练着练着，钱不够了。

朝廷虽没有拨款，但还好给了政策，允许他们靠捐输、厘金、杂捐赚钱，这三个项目翻译成白话，就是允许他们乱收费乱摊派乱罚款，再加上湘军常常走私私盐赚外快，解决了部分生存问题。

但水师的洋炮问题解决不了。

湘军的船造好以后，不想用土炮充数，又没有钱去买洋炮，为了搞钱，曾国藩把心一横，派人把广东海关押往江南大营的 4 万两银子给扣下了，拿这笔钱去广州买了洋炮，升级了湘军水师的硬件。

这种抢军饷的事要是查出来，问题是十分严重的，曾国藩是穷疯了想打一个时间差，就赌这件事查出来要很久，只要自己把军队练出来了，打了胜仗，咸丰是不会责怪他的。

曾国藩哪里是在练兵，他就是在豪赌。

所以前面说，曾国藩在衡阳练兵，是有原罪的，是提着脑袋在练兵。

为了练好兵，曾国藩拒绝学习吴文镕，坚决不按咸丰小年轻那种脾气急躁的节奏出牌，咸丰被太平军打红了眼，在南昌、庐州、武昌几次被围时，都要求曾国藩支援，可这时候曾国藩船都没造出来，炮都没安上，兵都没练半年，叫他上战场不是送死吗？曾国藩坚决不出兵，最多就是派 1000 多人去敷衍一下咸丰。

可以说，曾国藩是眼睁睁看着江忠源死在了庐州、吴文镕死在武昌城外。

他知道那是他的挚友，那是他的恩师，但他不能去。

他要沉住气，在衡阳练出一支真正能抗衡太平军的队伍，要不他也只是陪葬而已，毫无意义。

我知道挚友恩师都在搏命，但现阶段，我只能忍。

哪怕皇上拿玉玺砸我的脸，我也只能忍。

见曾国藩屡次以“船炮未备、兵勇不齐”为理由拒绝出兵，暴躁的咸丰十分恼怒，简直恨不得跑去衡阳，亲自上前抽曾国藩的脸，他在批复曾国藩的奏折时，点满嘲讽技能一顿疯狂输出：

“今观汝奏，直以数省军务，一身克当，试问汝之才力能乎，否乎？

“平日漫自矜诩，以为无出己之右者，及至临事，果能尽符其言甚好，若稍涉张皇，岂不贻笑于天下？

……

“汝能自担重任，迥非畏葸（xǐ）者比，言既出诸汝口，必须尽如所言办与朕看。”

可以说，骂得很难听了。

被咸丰喷得满头狗血，曾国藩还是要忍。

一直到林绍璋与石祥祯进军湖南，都打到自己大本营了，曾国藩已经没有办法再忍。

但这一次出击，他只有必胜一条路。

他抢了军饷，要了编制，屡次拒绝咸丰的调令，得罪了全湖南的地方官，他在衡阳练兵，是有原罪的。

如果打赢了，就有机会洗脱原罪，如果打输了，怕是十个脑袋也不够用。

而面对林绍璋与石祥祯的进攻，湘军被打得节节败退，最后被南北夹击在长沙城里，眼看全军就要完蛋。

江忠源和吴文镕的殉职，咸丰帝的寄托，即将化为烟尘。

曾国藩已经走到了绝境，湘军也走到了绝境。

现在唯一的出路，就是杀出去！不顾一切地杀出去！不能在长沙等着被围死！

湘军将领坐在一起开了个长会，最后曾国藩拍板，4 月 25 日起，由塔齐布带队率陆军、彭玉麟带队率水师，一齐攻打湘潭的林绍璋。

就在攻湘潭的队伍出发没两天，忽然有靖港民团的人来报，说那里太平军人少，防备松懈，民团的人愿意充当向导，已搭好浮桥，可以助湘军一举击溃太平军。

不知道是民团的人演技太好，还是曾国藩一时立功心切，平时颇为谨慎的他，居然轻信了这条消息，决定亲自带队去偷袭。

这件事曾国藩表现得颇草率，不像他平时的作风，只能说他确实压力太大，急切求一场大胜。

曾国藩居然忘记了，诱敌深入，一直是太平军作战的惯用战术。

4 月 28 日，曾国藩率 40 条战船与 800 名湘军，顺湘江而下，直奔靖港。

中午时到达离靖港上游 20 里的白沙洲，派人去探，确实江面上少见太平军船只，一切显得十分平静。

老天爷也嫌曾国藩不够惨，驶近靖港时，突然西南风大作，江流瞬间湍急，湘军船只竟冲过靖港，没办法停泊，阵形被冲得乱七八糟。

石祥祯与曾天养部下200多艘船只，突然从四面八方的港汊里冲出来，将湘军水师合围，湘军水师大乱，无法开炮瞄准，太平军则驾驶着小舢板往来横冲，纵火焚烧湘军船只，靖港一片浓烟滚滚。

太平军水战娴熟，湘军被打得吓破了胆，纷纷弃船逃命，曾国藩想要镇住军心，竖起一面大旗，手里拿着利剑，在旗下大喊：有敢过此旗者斩！

士兵们根本没把这句话当回事，鬼哭狼嚎着绕过这面大旗仓皇逃命。

片刻工夫，曾国藩所率水师化为一片大火。

曾国藩自己的座船侥幸逃出战场，他站在船尾，眼见自己的心血化为乌有，突然悲愤交加，想起刚刚战死的江忠源和吴文镕，又想起长沙城内官员那一张张嘲讽的脸，一时面如死灰，目光呆滞，痴痴呆呆站在船上，当船行到靖港对岸的铜官渚时，曾国藩死意已决，走向船头，一头扎入水里。

江忠源和吴文镕都投水而死，我今天大败于此，实在没有脸面苟活下去，就随你们一起去吧。

这时得亏幕僚章寿麟在一旁早看出曾国藩不对劲，乘小船跟在后面，眼见他投水，赶紧跳进水里，将曾国藩救了上来。

曾国藩投水这天是4月28日，就算他被人救起，如果湘军全面溃败，后面他将在面对的政治斗争中，必死无疑。

但我们不要忘了，3天前，塔齐布和彭玉麟率领的军队，已去攻打湘潭。

这是整个湘军活下来的唯一希望了。

站在悬崖边的塔齐布和彭玉

章王 林绍璋

麟，面对林绍璋率领的太平军，奋尽全力，突然打出了神一样的战绩。

许多年以后，当李秀成回忆太平天国历史，写出天国十大错误时，前三条都跟北伐有关，第四条，叫“不应发林绍璋去湘潭，以致全军败尽”。

曾国藩同李秀成共同回忆往事时，也直言林绍璋“其人并无本领”。

是的，林绍璋是一个资质平庸的将领，他没有指挥大兵团作战的能力，也缺乏水陆协同指挥的本领，他没有资格领导这样一支善战的太平军。

而且他在太平军中，坑完杨秀清坑陈玉成，坑完陈玉成坑李秀成，后来被大家嘲讽是“常败将军”。

任用林绍璋作西征军主将，是杨秀清的一次重大用人失误。

林绍璋受过不错的教育，家族相当于乡绅阶层，全族很早就入了拜上帝会，是参加金田起义的元老，但他确实不擅长打仗，一直只是太平军里的一名散卒。

1853 年 5 月，一支原定去安徽与林凤祥会合的太平军，在六合县被引入埋伏，惨遭火烧围攻，林绍璋当时带领几百人的后队，晚些到达战场，发现情况不妙赶紧后退。

因为这次意外，杨秀清关注到了林绍璋，觉得他撤退时表现得还不错，又是广西元老，就将他提拔起来重用。

林绍璋后面用行动一次次证明，杨秀清看走了眼，烂泥就是扶不上墙。

1854 年 4 月 25 日，没有退路的湘军悍将塔齐布，开始直冲鱼腩将军林绍璋。

林绍璋手下共有 2 万兵马，其中精兵 3000 人，新兵 1.7 万人。

而湘军这边，塔齐布 1500 人、彭玉麟水师 3000 人、江忠淑（江忠源弟弟）2500 人，2 万人对 7000 人，本来是很有胜算的。

塔齐布率队主动向太平军冲锋，林绍璋轻敌，竟没有选择固守营垒，而派出新军与塔齐布对攻，一路习惯砍瓜切菜的太平军，第一次见到这么勇猛敢于肉搏的清军，都十分愕然，连续被湘军击败，双方连战 6 场，太平军全败。

27 日，林绍璋终于派出广西老兄弟迎战塔齐布，塔齐布身先士卒，亲自驰马陷阵，其所率湘军，此时已渐有悍勇之色，居然在肉搏战中压倒了此前战无不胜、横扫南中国的广西精锐，迫使太平军丢弃阵地，退回湘潭城。

这是有资料记载以来，湘军第一次在野战中战胜太平军精锐，这是极其难得的胜利，塔齐布此刻仿佛如战神附体，点燃了湘军斗志。

陆军精锐对砍之时，湘军水师也在与太平军水师对决。从广州买来的洋炮终于起到了作用，压制住了用民船改建的太平军水师，炮火齐发下，太平军水师近百艘战船被焚毁。

退回到湘潭城内后，太平军老兵跟新兵起了内乱，老兵嫌弃新兵打仗太㞞，跑得比兔子还快，新兵还嘴，还就动起手来，居然打了起来。

内部发生械斗，林绍璋居然不出面调停，坐视矛盾激化，严重动摇了军心。

4 月 30 日，太平军准备撤走，恰巧遇到彭玉麟水师，又被洋炮打得溃不成军，600 多艘船只被毁，水师几乎被全歼。

5 月 1 日，塔齐布强攻湘潭城，林绍璋带队撤出，在云湖桥又遭到王鑫截杀，伤亡惨重，仅率领极少数兵马逃回靖港，部下 2 万人，几乎全军覆没。

林绍璋活生生向我们演示了，什么叫一将无能，累死三军。

林绍璋部的惨败，是太平军的重要挫折，也是湘军起死回生的关键生死局。

曾国藩原本已低落到了极点，他投水后第二天，左宗棠从长沙城缒城而下，来到铜官渚劝慰他，曾国藩热泪滚滚，听不进左宗棠的相劝。

回到长沙城外的妙高峰寺后，曾国藩成天披头散发，衣服也不穿，成天打着赤脚，七昼夜不与人说一句话，精神状态恍恍惚惚，还悄悄写好了遗书。

结果湘潭大捷的消息传来，塔齐布与彭玉麟，将曾国藩从死亡线上又拉了回来，曾国藩终于抚去心头阴霾，一时激动难抑，痛哭流涕。

江忠源、吴文镕，天可怜见，湘军终于打赢了。

太平军天下无敌的战绩，也终于过去了。

贰拾
石达开的反击

虽然各方面资料都没有写清楚，曾国藩在靖港被歼船只和军队的数量，但综合对比参考，这次战役规模是不能跟湘潭大捷相比较的。

因此曾国藩向朝廷上报了自己的真实胜败后，咸丰挺高兴，对曾国藩的能力有了一定认可，说可以加恩免罪，并将曾国藩的政敌鲍起豹革职，升塔齐布为湖南提督，骆秉章也对曾国藩开始和颜悦色。

1854 年 5 月初，北伐军在北方节节败退，早已经退到河北阜城（现属河北衡水），南方这边破天荒地出现了一支可以跟太平军打对攻的团练部队，处处被动挨打的年轻丑男咸丰帝，能在历史的间隙长长喘一口气，他能不高兴吗？

获得咸丰一定信任的曾国藩，终于掌握了战局的主动权。

他在长沙修理船只、扩充兵源，还将作战时溃逃的营兵全部裁撤，为了起带头作用，连弟弟曾国葆的队伍都撤了，曾国葆为此气得几年不出门。

此时的曾国藩虽在与太平军交战，但其实他对太平军也不怎么了解，曾误以为抓到的两司马是高级军官，为深入了解太平军，才让张德坚撰写了《贼情汇纂》这本书。

经过 2 个月的休养，湘军重新恢复了元气，集结了 2 万人，开始主动进攻湖南地区的太平军。

太平军这边，石祥祯因工作需要，被调去防江南大营，主将变成了林绍璋和曾天养，1854 年 6 月，两支部队此时正退守在岳州。

我去岳阳城实地看过，周边地势平坦，十分不利于防守，因此太平军只抵抗了几天，便退守到地形更好的城陵矶。

7 月中旬，陈辉龙与沙镇邦带水师攻打城陵矶，因为立功心切，被曾天养以偏师引诱进旋湖港浅滩，湘军船大搁浅，曾天养率军四面出击，将这路水师打得全军覆没。

湘军水师总负责人褚汝航带兵来救，也陷入重围，被曾天养击杀，极大震惊了湘军，此后湘军水师才真正归彭玉麟和杨载福统率。

我相信就算是一头猪，这时候也看得出来，太平军已经不知道多少次，采用诱敌深入这么简单的战术，将清军或湘军一次次全歼，可这些猪一样的将领，居然次次都中计。

人能蠢到这种地步，我实在想不通。只能说这些人立功心切，被利益冲昏了理智。

刚刚打出点成绩，一跟曾天养交战，又连续折了好几员得力大将和部分水师精锐，曾国藩再次对人生充满了怀疑。

刚上任几天的湖南提督、救国救藩的塔齐布，只好再一次站出来，第二次拯救了曾国藩。

在歼灭来犯的湘军后，曾天养率军 3000 人在城陵矶登陆。18 日，塔齐布突然率 5000 兵马从南面冲到城陵矶，由于是一场遭遇战，双方都没做准备，瞬间打得乱成一团。

混乱当中，64 岁的曾天养一时性起，手持长矛就朝 37 岁的塔齐布冲杀过去，塔齐布躲闪不及，被曾天养一矛刺中战马。曾天养想要拔矛再刺，还未拔出，塔齐布身边亲兵黄明魁突刺一矛，曾天养跌落下马，湘军围过来，乱矛将其刺死。

太平军主将战死，登时陷入混乱当中，湘军则士气大盛，一举拿下城陵矶，此后从岳州出发，连续攻下咸宁、山坡、金口，一口气打到武昌城下。

曾天养死的时候，负责北伐的林凤祥和李开芳还没有被俘，他是太平军在扩疆过程中战死的第一名重要将领。

杨秀清十分痛惜，命全军吃素 6 天，以纪念曾天养。

曾天养暮年入军，最初只是洪秀全的贴身侍卫，后因洪秀全入天王府享福，府内全是女官，不能留男人，曾天养才领军出征。他老当益壮，在西征战场打出了几次极出色的战役，尤其在城陵矶以败军之阵，以少胜多，痛击湘军水师，令曾国藩十分忌惮。

若不是塔齐布当时自带幸运光环，曾天养又一时上头非要单挑，他可能还会把曾国藩打出心理阴影来。

一个 60 多岁的老人，余生最后几年可以以这种方式退场，马革裹尸、战死沙场，而不是在家里抱病而死，单就个人而言，此生也没什么遗憾了。虽死于乱矛之下，但他人生最后这几年，估计也觉得自己生得痛快！死得也痛快！

曾天养死后，西征军再也无力发起攻势，开始转为防守，太平军与湘军的拉锯战也从此开始。

湘军气势如虹，10 月 14 日一口气杀到武昌城下。

太平军守将是石达开族兄石凤魁，这人没什么水平，靠家族势力才升上来，平时刚愎自用，听不进一点意见，相当难打交道，一遇战事却立马变成蠢货，惊慌失措，居然领军弃城而逃，汉阳守军见武昌守军跑了，也跟着一哄而散。

武昌城十分难攻，石凤魁稍有点精气神就能坚守很长时间，曾国藩原本以为要打一场恶战，居然这么轻易就拿下了武昌和汉阳，他自己也赢得莫名其妙。

而且曾国藩进入汉阳时，太平军逃兵跑得太快，居然没通知停泊在汉水的水军，这批水军将湘军水师团团围住，全军被歼，杀得汉江水都变成了红色。

大家应该发觉不对劲了，前面不是说到韦俊率军围武昌，还没有攻下来吗？怎么曾国藩打过来时，武昌城变成太平军守城了？

这是为了不打断太平军攻湖南的叙事线，我们这里才提武昌城第二次被攻破的事情。

本来是可以一笔带过的，但因为有一位重要人士的出场，需要我们多讲几句。

是的，霸道总裁、四眼狗、掌控全场的天才少年、英王陈玉成登场了。

后面几个头衔大家都懂，但“霸道总裁”和“四眼狗”这两个，需要解释一下。

陈玉成是货真价实的霸道总裁，这个真不是给他脸上贴金。

太平天国常喜欢开科取士，负责这项工作的就叫“总裁”，其中正总裁是洪仁玕，而陈玉成被洪秀全封过“钦命文衡又正总裁”，属于该系统二把手，陈玉成是个文盲，缺啥补啥，很喜欢这个有文化的职称，所以张口闭口，常常自称“本总裁”，由于他胜仗打得太多，后颇有些张狂，“霸道总裁”确实适合他。

而之所以叫陈玉成“四眼狗”，是因为他小时候以艾草烧灸治过病——我以前卖过艾灸，对这玩意儿熟，这东西主要就是拿来熏的，但陈玉成不知道怎么给烫着了，眼皮子下留下两块浅紫斑，看起来像有 4 只眼睛，清军打不过他，就头口上辱骂他发泄，叫他“四眼狗”。

陈玉成生于 1837 年，在太平军里年龄特别小，李秀成大他 14 岁，洪秀全大他 23 岁，冯云山初会杨秀清的时候，他才 9 岁，还是个不懂事的小娃娃。

他是广西藤县客家人，没念过书，父母很早就死了，前面说过，他是叔叔陈承瑢一手养大的，可以说陈承瑢就是他爸。

陈承瑢，是后面天京事变的关键人物。

14 岁的时候，陈玉成跟着陈承瑢参加了金田起义，先去做了童子军，因为表现出色，16 岁开始管军粮。

韦俊围武昌的时候，陈玉成年仅 17 岁，他本来是去前线送军粮的，见到韦俊后，通过查看敌情，认为武昌守军又累又饿，精神处于麻痹状态，奋力一击当有奇效，提出一个奇袭武昌的计划：在第二天夜里，他亲自带 500 名精锐用绳索悄悄登城，再请韦俊带人马跟进，就可以攻破武昌。

大家都觉得这个计划过于冒险，纷纷反对，韦俊倒认为小伙子很热情，不如就试一试，不要打击年轻人的热忱嘛。

这法子确实很冒险，攻城的方法又原始成功率又低，完全搏一个时机。

还真让陈玉成给搏着了。

6 月 26 日凌晨，陈玉成带着 500 名士兵，悄悄摸到武昌城下，将绳索掷上去套住城垛，一个个爬了上去。

武昌城楼上的守军，因为内斗和守城身心俱疲，大部分都在昏睡，居然真的没有发现，500 人顺利上墙，然后齐声高喊：“天兵登城了！”

黑夜之中，声音四下彻响，守城官兵迷迷糊糊中醒来，以为城墙已破，都拔腿跑路，四散溃逃，陈玉成等趁乱打开城门，将潮水般的太平军将士迎了进来。

接替吴文镕的新任湖北巡抚青麟，见太平军入城，飞速逃往荆州，后被咸丰帝下旨就地正法。

而害死吴文镕的崇纶，城破前多次找借口要求离城，咸丰这时候已发现自己被他给耍了，把他所有职务都撤掉，但不准离开武昌，早做好破城准备的崇纶，哪里会站在原地等死？他化装成难民逃到了陕西。

曾国藩收复武昌后，第一件事就是替吴文镕喊冤，要求处办祸首崇纶，崇纶十分害怕，抢先服毒自尽。

攻破武昌的少年陈玉成，因表现出色，又有叔叔在朝中做靠山，因此连升四级，被提拔为殿右三十检点，统领后十三军及水营水四军，开始正式迈入名将之路。

陈玉成拿下武昌后，随军在湖南征战，后被派往蕲州驻守，石凤魁这个草包丢失武昌时，他并不在城中。

曾国藩攻下武昌城的消息，由湖广总督杨霈上报给朝廷，情绪低落的咸丰一时竟有些不相信消息为真，武昌的地理位置实在太重要了，能这么轻易拿下来，真是祖坟冒青烟了。

反复确认后，他极为兴奋，给曾国藩赐了个湖北巡抚的官职。

原先湘军最高职位是江忠源的安徽巡抚，但只做了几个月就被坑死了，曾国藩要是拿下这种地方实权职位，能方便湘军在本地解决财政和军事问题，以湖北为基地，缓缓进取江西和安徽，对湘军的发展将极为有利。

但军机大臣祁寯（jùn）藻赶紧提醒咸丰，千万不要被一时的喜悦冲昏了头脑，曾国藩只是汉人地方头头，一呼百应，势力要是壮大得太快，不是清廷之福。

咸丰被祁寯藻及时点醒，心里头后悔得要死，但他是皇帝，谕旨都已经发下去了，君无戏言，不能随便更改。

还好曾国藩跟彭玉麟一样，也非要走儒家流程，这么大的官，必须先推让一番，要不会遭人嫉恨，显得锋芒太露。

曾国藩按流程写了封辞谢折子递上去，按照上千年来的剧本，本应是咸丰再授，他再假意辞谢，最后终于勉为其难地做上了湖北巡抚。

但咸丰居然不按常理出牌，这封辞谢折子递上去后，他居然批了，将巡抚的官职收了回去，改为在湖南常与曾国藩作对的陶恩培担任，赏曾国藩为兵部侍郎。

其实曾国藩以前在中央，就干过兵部和礼部侍郎，这个根本就算不上赏赐。

陶恩培和曾国藩两人，都被这道奇怪的任命弄懵了，好半天才回过神来，想不明白这演的是哪一出。

还好曾国藩惯常能忍，也没往心里去。

巡抚和兵部侍郎都是二品官员，看起来也没差多少，为什么大家都要抢巡抚岗，而嫌弃侍郎岗呢？

因为在清代，六部有满汉两个分支，一个部既有一名满人尚书，也有一名汉人尚书，有左右两名满人侍郎，又有左右两名汉人侍郎，分权分得太厉害，汉人侍郎处于各部的权力底层，实际上影响力相当小。

而巡抚只有一人，地方上军事、民事、财政一把抓，拥有天大的资源调配能力，在地方上说一不二，没人能跟他顶，权力极大，可操作空间极多，属于真正的封疆大吏。

虽然级别一样，但能真正掌握军权、财权、事权的才是实权部门，跟巡抚相比，清朝的侍郎什么都不能做主，收入低，说话又没人听，大家都不爱干。

那地方上不是还有个总督和提督吗？

提督好理解，塔齐布现在就干这个，管绿营兵马。

为了防止汉人造反，地方上通常还有个八旗驻防军队的驻防将军，属中央直管，地方上无权过问，用来监控各省提督。

总督一般管一省或几个省的军事、行政、经济、人事，就是什么都管，行政上它比巡抚高一点。

但实际操作中，他们也不是明确的上下级关系，如果一个省既有总督，又有巡抚，那总督一般忙军事，巡抚一般忙民事，两人有不明白的地方，就坐下来商量，要是商量也搞不定，一般就奏请皇帝下结论。

曾国藩的湘军，从湖南湘潭击败林绍璋开始，陆续打到湖北武昌，可以说是救咸丰于水火的大功劳，咸丰就给他这么个不咸不淡的封赏，着实是对不起他。

但曾国藩就是比吴文镕能忍，吴文镕的死及曾国藩今天遇到的赏罚不公，都源自满人对汉人大员的不信任。不信任就不信任吧，我先用成绩说话，当你离不开我的时候，你不信任也得信任。

攻下武昌休息了才 1 个月，年轻气急的咸丰又催促曾国藩赶紧去攻江西。

这其实是相当不理智的行为，曾国藩这一路连续作战，船只兵将损失不少，军队损耗太大，需要静养一段时间增兵修船、恢复全军元气。

咸丰跟石达开同龄，他小石达开四个月，两人此时都仅 23 岁，换现在刚刚大学毕业。

石达开不是正常年轻人，他是天纵奇才，而咸丰是正常年轻人，年轻人又勇敢又冒进，常常恨不得一口吃个大胖子，在战略上急吼吼的也属正常。

曾国藩碰上这么个上司，还要被他指挥，全靠忍耐。

要是拼不过，也只能咬着牙，顺着他的意思办。

1854 年 10 月底，湘军从武昌出发，向下游 150 公里处的田家镇发起进攻。

田家镇是太平军保卫九江的要塞，燕王秦日纲奉命驻守在此，他模仿《三国演义》晚期吴国战术，用六条铁链和七条竹缆封锁两岸，又用水簰水城阻绝江面，以阻止湘军水师的攻击。

负责太平军总战略的杨秀清，在天京城收到武昌城丢失的消息时，愤怒得难以自已，毕竟攻下武昌城花费那么多心血，而草包石凤魁居然临阵逃跑，将武昌白白送给了湘军，还断送了汉江水师，杨秀清气得将石凤魁这个废物拉回天京，斩首示众，又急令秦日纲防守田家镇。

石凤魁的副手黄再兴，在武昌时一直苦谏石凤魁，武昌撤退时也组织得有声有色，这么一名好副手，能力和名声一直不错，也因为石凤魁连累被砍了头。

一个人没有相对应的能力时，最好不要占有过多的资源或权力，无能的人拥有权力，只会陷入狂妄自大，对自己对大家，都是有害无益。

秦日纲布置好防守后，湘军 11 月底到达田家镇，面对拥有三四倍兵力的太平军，湘军数次冲锋都冲不过铁索阵，还付出了一定伤亡。

战斗从 11 月 20 日打到 12 月 2 日，一直僵持不下，湘军苦苦思索，终于找到办法，将油脂盛在巨锅里，驾船开到铁索下面，点燃油脂烧铁索，旁边有几队湘军则攻击太平军战船，不让他们靠近。

铁索被烧熔变软后，湘军砍断铁索，冲破包围，仗着船坚炮利压制太平军，一次性烧掉了几千艘战船。

一百多年后，各历史学家复盘，都统一认为，田家镇之战太平军大败，水师遭到毁灭性打击，主要还是因为秦日纲糟糕的军事能力，他这种被动挨打的保守策略，使太平军处处遭到压制，经此一战，湘军将九江以上的长江江面全部扫清，太平军水师几乎报销。

太平军虽然有一些天才将领，但也常出林绍璋、石凤魁、秦日纲这些半吊子水平的领导，高层与基层的人才梯队建设一直是太平军的心病。

但我认为，除了将领失误，更大的原因，是湘军水师技术先进许多，他们之间有了技术代差。

湘军水师使用的都是西洋铁炮，能连续发射几小时，太平军都是民船改装，船上装的是自制土炮，技术严重落后，所以常常被湘军水师以少胜多狂暴横扫，打不过也正常。

田家镇后面就是九江，九江后面就是安庆，再输下去就没退路了。

杨秀清一看战局危急，赶紧派出王牌石达开，和次一流的战将罗大纲奔赴前线救急。

湘军大胜后士气旺盛，在曾国藩亲自带领下，2.7 万人直扑九江。

九江的太平军守将是林启荣。

33 岁的林启荣从金田就跟着杨秀清混，是东王麾下牌刀手亲兵出身，他身经百战，临敌经验丰富，不是石凤魁这种草包可以比的。

面对罗泽南、彭玉麟、李续宾、塔齐布这些湘军名将一拥而上的强攻，林启荣镇定防守，眼睛都不眨一下。

湘军攻陷九江对岸小池口后，在九江南门后分成四路，攻打九江四个城门。

湘军离得远时，林启荣采用火炮交叉点杀湘军，湘军杀到城下时，林启荣又用抬枪、鸟枪暴击，塔齐布与李续宾亲自带兵冲锋，连攻三次都攻不下来。

如果湘军水师来攻，林启荣直接坚守不出，晚上还派出火球火箭偷袭湘军水师，将湘军搅得疲惫不堪。

春官正丞相 贞天侯 林启荣

曾国藩连攻 2 个月，实在攻不下九江，开始打起了下游湖口的主意。

曾国藩召集将领开会，决定罗泽南留在九江继续攻城，塔齐布与胡林翼攻湖口梅家洲的罗大纲，斩断九江与湖口的联系。

湘军水师在田家镇曾经以 10 艘炮船辅以快艇，击毁太平军 400 艘船。湘军水师对太平军呈碾压优势，取得大捷后，全军升起了一股骄愎之气，连曾国藩也觉得拿下石达开唾手可得，上给咸丰的折子，已经开始有吹牛的味道。左宗棠发觉了湘军异动，写信给曾国藩和罗泽南，劝他们小心为要，但大家都不搭理他。

石达开也自知难以硬碰硬，他一直在细细观察湘军水师的弱点。

经过多次分析，石达开发现除了曾国藩的主帅座舰外，湘军水师共有三种船，分别是用于冲击战的小巧快灵的舢板、用于重炮攻击的笨重大船快蟹和长龙，三种船需要配合在一起才有战斗力。

只要打断三种船只的连接，就可以一举击溃湘军水师。

石达开决定利用地形，引诱湘军从湖口进入鄱阳湖，再封闭入口，截断船只，关起门来打狗。

湘军当时一直找不到决战时机，只想利用硬件上的优势，一鼓作气摧毁石达开，好早点回家过年，内心十分焦躁。

1855 年 1 月 29 日，石达开抓住对方求胜心切的心态，主动放弃湖口防御。

湘军误以为石达开守不住了，萧捷三率 2000 多人乘 120 只舢板，快速冲进了鄱阳湖。

湖口本来就被太平军用装满沙石的大船凿沉堵塞，只留了西岸一小处隘口进出，湘军舶板经隘口进入鄱阳湖后，石达开急令在湖口和梅家洲搭起两座浮桥，桥面用泥土填埋，将出入口完全锁死。

这样湘军的舢板被关在了鄱阳湖内，快蟹和长龙留在了长江航道，湘军水师遭到肢解，无法形成战斗力。

萧捷三的 120 艘舢板追击太平军，一直追到姑塘海关水域，太平军回首反击，两边死伤无数。太平军靠人多撑到最后，萧捷三部在鄱阳湖内被歼灭大半，萧捷三中炮而亡。

失去舢板的保护，长江里的湘军水师就赤裸裸暴露在太平军面前。

几天后，太平军趁深夜时分，用小船直插湘军内部，投掷火球火罐，火攻湘军行动不便的快蟹和长龙，大船转不过弯，遭分割包围，运棹不灵，近战只能挨打，加上当夜风大，9 艘大船和 30 多艘小船被烧毁，其他的都逃到九江去了。

2 月 11 日，太平军集结全部力量，再次以小船攻击湘军水师。

其实这时太平军的水师已大不如前，所谓全部力量，也不过 100 多艘轻舟，但小船就是能克制湘军的快蟹和长龙，太平军以火弹喷筒焚烧湘军船只，一次性烧掉了百余只，把长江江面都烧红了。

湘军大乱，要么跳水弃舰，要么朝武昌方向逃命，九江江面被太平军洗空。

曾国藩的旗舰被重点“照顾”，太平军都想取他“狗命”升官，一片片蜂拥登船，旗舰管驾和监印官当场丧命，曾国藩舰上的奏稿、文案、账目、书信、黄马褂、白玉扳指等全数被缴获，曾国藩跑得快，坐小船逃到陆地上，才没有被当场杀死。

曾国藩遭此惨败，羞愧难当，一怒之下再次投水自杀，被左右救起，拖上小舟，逃到罗泽南营内。

曾国藩到了罗营后，又写了千余字的遗疏，还要寻死，被罗泽南哭谏，才停止了胡闹。

这次曾国藩投水自杀，被我们的历史教科书重点记录，引为曾国藩终身耻辱。因为湖口大捷，太平军拿到了第三次克武昌的有利条件，阻止了湘军攻势，石达开因此被称为“战神”。

然而实际情况，并没有这么乐观。

湖口大捷中太平军6万对湘军2万多人，其实是一次以多打少的案例。

就是在人数占优的情况下，太平军明刀明枪跟湘军水师对攻，已经没有任何胜算。最后靠石达开灵光一现，以奇谋解决了硬件上的差距，才获得了这场大胜。

但奇谋，是偶然状态；硬件，是寻常状态。

而且这一次大捷，只是击溃战，并不是歼灭战。

湘军水师主力尚存，塔齐布还率领着5000兵马围困九江，湘军造船厂还在，还可以再生产足够多的舢板，重新发起攻击。

曾国藩跳水自杀，也不是真的走到了绝路，他就是上次跳水拿到了好处，再次自杀演给咸丰看，以免咸丰重罚自己。

太平军这边忧患重重，这次6万人的部队里，已经只剩6000名广西老兵，战斗力一直呈下降状态。

石达开此后仿造湘军造战船，但他们买不到湘军的洋炮，火力、射速、射程还是被碾压，难敌湘军战舰。

拿不到长江的控制权，太平天国就只能走向灭亡。

湖口大捷，是一次被高估的胜利。

曾国藩自杀是演戏，但他确实犯有大错。

要不是全军日渐骄狂，要不是曾国藩瞎指挥，要不是石达开灵感突发，湘军其实可以早许多年，顺着长江打下安庆和天京。

石达开其实也算不上是战神，他确实很优秀，但在火器的代差面前，个人再优秀，又能有什么用呢？

贰拾壹

胡林翼的崛起

湘军水师大败于石达开后，整个湖北就洞开在太平军面前。

罗大纲从渡口出发，先后攻克小池口、武穴、蕲州、黄州，一直打到汉口，兵锋威胁到武昌。之后，罗大纲回天京，韦俊率军接上，夺取了通城、咸宁、蒲圻，将武昌外围扫荡干净，准备第三次强攻武昌。

武昌城内此时能打的守兵只有2000绿营正规军，不够给太平军塞牙缝的，湖北巡抚陶恩培心急如焚，赶紧向湖北按察使胡林翼求援。

胡林翼坚决不救。

胡林翼不救陶恩培，一是确实畏惧太平军势大，知道打不过；二是他在等着陶恩培早死早超生好腾位置。

陶恩培是浙江绍兴人，原任衡州（今湖南衡阳）知府，守衡州时因防守做得好，太平军被迫绕城而走，被升为湖南按察使。

曾国藩在长沙练兵的时候，因为动不动拿圣旨压人，手段又狠辣，全长沙的官员都讨厌他，陶恩培作为省里三把手，带头将曾国藩赶到衡阳，因此他跟湘军早就结下了梁子。

曾国藩练完兵出衡阳，在湖南跟太平军刚接触吃了败仗，长沙被南北包围时，就是按察使陶恩培和布政使徐有壬，两人一起劝骆秉章参曾国藩，并希望解散曾国藩的湘军。

陶恩培跟湘军这么不对付，咸丰看得明白，因此才把原属于曾国藩的湖北巡抚的位置，转给了陶恩培，希望他能牵制湘军，不过咸丰也不想他把曾国藩整得太死，因此又把湘军里头的胡林翼，调任湖北按察使。

领导想要的，是下属间相互制衡，能解决问题，但又不能一家独大。

咸丰想让陶恩培牵制湘军，是因为当时湘军打得太顺，没想到剧本到石达开这里发生了大转折，太平军反推过来，湖广总督杨霈怕得要死，将守军大部分带到鄂北躲避，给陶恩培留下守城的士兵，就只剩可怜的2000人了。

清军里头的杨霈，跟太平军里头的石凤魁算是一路奇葩，都是不给团队做加法，只给团队做减法的人。

造化弄人，陶恩培只能向政敌胡林翼求救，胡林翼本来随曾国藩攻九江，听到上司喊救命，不慌不忙地率军到达武昌城下，正遇见太平军攻势正猛，他也不上前帮忙。

正打着呢？哦，不着急，咱们先等等看。

胡林翼就没打算救陶恩培。

救陶恩培干嘛？把他救回来继续恶心咱们湘军？不救他，巡抚的位置空出来了，多好。

武昌城墙建得又高又厚，确实很难攻打，但2000守兵守这么大的城池，简直是开玩笑！胡林翼没等两天，太平军就攻破汉阳门，杀进武昌城，陶恩培绝望之下，跳进蛇山紫阳塘自杀。

玩了一辈子政治斗争，最后死于政治斗争。

这下湖北没人了，本来也该让曾国藩做巡抚了，但他又刚逢大败，这时候上不太合适，加上朝中重臣肃顺特别欣赏胡林翼，向咸丰举荐了他。

结果胡林翼抢先曾国藩一步，先坐到了巡抚的位置。

这仗打得太乱，我们都忘了介绍胡林翼了。

胡林翼是湖南益阳人，生于1812年，小曾国藩一岁，做到巡抚时，已经43岁了。

他爸读书特别牛，是殿试探花出身，全国第三名，后来在京做到一名闲职高官，所以胡林翼打小就见过大世面。

而且因为打小人脉基础好，各种大佬都见过，大佬们都夸他聪明机灵，将来会有大出息，有的主动要收他为徒，有的急着把女儿嫁给他。

胡林翼确实继承了老爸的读书基因，24岁时就中了进士，曾国藩是2年后才中，论资历，他算是曾国藩的学长。

胡林翼中进士后不久，他的学生们给他凑了1万两银子，捐了个贵州安顺知府，他就从地方上干起，政绩十分出色。

但凡是大商人或者大官的后代，他们在成长时，都会获得长辈们为人处世的指点，以及丰富的社会资源，因此少走几十年弯路。胡林翼获益颇深，在官场上“身段特别柔软”，不像曾国藩这种中产家庭出身的孩子猛打猛冲。大家都夸胡林翼会来事，肃顺尤其喜爱他，没少在咸丰面前说他的好话。

肃顺是满人，但他很爱那些能干的汉臣，对无能的满臣凶得很，后面曾国藩能任两江总督、左宗棠免于牢狱之灾，肃顺都起到了关键作用。

胡林翼做到巡抚后，湘军就不是一家独大了。胡林翼原先是曾国藩小弟，但现在他官职比曾国藩还大，处于一种“你老曾说话，我可听可不听”的微妙局面。

湘军后期一直处于这种多线分权的状态，不熟悉湘军的人，因为曾国藩名头太大，会误以曾国藩是唯一的核心，其实并不是的，湘军体系是有序分散的，有好几个山头，从来不是绝对凝固的。

之前江忠源的楚勇，是与曾国藩并行的小山头，胡林翼这次任巡抚，才算作湘军内部的大山头，大家你中有我，我中有你，共同进步，又略有竞争。

第三次丢掉武昌后，曾国藩与咸丰在折子里，互相委婉地指责对方，两边都想推卸责任，其实两边都有错。

咸丰急躁冒进，几次催促曾国藩，逼迫曾国藩在没有准备的情况下出兵，他的责任不可推卸。

曾国藩骄傲自大，认为自己装有西洋火炮的水师天下无敌，可以顺着长江一路打到南京，过度轻视石达开，才被石达开分割击破。

打了半天嘴炮，两边都需要对方，又不能说服对方，只好悻悻散会，各忙各的去了。

曾国藩一面请骆秉章给添造新船、征集新兵，一面在湖北另新建了一座船厂，专门用来修旧船，造新船，湘军主力再次进入休养生息阶段。

1855 年大半年时间，湘军与太平军都忙着休整，没闹出什么大动静。

但到了 7 月，曾国藩突然接连失去了左膀右臂。

湘军领军人物即将全部下线。

第一个下线的是塔齐布。

湘军从 1854 年 12 月开始攻九江，一直攻到 1855 年 7 月还是攻不下，防守大师林启荣面对塔齐布 100 多次进攻，每次都能轻易化解，塔齐布拿林启荣一点法子都没有。

为了向咸丰证明自己，曾国藩命塔齐布与罗泽南两部，加强对九江的进攻。塔齐布 7 月间连续几天组织进攻失手，身体疲惫至极。7 月 18 日刚安排完进攻任务，全军正要出发，就因劳累过度，当场吐血，倒地而亡，年仅 38 岁。

塔齐布是活活累死的。

自升任提督后，塔齐布模仿岳飞，在自己左臂刻上“忠心报国”四字，每次战斗都冲锋在前，亲冒矢石，毫无惧色。

他为人不错，从军时纪律严明、能吃苦耐劳，对兵油子深恶痛绝。洪山大捷时，太平军被围，不少童子军投湖自尽，塔齐布心生怜悯，放声大哭，令士兵将这些幼童救上来，还释放了不少童子军。

塔齐布是一名朴素而勇猛的职业军人，无怨无悔，尽职尽责，是队友和对手都认可的一员猛将。

塔齐布暴毙时，曾国藩并不在前线——他最好不要在前线，凡是他亲自指挥的战斗，最后都是惨败——听到塔齐布死讯，曾国藩赶到九江，在其灵柩前放声大哭，痛惜不已。

曾国藩哭的时候情绪不要放太开，以免动精伤神，马上他还要再痛哭一次的。

因为塔齐布刚死不久，罗泽南也离世了。

罗泽南在去世前，曾短暂地离开过曾国藩一段时间。

罗泽南一直认为，打九江不是什么好战略，毕竟九江被武昌和湖口上下包围，收复了也没什么意义，他想去上游收复武昌。

但如果要去打武昌，他就得从江西进入湖北，那是湖北新巡抚胡林翼的地盘，他要接受胡林翼的指挥，相当于成为胡林翼的小弟了。

胡林翼也对罗泽南十分感兴趣。

胡林翼这种高干人精子弟，受过系统的社会学家庭教育，跟曾国藩处事完全相反，他到了湖北后，虽也是第一次任高官，但懂得见人说人话、见鬼说鬼话，无论是人渣还是好汉，都被他收拾得服服帖帖的。

高干子弟一般分两种：一种是鼻孔朝天、傲气横溢，牛哄哄天下无敌，想要什么就能得到什么，平素里走路都得横着走；另一种就是胡林翼这种，打小就早慧，后来经历实操磨炼，明白人情世故，身段放低、手法圆润，懂得在照顾别人利益链的前提下，连接自己的利益链。

胡林翼在湖北任上，遇到的第一个问题，就是如何与官文相处。

官文是一个没什么能力，但看得清局势，运气又特别好的人。

出身正白旗的官文，是那种典型的纨绔子弟，昏庸、愚蠢、傲慢、爱挥霍、图安逸，不仅有无数的小妾，平日里还玩娈童，遇到什么事都没个主意，政务全交给幕僚和家丁处理，好像跟废物没什么区别。

偏偏这个废物，因为从道光年间就做了蓝翎侍卫，深得上级信任，外放后从副都统一直做到荆州将军，胆小鬼杨霈被撤职后，又接了湖广总督的位子。

咸丰当然知道官文是什么样的人。

他让官文去做湖广总督，并不是看中了官文的能力，而是看中了官文的忠心，官文本来就是去负责牵制湘军、防止湘军失控的一枚棋子。

满人高层对汉人军队始终是不放心的，既要用，也要防。

这就给湘军高层造成了很深的困扰，他们既要打仗，又要忙政治，防止满人领导恶心自己，何况这些领导水平真不咋的，业务水平低，天天就知道忙着吃喝嫖赌抽。

碰到这种恶心上司，换成曾国藩，非一封封折子参死他不可。

胡林翼原本也是这样想的。

其实胡林翼也曾有过“自视甚高、脾气暴躁”这个阶段，但他开悟得早，不像曾国藩那样，咬着牙跟整个社会规则死犟到底。

帮助胡林翼开悟的人，是他的重要幕僚阎敬铭。

就是电视剧《走向共和》一开篇，那个跪在地上跟慈禧硬扛的户部尚书阎敬铭。

官文来到湖北后，就开始忍不住贪污收黑钱，胡林翼拿到他收黑钱的证据后，准备上折子告到咸丰那去。

折子写好后，胡林翼给阎敬铭看了一眼，想听听他的看法，阎敬铭看完后，认为不应该上这道折子。

阎敬铭说，官文确实是一个贪财好色又无能的废物，但他就是来看场子的，我们把他赶走了，真来个有本事的人，恐怕要斗得你死我活，你也没精力管理政务、对抗长毛了。他不就是爱贪嘛，咱们就满足他，功劳也记在他头上，让他爽，让他爽个够，他爽了，就不会找咱们麻烦，咱们就可以想干嘛干嘛了。

在这个阶段，胡林翼跟曾国藩最大的区别，就是放得下。

尊严、耿直、愤怒、正义感这些东西，曾国藩放不下，但胡林翼放得下。曾国藩这时候解决职场问题不会拐弯，但胡林翼会。

胡林翼原本脾气也不咋样，但他会及早吸收阎敬铭这种谋士的好言相劝，对自己的人生规划和脾气进行调整。

人最大的敌人就是自己，人的成长是一个不断战胜自我的过程。

你的竞争对手、你的仇家，都不是你最大的敌人，你自己才是。

战胜自己，让自己从蒙昧、傲慢、无知、自恋、自卑中成长，是普通人一生最艰难的事情。

胡林翼成长得很快。

他按照阎敬铭的方案去执行：让官文爽！让官文爽得不要不要的！

从这时开始，胡林翼每个月主动贿赂官文 1 万两银子，让官文贪个够。

官文给宠妾过生日，湖北官员都厌憎他，来贺喜的没几个人，胡林翼却抬着厚礼上门贺喜，给足他面子。

送礼还不够，胡林翼还认官文宠妾做义妹，让自己的小妾认官文的妈做干娘，两人亲上加亲。

最狠的是，胡林翼将自己所有的战功，全部让给官文，给朝廷上的折子，也一个劲地夸官文，什么这仗能次次打赢，全靠官文运筹帷幄什么的；什么没有官文统领后勤，我们饭都吃不好，觉也睡不好；什么官文是我们前线将士的贴心人，是我们不可或缺的好上司，总之变着法子夸他。

胡林翼这种只求将事情办好，所有功劳全扔给官文的做法，官文能不爽吗？官文简直爽得飞起。

官文各方面都像个人渣，但他有个好处，他知道自己是个人渣。

官文很有自知之明。

1855 年后，官文刚到襄阳上任，曾经跟陈玉成的部队有过接触，打从这开始，他就清楚自己在战场上是个什么货色，他手底下那班人又是什么货色。

真正能打仗的就是湘军，现在湘军不跟自己死斗，还愿意把功劳让出来，老子乖乖躺平不好吗？

官文给胡林翼的回报，是吏治、财政、军事全部听胡林翼主持，他啥都不问，啥都不管，胡林翼说什么，他就批什么。

胡林翼想找咸丰要资源，要么拉着官文一起上奏，要么干脆把自己的意思告诉官文，以官文的名义上奏，咸丰一看是自己人的要求，都毫不犹豫批复了。

胡林翼也因此间接掌握了湖南、湖北两省的全部资源，可以好好边建设边打仗了。

罗泽南看胡林翼资源多，想过去办事。胡林翼看罗泽南能带兵打仗，也希望他过来帮忙。

两人这一瞅对眼，曾国藩也看明白了，就不阻止罗泽南带着心爱的弟子去武昌，不仅不阻止，还让自己的幕僚兼好友刘蓉陪他一起去。

胡林翼对罗泽南也极好，事事礼遇有加，不仅对罗泽南好，还对他的弟子李续宾、李续宜相当好，连他们的母亲都接到自己府中，叫自己府里人伺候着。

李续宾、李续宜感动得热泪盈眶，胡总你就说吧，上刀山下火海，我们都干！

胡林翼真是把上下级关系，越玩越通透，越玩越明白。

曾国藩这种铁憨憨，要达到这种境界，则还需要好几年，他还要再遇些挫折，给生活揍得满头是血，才能懂得这些与人相处的道理。

这是一个精英家的孩子与普通家孩子所受家庭教育的本质区别。

靠着罗泽南和他弟子们的才干，胡林翼在湖北也练出了一支战斗力极强的新军。

就在胡林翼越来越好的时候，曾国藩在江西则越来越惨。

曾国藩在江西只有一部分军权，没有政治权和财政权，他领兵打仗要花钱的，就得找本地士绅募捐，得找当地官员通融，他这个铁憨憨，又不会像胡林翼那样处理人际关系，搞得全江西的官员都讨厌他，江西巡抚陈启迈带头搞他，气得曾国藩上折子将他参劾革职。

曾国藩虽然赢了一局，但这种硬碰硬的处理办法，只会遭到更加强烈的反弹，江西的官员们更痛恨他，新任巡抚文俊照样搞他，曾国藩在江西，很快陷入了在长沙一样孤立无援的境地。

要想做事，先要做人，曾国藩你看看人家胡林翼嘛。

这段时间曾国藩皮肤病又发作，全身奇痒，遭受从精神到肉体的双重折磨。

这还不够，不仅地方官整曾国藩，石达开也追着揍曾国藩。

1855 年 10 月开始，休息够了的石达开，领军横扫江西，连克瑞州（今高安）、临江（今樟树）、袁州（今宜春），马上要打吉安。

曾国藩只能从九江撤军，派周凤山驻军樟树镇，准备保持机动，要么南下援吉安，要么北上守南昌。

周凤山所带部队就是塔齐布的旧部，共 5000 人，旧部虽在，但周凤山水平差塔齐布一大截，石达开跟他对阵，那是学霸打学渣的差距。

石达开懒得理会周凤山，1856 年 1 月轻易攻克吉安，2 月 28 日转头北上，在樟树镇将周凤山部打得大败，周凤山被迫逃往南昌，曾国藩也只能跑去南昌守城。

石达开并没有重军攻南昌，而是继续在江西攻城略地，江西十三府里的八府五十四州，几个月时间被他全部攻陷。

曾国藩带着 8000 兵马，困坐在南昌城里，只能瑟瑟发抖。

他手头现在的水师共四五千人，归彭玉麟统带，还有一定战斗力，李元度手下有 2000 人，周凤山手下四五千人，这两支队伍就不行了，本来周凤山水平就差，李元度更是个弱书生，这两人连给石达开提鞋都不配。

曾国藩只好向老战友罗泽南求援。

罗泽南那边正忙着攻武昌，听到曾国藩求救，打算先尽力忙完手头的活，再去南昌救人。

但太平军此时的武昌守将，可不是草包石凤魁，而是能征善战的韦俊。

罗泽南求胜心切，1856 年 4 月带头冲锋攻城，结果被一颗流弹击中左额，当即毙命。

湘军先期将领至此全部下线。

听到罗泽南阵亡的消息，曾国藩肝肠寸断，差点哭晕。

曾国藩此时内忧外患，手下一线名将全部阵亡，江西官场处处排斥他，兵员质量下降，所控区域限于江西南康和南昌府狭小地带，行政、财政、军事各方面全部陷入困境。

感觉只要石达开再轻轻一推，曾国藩连同他的湘军就要灰飞烟灭。

当一个人落入绝境之时，就不会有更差的情况发生了。

在献祭完两位名将之后，曾国藩没来由的手气爆棚，摸到了一张天和牌。

太平天国最惨烈的内斗突然开始了。

天京事变爆发了！

贰拾贰

天京事变

1856 年 9 月发生的天京事变，距我写作本文时的 2023 年，已过去了 167 年。

167 年前，跟太平军对阵的清军，看到尸体一具具从上游漂过来时，其实也搞不清楚天京城里到底发生了什么，哪怕曾国藩后期审完李秀成，得到的信息也是模糊的、粗略的。

这 167 年来，研究太平天国的专家学者们，通过各种新的历史证据和论证，不断完善更新天京事变的前后经过，到今天时，其历史面目才大概清楚。

但也只能说大概清楚，因为各种细节争论不休。

由于天京事变如此重要，我小心翼翼地采取更客观的信息来源，除了李秀成的口述、石达开的自述，另有秦日纲手下爱尔兰人肯能根据亲身经历整理成的《太平天国东北两王内讧纪实》、洪秀全的《赐英国全权特使额尔金记》等。

历史信息是一定会有偏差的，真正知道事情全部前因后果的，只有洪秀全、韦昌辉、秦日纲三人，其中韦昌辉和秦日纲死于事变，洪秀全出于利益考量，至死没有说出全部真实细节。

李秀成那时还只是秦日纲手下小弟，并没有亲历事变，他是回到天京城后听说的事情经过。石达开参与了后半部分，前面的事情也没有亲历。肯能倒是亲眼看见了东王府被杀光的过程，但他也不是太平军高层，不知道决策面到底发生了什么。

所以我们也只能勾勒出历史的大概情况，然后进行分析解释。

好在我本来就不是历史学家，我写历史的主要目的，是基于资料分析事物，大家读我的东西，也主要是冲着分析来的，要是读完这本书，能从发生过的事情中汲取一点经验教训，就已经是很难得的收获。

要是能将汲取到的知识，应用到现实生活中，那简直就是大造化了。

下面，让我们一起进入 1856 年的天京城，看看当时到底发生了什么。

1856 年住在天京城里的杨秀清，年仅 33 岁，此时距离他 23 岁那年遇到冯云山，才刚过去 10 年。

跟电视剧里的形象完全不同，杨秀清因为打小贫苦营养不良，导致身材矮小，很可能没有长过一米六（不过在当时也算正常），缺少营养的另一个恶果，是他常常生病，看起来十分虚弱。

太平军得势后，杨秀清跟其他领导层一样极好女色，由于男女之事过多，肝肾两亏，还瞎了一只眼睛。

太平军领导层从起义开始，生活就呈现腐化状态，高层每人都分有几十甚至上百个女人，就连被公认为不好色的石达开，其实也一直是三妻四妾，公开的都有 14 个老婆，洪秀全、杨秀清、韦昌辉这些人的女人更难以计数。

赞王蒙得恩就专门负责给各王选妃。太平军原本分为男女营，主要是为了提高工作效率，次要是方便给各王选妃。蒙得恩以过年过节过生日等为借口，给各王献上十几岁的美人，太平军攻破城池，也会挑选各地美人为各王奉上。

男人好色也是正常状态，一本正经的曾国藩，骨子里其实也好色，但凡事都有个度，好色也有个尽头，太平军高层这已经不是普通的好色，而是一种饥渴状态，是对他们出身底层、吃过那么多苦的疯狂自我补偿，是一种病态心理。

而性资源只是权力的一部分，当这种心理置放到权力身上时，就会发生更严重的反馈。

33 岁的杨秀清掌控整个天国的权力时，他已经不是初遇冯云山时的那个烧炭工头头，他既享受权力的快感，又恐惧权力的威势。

当一个人拥有巨大的权力时，他最好已拥有与权力相匹配的个人能力、团队权威、心理建设、政治水平。

太平天国队伍发展到今天，是从广西紫荆山里一点点真刀真枪打出来的，军事负责人一直是杨秀清，因此杨秀清在个人能力和团队权威上，没有任何问题。

问题出在心理建设和政治水平上。

权力是一把利刃，它既面向敌人，也面向自己，拿起权力时可取人性命，放下权力时，可能会随时被人取走性命。

品尝过权力滋味的人，都知道权力的可怕之处，所以大家都是相互忌惮，害怕权力被夺走，害怕权力不够用。

九千岁杨秀清，在太平天国已经拥有至高无上的真实权力，但他还是不满足，他还是很害怕。

自打进天京后，洪秀全就在巍峨的天王府里享受生活，偶尔研究下神学，发表一些神神经经的半桶水神学论文，他由 1600 个有编制的官员伺候着，这些官员级别很高，高到洪秀全身边一个贴身打杂的服务员，相当于军队里头的高级军官。

军人在前线杀人，杀得人头滚滚，好不容易才混到个高级军官，而贴身服务员，每天端茶倒水就轻易做到了。

这 1600 人每个人还有手下，每天就忙着伺候洪秀全吃喝玩乐，洪秀全每天吃饭的时候，光是奏乐的队伍就达 348 人，出行则坐着由 54 名轿夫抬着的黄缎大轿，每天陪着自己的 88 个老婆，在府里过着神仙般的日子，军国大事，都是杨秀清一手负责。

英国翻译官富礼赐记载他去天王府参观时，突然间远处的鼓吹亭里，鼓声钹声锣声响起一片，那是天王开始吃午饭了，等到天王吃完，乐声才停下来。

杨秀清没有洪秀全这么大的排场，但也差不多，他吃饭时奏乐的队伍有 240 人，乘坐的轿子共有 48 人抬。他跟洪秀全的区别是，他干活，洪秀全不干活。

东王府设有吏、户、礼、兵、刑、工六部，每部设有 12 个尚书，这 72 人组成的智囊团，是杨秀清处理天国政务的重要助手。

其中吏部李寿春和侯谦芳最为重要，杨秀清一般听取他们的意见。

因为实权在握，杨秀清进入天王府时，可以站着说话，而韦昌辉、石达开、秦日纲必须跪着说话。

但杨秀清根本不满足，仅仅只是站着说话。

杨秀清有他优秀的一面，比如治理军政确实是一把好手，他也不赞成烧古书烧学宫，但杨秀清也有他让人十分厌憎的一面。

杨秀清常年恶心洪秀全、韦昌辉，欺侮其他同事，经常小题大做、戏耍侮辱别人，跟个神经病一样难以相处。

中国当代的史学家描述他这种性格时，形容他自以为聪明，但是我觉得这种描述是不准确的。

一定要出身农村或城市底层，有过大量底层生活经历的人，刚好又会分析问题，才能准确形容这种性格。

杨秀清这种龌龊的性格我实在太熟悉了，这其实就是底层小混混的性格。

那种有事没事过来招惹你一下、耍点小诡计给你制造痛苦和麻烦、故意想办法在公众面前侮辱你人格取乐的行为，是典型的底层小混混才干的事。

杨秀清的人格是有两面性的，一面是成长过程中的大将军，一面是原始状态中的小混混。

杨秀清最大的法宝是“天父上身脱口秀”，人人都知道他在跳大神，但规则是自己定的，人人又必须服从他跳大神的恶心表现。

我们来看看，杨秀清平时是怎么侮辱别人的。

韦昌辉亲戚曾跟杨秀清亲戚争夺房产，杨秀清知道后要杀韦昌辉亲戚，韦昌辉不敢违抗，反而跪下来主动要求将自己的亲戚五马分尸。

韦昌辉还有个手下叫张子朋，负责管理水师。1854 年在湖南湘潭时，水师兄弟因不满杨秀清分男女营，见不着家人，两个礼拜才能隔着十几米跟老婆聊会天，怒气冲冲要个说法。

张子朋是个粗人，动手殴打了水营兄弟，差点引起水师兵变。这件事完全是杨秀清的责任，也是张子朋一人所为，跟韦昌辉没有任何关系，但杨秀清故意要在大庭广众面前丑化韦昌辉，打压北王势力。听到这事，杨秀清带人冲进北王府，韦昌辉正在吃饭，放下碗筷问四哥有什么事这么着急。杨秀清不容他说话，假装天父上身，骂了韦昌辉一顿，又当众命人脱下韦昌辉的裤子，打了他数百杖，打得韦昌辉几天不能走路。

打完之后，杨秀清还让自己的亲信唐正才接管了张子朋的水师营，夺了一部分兵权。

1853 年 12 月，杨秀清看中了洪秀全宫中朱九妹姐妹俩，为了夺取这两位美人，某晚假装天父，坐轿上门，上来就问洪秀全知不知罪，要打他 40 杖，大家也不知道他唱的是哪出，个个一脸懵。众人赶紧趴在地上，说愿代天王受杖。

太平军高层这年刚进南京，内斗还处在试探阶段，杨秀清也不敢太过分，就说你们知错了，就不打了，听说朱九妹两大小前也有功，把她们送东王府就行。杨秀清靠翻白眼跳大神骗到了朱九妹姐妹俩。

有了第一次，就有第二次。

1855 年 8 月的某个深夜，杨秀清只为了捉弄洪秀全，假装天父上身，叫侍卫将自己抬进天王府，洪秀全正在睡觉，出来迎候晚了，杨秀清先将他痛骂一顿，然后假装天父传言，跟洪秀全媳妇赖莲英扯家常，叫他们小心为天王挑选其他妻子，还要照顾好天王府里的衣食住行、红白喜事。

洪秀全见他三更半夜跑过来跳大神，惊动整个天王府，不谈军务大事，居然只是为了碎嘴皮子，气得真想掐死他。

1855 年 11 月，杨秀清又以洪秀全袒护黄玉昆为理由，再次扮演天父下凡，当着文武百官的面，打了洪秀全 40 大板。

杨秀清的演技越发纯青，扮演天父越发着迷。

从进入天京以后，杨秀清一共扮演天父下凡 30 多次，主要是通过天父附体下达旨意，贬低其他人公众形象、夺取军权、骗取美女、树立个人权威，每次都要把大家折腾得死去活来，可天父是太平天国自己树立起来的神，大家实在拿他没办法。

杨秀清肆无忌惮地在太平军开挂，当中有一次，不小心把挂给开大了。

这一次的行为，他惹怒了天国几乎整个领导层，人人都恨不得置他于死地。

1854 年的某天，杨秀清的叔叔从燕王府门口经过，秦日纲的马夫没有及时起来行礼，杨叔大怒，暴打了马夫一顿，又扭送到主管刑事的黄玉昆处，要求再杖责 200 大板。

黄玉昆是冯云山介绍入的太平军，后来成为石达开的岳父，平时为人和善，觉得这太过分了，劝杨叔高抬贵手放马夫一马。

杨叔不同意，还跟黄玉昆吵了起来，见黄玉昆不愿意打马夫，觉得自己失了面子，跑去跟杨秀清告状，说翼王与燕王他们藐视东殿。

杨秀清曾跟萧朝贵鏖战多年，好不容易大权在握，分外珍惜，平时最不能忍的，就是其他王敢于挑战自己的权威。

杨叔这一告状，就告在了杨秀清的心坎上。

为了打压其他诸王，杨秀清不分是非只谈异己，让傅学贤冲进翼王府，要将正在跟石达开吃饭的黄玉昆抓起来。

石达开大怒，拍桌子不让抓人，东王便派士兵包围了翼王府，石达开手下的人想跟东王干一仗，石达开觉得此时内斗不妥，黄玉昆也不想女婿为难，便主动出门受审。

黄玉昆出来后，被杨秀清杖责了 300 大板，觉得受了很大的委屈，回来路上投湖自尽，被亲兵救起。黄玉昆觉得没脸再混下去了，就把工作给辞了。

平日跟黄玉昆、石达开交好的秦日纲、陈承瑢觉得杨秀清实在过分，也跟着一起辞职。

我前面几次提到过陈承瑢，他很早就投了天国，在内政部门升得飞快，后因胡以晃 1856 年病死，成为天国第八号人物，政治地位只比秦日纲低。

杨秀清见大家联起手来顶撞他，大怒，又下令杖责秦日纲 100 下，陈承瑢 200 下，另将秦日纲的马夫给五马分尸。

这是杨秀清强行压制诸王，极为暴戾的一次行为，同时寒了石达开、秦日纲、陈承瑢这一众大佬的心。

这里头又属陈承瑢最特殊，他在藤县做一名马车夫时，在社会底层吃过很多苦，知道该屈服的时候就屈服，能暂避锋芒就暂避锋芒。

马车夫要跟不同的人打交道，因此他识人待物水平远超常人，识字不多但有权谋，平时心机颇深，这次被杨秀清折辱后，他不但不生气，反而对杨秀清言听计从。杨秀清对其表现很满意，后面两年居然把他当成了自己的心腹，让他掌管京师卫戍（保卫天京的部队），却不知道陈承瑢怀恨在心，最想置他于死地。

杨秀清极害怕失去权力，他不仅压制别的同事，因为害怕周围的人背叛他，还对自己人下手。

1854 年，杨秀清手下最受重用的文官集团代表，是曾水源和李寿春，两人有一次在一起边喝茶边讨论工作，几名宫女路过，在那嚼耳根子，窃窃私语说别看这几个人现在很嚣张，要是东王病逝（东王当时生病），这些人就倒霉了。

这种闲言碎语过去就过去了，大人物一般不会计较这点琐事，挨点骂，是任何人拥有名利后的附带项目之一，大人物通常会一笑了之。

但有人向杨秀清举报后，杨秀清反应很大，他又玩天父上身，将所有东殿官员叫过来，当众修理曾水源和李寿春，说他俩听到这种话不处罚宫女，是大逆不道，最后将曾水源和李寿春处斩，说闲话的宫女被点了天灯。

点天灯和五马分尸一样，是太平军最残忍的酷刑，一般是指将犯人扒光衣服，用麻木包裹起来，放到油缸里浸泡一阵，到夜晚时，将犯人倒绑在木杆上，从脚上用火点燃，活活烧死犯人。

杨秀清五马分尸过秦日纲的马夫，对自己家的宫女又动不动点天灯，他其实变成一个很害怕权力被挑战，很没有安全感，同时又十分狠毒的人。

他不知道怎么控制权力，也不知道如何平衡权力，他缺少高水平的政治修养，连最基本的恩威并施这种技巧都不会用，只会一味地用极端的暴力、威胁、死亡、恐怖来维持权力的延续。

大权在握的杨秀清，在众叛亲离的道路上，正裸着身子一路狂奔。

他再也不是 10 年前，和冯云山相遇时的那个杨秀清了。

杨秀清越来越膨胀，越来越贪婪，越来越没有安全感，他对周围人的压迫感，也越来越让人感到恐惧。

每次一听到“天父下凡”这四个字，天京城里人人自危。

1856 年 6 月，杨秀清这种压迫感，到达了历史顶峰。

前面提到 1855 年时，石达开在江西横冲直撞，打得曾国藩名将尽亡，而到 1856 年 3 月，秦日纲率陈玉成和李秀成 3 万多人，又先击败镇江清军，4 月 5 日北上横扫正忙着办生日宴的江北大营，拔掉清军 120 座军营。

这时只要击败江南大营，太平天国的军威和领土将达到一个全盛时期，同时向东和南北两个通道也打开，随时可以深入江浙。

江南大营的话事人，是我们冷落了许久的向荣，这时候的江南大营经过一段时间的锻炼，不再像刚开始时那么草包，张国梁的打仗水平也在直线上升。

杨秀清亲自制订了剿灭江南大营的全盘计划。

他命石达开与秦日纲一起回师天京，两人回师途中，石达开攻克皖南宁国府，秦日纲在镇江高资全歼清军，逼得江苏巡抚吉尔杭阿自杀。

6 月 13 日，秦日纲终于回到天京，杨秀清不让已经征战的军队休息，要他们抓住战机，命秦日纲与陈玉成强攻江南大营。

同日石达开攻克溧水，向荣被迫分兵张国梁来防，4 天后，太平军趁大营空虚发起总攻，双方恶战数日，不分胜负时，杨秀清突然派出援军加入战场，终于荡平清军营盘，江南大营被毁。

向荣在张国梁保护下，逃到丹阳军营，8 月份，向荣心理压力太大，在军中上吊自杀。

老黄牛向荣是真的尽力了，他 64 岁还在前线苦战，咸丰还不太喜欢他，职场压力一直很大。但追着太平军砍了五六年，追了几千里地，虽说败多胜少，还多次被小他 40 岁的石达开击败，但称得上兢兢业业、踏踏实实。

整个南方早期就他一个能打的，清廷全靠他才苦撑到湘军崛起，向荣是对得起朝廷的。

向荣死时，清军与太平军对战早期前线重要将领，几乎全部战死，活下来的没几个了。

到此时，冯云山、萧朝贵、江忠源、塔齐布、向荣、罗泽南、曾天养一个不留。

战争是残酷的，前线人员死亡率极高，所谓名将，也不过只有四五年生存期。

杨秀清亲自指挥，攻破江南江北大营，使太平天国达到巅峰，眼见开疆拓土在即，最富有的江浙唾手可得，大半个中国都快要拿下，杨秀清的个人威望无人能及。

他对权力的渴求，也越来越高。

他已经不满足于做九千岁了，他要做“万岁”，要将政、军、教三权合一。

他想在推倒清廷前，就先确立自己在天国内部至高无上的核心地位。

1856 年 9 月，杨秀清再开天父脱口秀，召洪秀全到东王府问话，说东王功劳这么大，怎么可以只叫九千岁，以后也要叫万岁吧？洪秀全面对自己神经错乱的“天父”，只能点头答应：“东王打江山，亦当是万岁。”杨秀清又说自己儿子也该称万岁，洪秀全忍着恶心一起答应了。

洪秀全小心着反问杨秀清：“那我这个天王以后怎么称呼？”杨秀清大笑着说：“天王以后，就叫万万岁。”

天国里只有一个万岁，现在居然要出现三个万岁，你杨秀清是什么打算，白痴也看得出来啊。

杨秀清见洪秀全答应了，大喜，便选了 9 月 23 日，即农历八月二十五日，他 33 岁生日那天称万岁。

杨秀清最最基本的警惕心还是有的，他之所以敢这么干，是因为天京的守备部队都是他的人。

但杨秀清就是死在这个关键环节。

前面提到过，掌管京师卫戍的人是陈承瑢。

陈承瑢表面对杨秀清毕恭毕敬，被骂的时候也只是点头哈腰，绝不还嘴，从而被杨秀清当成心腹在用，但陈承瑢内心深处，却对他 2 年前的折辱，一直怀恨在心。

看到杨秀清将洪秀全逼到这种地步，陈承瑢发现时机已经成熟。

逼封事件几天后，陈承瑢悄悄来到天王府告密，说杨秀清要在称万岁那天，废除软禁洪秀全，以后太平天国，就是他一个人说了算。

洪秀全大惊，当即向韦昌辉、秦日纲、石达开发出密诏，请他们过来铲除东王。

上面这一大段旧事，现在历史学家有两处细节争论不休，一是认为杨秀清没有逼洪秀全封他为万岁，其实是洪秀全自愿的，是故意在设套。二是认为杨秀清并没有主动造反，是陈承瑢诬告杨秀清。

为了这两处细节，历史学家们吵个不停，到现在也没有定案。

我倒是认为，封万岁到底是谁的主意，陈承瑢有没有诬告杨秀清，并不重要。

为了这两个细节争争吵吵，是没有意义的。

杨秀清对其他诸王的压迫，是注定会发生一次反弹的，这次不发生，下次也会发生。

很多人并没有做过军官、开过公司、任职过公务员，他们自己都没有品尝过权力的滋味，并不知晓权力的逻辑，凭想象了解权力、讽刺权力，所以才会纠缠于一些无意义的细节，不知道重点在哪里。

任何人在没有足够的政治心胸和技巧前，获得过多的权力，都百害而无一利。

权力是一头猖狂的猛兽，你只有身经百战，才能不被猛兽吃掉；你只有技巧丰富，才能驯服猛兽成为自己的坐骑；你只有进退有度，才能控制胯下的野兽不去吃人。

任何人都不可以突然迎接过大的权力，任何人都要从基层开始培养，从一个小组、一个村、一个乡慢慢成长，如果一个村长突然跳到省长，那对这个人的人生没有帮助，反而是毁灭性的。

在阅读太平天国的史料时，我脑海常常出现“这政治水平也太低了”这一类的感慨，并且在本书里反复提到这一点，太平天国的军事水平，在当时算比较强，但越到后期，其政治水平之低就暴露得越明显，什么男营女营、什么《天朝田亩制度》、什么基督信仰，等等，无处不在的低下政治能力，使太平天国在成长过程中处处碰壁。

无论是洪秀全还是杨秀清，宣传上、军事上的优势，都无法弥补他们在政治上的巨大缺陷，他们缺乏足够多的学习和进步，没有带领团队共同成长。

出广西时，太平军就应该调整政治纲领；占天京时，就应该第二次调整政治纲领，但是太平军高层不为所动，他们的政治水平，还不及格就停下来了，忙着享受生活、沉迷女色。

太平军政治水平最高的是冯云山，但冯云山一人，处在“身边尽文盲”的领导层里，到了后期，他就算活下来，也是带不动这支队伍的。

洪秀全和杨秀清，成长速度都太慢，政治上更是瞎搞一气，杨秀清单独面对的权力猛兽越来越强，他却是如此的虚弱和恐惧，自己能力弱，却又舍不得分权，一味集权，野蛮打压同事，还想军政教三权统一，一通瞎操作，终于被权力这头猛兽给吃掉了。

1856 年 9 月 1 日夜晚，收到天王密诏，又早就对杨秀清忍受多时的韦昌辉和秦日纲领兵 3000 人，在天京城外会合。

韦昌辉曾被杨秀清当众打过几百杖，这种公开羞辱使他对杨秀清早就恨之入骨，杨秀清有谋士曾做出过预判，认为韦昌辉性格阴戾狠辣，将来必定会报复，但杨秀清也没听进去。

石达开因为距离太远，没有与他们同时赶来。

按照规矩，为防止造反，除非有东王符信，在外征战的将士不可以进天京，不过负责天京城守卫工作的可是陈承瑢，他命人打开南门，放韦昌辉和秦日纲的兵马入城。

根据太平天国国医哈文台的口述（其友王冬饮记在《涵性斋笔记》里），韦昌辉先让兵马进入北王府休整，洪秀全的女婿钟万信赶到北王府，带来诛杀杨秀清的诏旨，哈文台当时就在现场，他跟一众亲兵跪在原地，听清楚了诏旨前半部分的内容：

“天王诏令：千祈遵天令，同心诛魔逆，永保天朝万世太平……朕实情谕尔等：东逆干犯天条，蓄意谋反，罪在千刀万剐，尔等同心同力同向前……”

听完密诏，韦昌辉上前鼓励军士，发表了一番演讲，然后披挂上马，带队出发围攻东王府。

北王将士先将东王府大街小巷围困住，韦昌辉亲自去敲门，守门人见到北王带天王令牌而来，以为有紧急军情，打开了东王府门。

韦昌辉拔刀率众闯进府内，见人就杀，将东王府中所有官员、卫兵、亲属（包括杨秀清的母亲、54名侍妾、小孩）共几千人全部杀尽，鸡犬不留，杨秀清还没搞清楚怎么回事，就被一刀砍下头颅。

前面提到，秦日纲当时的幕僚里，有一位名叫肯能的爱尔兰人，他住在离东王府仅50米远的秦日纲妻舅家，目睹了当时的许多情况。

肯能后经安庆逃到上海，他在天京的回忆被历史学家整理成三篇文章，所陈述内容里，有一部分是他亲历，一部分是他听说，另一部分带有夸张想象成分。三篇里头，有较熟悉太平天国的美国传教士麦高文，对肯能部分含混不清的地方进行了确认，也参考了清朝方面的情报，重新整理了较为可信的信息，麦高文整理的肯能回忆录可信度最高。

后面的许多旧事，我便采用肯能口述、麦高文印证后的版本为主。

按肯能的回忆，凌晨四点时，他走到大街上查看情况，见到街上到处是韦昌辉和秦日纲的手下，东王府门口街道铺满了尸体，全是东王的亲兵、乐师、书吏、属官，东王的脑袋已经被割了下来，悬挂在街心的一根木杆上。

清晨，杨秀清的头颅又被送到天王府验证，韦昌辉还在装头颅的盒子上，写上“老奸头”三个字。

其实在乱世时，杀人是一件很容易的事情，艰难的往往是抚平杀人之后的政治风波。

韦昌辉他们只想到杀人，却并没有深入思考过，后面和东王势力如何相处。

整个天京城被杨秀清掌管了3年，各个官员都是他任命的，他的势力在城内盘根错节，你如何向大众解释杀了东王?

你总不能将全城的人都杀光吧?

果然，第二天天京城迅速传遍东王被杀的消息，有的人很不解，有的人很失落，有的人很愤怒，有的人很震惊，全城人心纷乱。

洪秀全发诏旨，说杨秀清逆谋，他该死，余党咱们不追究。

当权力的猛兽离开杨秀清后，权力必须有人继承，洪秀全和韦昌辉必须迎接权力，但他们看到权力这头猛兽向自己逼近后，他们无比慌乱，开始像杨秀清那样又恐惧、又害怕。

他们十分担心杨秀清的亲信突然发起反击，担心他们也在夜晚血洗自己的王府，为了自保，两人特别安排了一出阴谋。

9 月 3 日，天王府女宣诏在天王宫殿前面，贴出一份长达两米的黄绸，上面用朱砂书写，说韦昌辉和秦日纲不该血洗东王府，杀戮无辜，明天将在天王府受 500 大杖，东王部属允许前往观看受刑。

女官在宫前将天王训示又当众读了几遍，东王余党仔细读了通告，都信以为真。

9 月 4 日，韦昌辉和秦日纲两人跪在天王府外院，真的开始接受刑杖处罚，东王余党见了，觉得不像是诈，开始鱼贯而入，坐在天王府中庭两侧的长形大厅里。

按规矩，进入天王府不得携带武器，大家都是空手而来。

刑杖越打越重，响声四方可闻，东王余党们开始蜂拥上前，争相观看。

等到约有五六千人都进入大厅，估摸着余党到齐，杖刑突然停止，大小院门同时关闭，韦昌辉和秦日纲的手下携带武器冲了进来，将这五六千人全部抓捕，分开关在两个大房间里。

事后洪秀全将所有责任撇清，说一切都是韦昌辉和秦日纲的错。

但我一点都不信。

因为这五六千人是第二天黎明时才被屠杀的，洪秀全有足够多的时间跟韦昌辉和秦日纲交涉，从结果来看，他就是阴谋的参与者，而不是在阻止阴谋发生。

肯能亲眼看见了这两天的全过程，见证了 9 月 5 日的大屠杀。

肯能回忆说，黎明时分，北王和燕王的亲兵开始动手，把第一个大房间的门窗全部打开，出口守得滴水不漏，然后往里扔炸药包，炸得里面血肉横飞、哀号满屋，等炸得差不多了，房子里没什么声音，亲兵再冲进去补刀，将还有口气的人全部杀死。

在第二个房间，见到屠杀来临，东王的将士把墙上的砖扒下来做武器进行抵抗，这些高素质的战场精锐，在处于绝境的情况下还能展开反击，北王和燕王亲兵使用火枪和装有葡萄弹的火炮，花了6个小时才把他们打得奄奄一息，之后北王和燕王的亲兵都将右袖挽起来（为了分辨敌我），拿刀冲进房子，将最后活着的人全部砍死。

确定没有活口后，肯能随着众人走了进去，看到了地狱一般的场景：有的地方尸体堆了五六层高，有的人自己吊死，有的全身被严重烧伤，发出难闻的焦臭味。

这些太平军的尸体，后来被拖到一片草地上，就地掩埋。

在杀光东王府全员，以及天京城东王最精锐的亲信后，洪秀全、韦昌辉、秦日纲还不满足。

他们还要杀下去，才能获得足够的安全感。

权力的猛兽在他们背后追逐着他们，发出狂躁的咕噜声，鼓励他们对东王势力赶尽杀绝。

但他们并不知道的是，这头猛兽是要吃尽一切，它既想要吃掉东王，也打算吃掉韦昌辉、秦日纲、洪秀全。

他们不知道的，他们的政治水平是如此低下，只知道怎么发力，但不知道怎么收力。

他们只懂杀戮，他们不懂收刀。

杀光一切东王的人，先获得眼前的安全吧。

刚完成两场大屠杀，韦昌辉和秦日纲依旧组织人马，要求天京城所有人上报自家信息，每家每户每个人，胸前都得戴着一枚小牌子，如果发现是东王余党，就会立刻抓起来，五人一队、十人一队、百人一队、千人一队，无论妇孺老幼，都拉到刑场砍头。

因为士兵们曾经都是同一个战壕的战友，韦昌辉怕他们下不了手，把行刑队全部换成童子军，青少年们不懂事，“以杀人为嬉欢乐事”，而那些曾经的战友们，只能在夕阳下撇过头，不敢看战友人头落地时的情景。

疯狂的屠杀持续到9月中旬，直到石达开从湖北回到了天京城。

这次对东王势力的赶尽杀绝，共屠杀了2万多人，是非常非常愚蠢的。

在事变前，洪韦秦石四人的共识，是杀掉杨秀清及他的三兄弟即可，并没有说要杀尽东王的人。

杨秀清走到这一步，是他自己活该，但其他人是无罪的。

阴毒的韦昌辉开刀后，局势就马上失控，情形越来越混乱，越来越血腥，连洪秀全自己也控制不住，全局崩坏。

杨秀清面对权力这头猛兽，迷失了自己，洪秀全、韦昌辉、秦日纲更虚弱，权力的猛兽只朝他们吼了一声，他们就在迷失中表现得更疯狂、更卑劣。

真的没什么好辩解的，这群领导层水平不行，连最基本的敌我都分不清。

强大的政治家，是能在危急当中，马上敏锐地分辨出敌人和朋友，以及可以争取的对象。

东王势力其实是一片混沌的，大部分人都在观望，是可以拉过来的，何必蠢到这种地步，杀得人头滚滚，让天京城布满恐怖的氛围？

水平真的低到令人发指！

根据《石达开自述》的内容，石达开到达天京城后，了解到城内发生的情况，此时已十分愤怒，先去天王府拜见洪秀全。

洪秀全对目前局面也感到十分害怕，他也不赞成再杀下去了，但他已不能控制韦昌辉和秦日纲，希望石达开从中调停。

石达开便离开天王府，去找韦昌辉和秦日纲，劝他们不要再滥杀无辜，再搞下去天国都要完蛋了。

韦昌辉此时杀人太多，戾气深重，内心恐惧深种，已进入狂暴嗜血状态，哪里听得进规劝，反而把这种规劝当成指责，他恼羞成怒，当场谩骂石达开是另一个杨秀清，已经背叛了天国，跟清妖肯定有勾结。

石达开这次过来没带什么兵马，见韦昌辉杀气腾腾，怕他疯起来连自己也杀，不敢多辩，连夜带着曾锦谦和张遂谋缒绳吊城逃了出去。

韦昌辉听到石达开逃跑，他越发没有安全感，竟丧心病狂到将翼王府上下全部屠杀，包括石达开的妻儿、所有亲属，以及刚好在翼王府的全部官员共 1000 多人。

此时年仅30岁的韦昌辉，已经变成了一个难以理喻的杀人魔王。

得知全家被韦昌辉杀光，石达开悲愤到了极点，他回到安庆，从武昌洪山前线抽调了4万名将士，连同安徽驻军，加上沿途因同情石达开加入的将士共10万人，先驻军到安徽宁国（今属宣城），要求洪秀全处死已经变异了的韦昌辉与秦日纲，否则他就要带领大军杀到天京，亲自来清君侧。

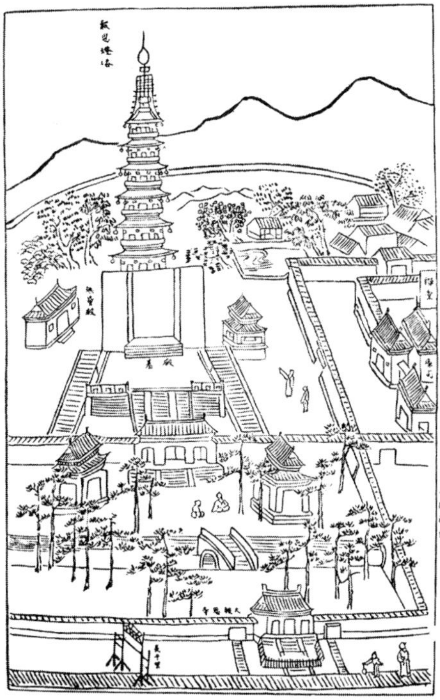

大报恩寺琉璃宝塔

韦昌辉得知消息后，为防止石达开部队到来后，将聚宝门外的大报恩寺琉璃宝塔作为攻城炮垒，竟炸掉了这座号称“天下第一塔”的奇观建筑，毁了一项中华瑰宝。

这座宝塔是明初耗时近20年，使用匠人和军工10万人，耗资248万两银子才建成的，号称“世界中古七大奇迹”之一，跟长城一起，是当时全世界人眼中的中国代表建筑，韦昌辉将它毁掉，给中国文化史造了天大的孽。

炸掉宝塔后，韦昌辉找到洪秀全，让他马上声明支持自己，洪秀全左右为难，对石达开的讨韦上表没有反驳，对韦昌辉的要求也不表态，韦昌辉见他态度暧昧，以为他已经跟石达开达成一致，连洪秀全也想杀。

11月中旬，已入癫狂的韦昌辉，带领本部军马攻打天王府，公然与天王决裂。

韦昌辉此时，可以说已经蠢到无药可救了。

洪秀全是整个太平天国的创始人兼精神领袖，是受到全天国爱戴的，杨秀清全方位压制他，甚至控制了整个天京城，也没有打算用暴力解决问题，韦昌辉没有任何正当的理由就围攻天王，只要一波打不下来，天京城所有人就会是他的敌人。

生死时刻，洪秀全身边的女兵、随从，以及天京城内誓死效忠天王的禁卫军，坚定打退了韦昌辉的进攻，天京城内其他将士，出于对天王的拥护，以及对韦昌辉这两个多月来暴虐行径的难以忍受，大家纷纷站起来痛击韦昌辉部。

洪秀全趁机下了诏令，只申讨韦昌辉罪行，北王部属一律不问罪，这下连韦昌辉自己的亲兵都抛弃了他，无人可信的韦昌辉吓得在天京城里躲藏了起来。

虽然洪秀全下了命令，但大家对韦昌辉已恨之入骨，城里将士去北王府搜查时，将其父亲韦源玠及整个韦氏家族全部杀光泄愤。

天京城里贴满了捉拿韦昌辉的布告，各街巷口设立木栅栏，所有人必须以每日更新的口号通行。

3 天后，韦昌辉偷偷想趁夜逃出城，经桥栅口时，因对不上口号被人察觉，韦昌辉跳上屋脊逃命，被众人团团围住，给绑了起来。

洪秀全听到捉到了韦昌辉，也不想审他，直接令人将其五马分尸。

9 年前，洪秀全还没去到紫荆山区时，冯云山就结识了韦昌辉，并劝说其加入拜上帝会，韦昌辉因家族受人欺侮，想找个靠山保护，才率全族 4000 多人，献银数万两投了太平军。

韦昌辉为太平军的崛起立下汗马功劳，太平军的第一批武器，就是在韦家打造而成的，选在金田起义，也是因为那是他的老家。

但因为个人能力难以匹配权力猛兽，他竟被倾注心血的太平军五马分尸。

一个不随着历史进步的人，就会被历史无情的淘汰。

杀死韦昌辉后，洪秀全又急令在城外的秦日纲进城，秦日纲心存幻想，准备了一堆给自己脱罪的腹稿，但洪秀全根本不理会他，将秦日纲和告密的陈承瑢一起处斩。

这些人知道太多秘密，不杀，会严重影响洪秀全的形象。

韦昌辉最惨，他被贬为“北孽”，尸体被分割成几厘米小块的肉，连同五脏六腑挂在城中各处木栅栏上示众。

韦昌辉和秦日纲的头颅，装在两个放满白盐的箱子里（也有资料说是盐水），快马送到安徽芜湖的石达开驻地，石达开遂放了心，于 11 月底回到了天京。

但天京事变并没有就此全部结束，事情在朝着更糟糕的方向发展。

当石达开进入天京城时，当初从金田村走出来的各王，已经只剩下洪秀全和石达开两个人了。

石达开此时仅 25 岁，却凭本事靠战功一路打过来，做人做事又有分寸，平时颇为仁义，进入天京城后，以大局为重，不再诛杀任何一个异己，停止了天京城内的腥风血雨，大家都很钦佩他，主动围绕在他的身边，尊称他为“义王”。

当基层主动要求给某人一个封号时，说明这个人的影响力极大极大，洪秀全看石达开，越来越像咸丰看曾国藩。

当你的声望超过领导时，你把领导往哪儿放？

为了避免石达开把持大权，洪秀全赶紧下手，将杨秀清遗失的权力全部夺回来。

他首先改革了官制，用天王府替代东王府，将自己的故旧亲友全部安排进重要岗位，还将自己两个平庸无能的兄弟封王，长兄洪仁发封安王，次兄洪仁达封福王，让他们跟石达开平起平坐，削减石达开的权威。

另外再给石达开一些荣誉虚衔，却不让石达开管理天京卫戍部队，自己亲自掌管这部分大权。

太平天国突然变成了家族企业，高管都是老板的人，优秀的职业经理人石达开，处处受到草包洪仁发和洪仁达的排挤，无论开什么会，两个臭傻子都会故意跟石达开抬杠，什么都不懂，会上还不停打断石达开发言，说一些虚无缥缈，他们自己都搞不明白的管理谬论。

看到大家那么拥护石达开，两个白痴更是气得发抖，不断跟洪秀全打小报告，恶意中伤石达开。

石达开的谋臣张遂谋，建议他干脆干掉洪秀全算了，这老板水平太低，公司被他管得一塌糊涂，我们现在兵强马壮，这公司咱们自己接手来管吧。

石达开很委屈，但石达开也不忍心。

天京事变已经死了这么多兄弟，太平天国不能再陷入内乱了。

石达开最终选择了一个折中方案，他决定带兵出走天京，听调不听宣。

听调不听宣是古代武将与朝廷之间的独特产物，如果武将权势过大，但又没有自立朝廷的意思，双方妥协，朝廷有调遣武装的权力，但武将根据自己实际情况，可听可不听，形成事实上的独立。

即武将也不听从朝廷召见，不上朝见领导。

听调不听宣都是临时性产物，朝廷得势都会马上消灭这种武将，像楚汉争霸时，韩信对刘邦就是听调不听宣，所以刘邦统一天下，就必须干掉韩信。

石达开这种外出开分公司，但又不接受集团领导的行为，是不可能将公司做大的，因为没有集团的神权 IP 授权，他的号召能力大打折扣，融资能力变得极差。

听到探子来报，石达开要离天京出走，咸丰赶紧派曾国藩招安，福济与李元度分别写信劝降，信都写得很长，足有四五千字，各种威胁利诱，试探勾引。

石达开没有回信，他带着自己的部队，于 1857 年 6 月离开天京，从此一去不回。

当离开天京城时，石达开回首张望，突然百感交集。

1856 年 9 月到 11 月，短短两个月时间，东王府、北王府、翼王府全部被屠杀干净，各府皆被毁成瓦砾，杨秀清、韦昌辉、秦日纲、陈承瑢互杀而死，太平军的最高领导人，就只剩洪秀全和自己。

现在自己在天京，也无容身之地，被迫流浪天涯。

而在 1856 年 8 月，太平天国还处于全盛时期，眼看就要攻江浙、收湖广，眼看就要一统中国南方。

回想往事，兄弟们的面庞历历在目，金田起义的情景还恍如眼前，突然间变成这副模样，石达开不由得仰天长叹。

这一切都是为什么？这一切都是为什么？

贰拾叁

曾国藩的转折

当石达开黯然离开天京城的时候，曾国藩也陷入了人生低谷。

不过，太平天国是核心尽毁的衰败转折，而曾国藩则是自我反省后的触底反弹。

天京事变对太平天国的影响，远远不止死了许多精英这么简单，而是彻底动摇了军心，社会上开始流传着“天父杀天兄，江山打不通。长毛非正主，依旧归咸丰”的民谣。

高层内乱互杀，不能团结一致，使中底层的士气受到天大的打击，大家开始纷纷怀疑，自己为之而战的信仰是不是真的？

太平天国让神权与政权、军权归为一体的理论体系，起家时对广西深山愚民有着强大的支配作用，这种“宗教军队 + 恶劣环境贫苦底层”体系遇到高层风险时极为脆弱，扩散到中国其他地区时又水土不服，其核心价值观轻易就会被折断。

如果我们信奉的天王，连代表生父下凡的东王都杀了，他们把事情做得这么绝、这么狠，一点都不像天上的一家人，那我们为什么要相信他们呢？

失去军民内心的信服，就失去了统治天国的法理基础，虽然洪秀全也意识到了问题的严重性，一年后为东王进行平反，但军民的不信任已经深深埋下，并间接造成了太平军后期的军阀化，使太平军被湘军分而击溃。

一支不能为信仰而战的军队，其战斗力就会越来越低下，其衰落也是难以挽救的。

将天京事变定义为太平天国由盛转衰的分界线，完全没有问题。

1856 年 11 月太平军痛杀兄弟、元气大伤，使胡林翼看到了翻盘的机会，他让李续宾接管了老师罗泽南的军队，继续围攻武昌城。

胡林翼为人圆顺，打仗的风格也跟曾国藩完全不一样，武昌城那么难打，他不主张一味强攻，而是深挖壕沟、构筑营垒，密密麻麻建好炮台，想利用水师优势，慢慢困死韦俊。

这种堡垒战术十分管用，韦俊的粮食弹药被慢慢消耗掉，而石达开又忙着处理天京事变，根本没有精力来援。

胡林翼听说韦俊的堂哥韦昌辉死于天京事变后，意图策反韦俊，修书一封射入武昌城内，韦俊读完信也不为所动，继续坚守武昌。

注意这时候韦俊的态度，说明大部分太平军高级将领此时对洪秀全还没有死心，韦昌辉一系的韦俊没有叛变，杨秀清一系的杨辅清也没有叛变。

洪秀全的号召力还是可以勉强维持的，但洪秀全这个天王的宝座，本来就是捡来的，他水平一直不怎么样，又远离实操多年，管理能力让人心生怜悯，后面连续一些蠢招，生生逼反了韦俊。

韦俊虽然不降，但也被胡林翼欺负得实在吃不消，在 1856 年 12 月某个夜晚，吊着几百只羊脚踢战鼓，又在武昌城上插满旗帜，假装要出城攻击，实际领着 2 万人马悄悄撤离了武昌。

湘军也知韦俊的本事，不敢跟他野战，只带兵占领了城池，默默目送韦俊撤离。

武昌城此时已在太平军和清军中换手 3 次。

洪秀全对韦俊放弃武昌城十分愤怒，气得要严惩韦俊，幸亏石达开与李秀成从中周旋，请大哥消消气，韦俊才没有被处罚。

韦俊他哥刚死于天京事变，他还是心向天王，武昌也不是故意丢的，是实在守不住才撤军，洪秀全现在搞事，真正寒了韦俊的心。

韦俊不知道的是，这算什么嘛，洪秀全更蠢的大场面还在后头。

在离开武昌后，韦俊经石达开批准，带军士到皖南和赣东北一带跟清军交战，于 1857 年 11 月驻扎到安徽池州，将这里作为自己的根据地。

听起来有点不太对劲，对不对？是的，从石达开出走后，太平军的核心向心力就开始遭到破坏，各将领有点不怎么听天王，后面以韦俊被逼反为分界线，加上洪秀全自作聪明的封地制，将领们彻底走向了军阀化。

不过这事还得缓一阵子，现在我们回过头来，重点讲一讲武昌城里的李续宾。

等到武昌安定，湘军才开始收复周边州县。

李续宾去年随罗泽南来湖北，此时已在城下苦战了整整一年，好不容易拿下武昌，他兴冲冲地向东攻下鄂州、大冶、兴国，因功劳被提拔为按察使。

按察使在省里只低于巡抚和布政使，是省里头的三把手，说明咸丰对李续宾的工作业绩，还是十分认可的。

李续宾越打越兴奋，1 个月时间，从武昌马不停蹄打到九江，又碰到了老对手林启荣。

林启荣已经在九江守了 4 年。

从 1853 年西征军拿下九江，杨秀清亲命殿右十二检点林启荣驻守该地，到李续宾和杨载福率军乘胜打过来，已经快 4 年了。

尤其最近这两年来，他靠着高超的守城技巧，先后击退过曾国藩和罗泽南，急死过猛将塔齐布，是一名不折不扣的守城悍将。

林启荣并不是广西人，他是福建莆田人，去广西做小生意时，跟着当地人信仰了拜上帝会，因出身不同，受到平在山老兄弟排挤，被人诬陷为奴，不能称为兄弟。

杨秀清发觉他受了冤屈，便以上帝附身为其申冤，重新将其重用，因此林启荣对杨秀清感恩戴德，出来守城也尽心尽力。

他对得起杨秀清的信任，也对得起身后每一个太平军兄弟。

1857 年 1 月 6 日起，李续宾和杨载福手下陆军水师共约 2 万人，乘着兴头对九江发起 6 天 6 夜的猛攻，林启荣这时的经验值，已累积到守城宗师级别，轻易就将进攻化解。

李续宾拿他没办法，只有选择围困九江。从 2 月份开始，湘军从官牌夹东至白水湖尾，计划挖出六道长 30 多里、深 6 米、宽 12 米的大壕沟。

林启荣多次派人出击，企图打断湘军挖战壕，但都被湘军截击退回。

此时天京城里头大乱初定，洪秀全正安排自己的两个二愣子兄弟恶心石达开。石达开一边忙着办公室政治，一边命陈玉成带兵数万人去援林启荣。

陈玉成 5 月到达黄梅，跟多隆阿和鲍超激战，多次击败对方，打得胡林翼都准备从九江撤围了。

但是 1857 年 6 月，石达开带部队离开了天京，这就麻烦了，太平军失去了统一指挥，陈玉成没了上级，他的部队变成了一支孤军，无法跟其他部队联动。

洪秀全这种水平，实际掌权后的第一件大事，就是把自己的军事系统给搞乱了。

杨秀清确实跋扈，但说起军事水平，洪秀全给他提鞋都不配。

也刚好在 6 月，挖了整整 4 个月后，湘军的壕沟终于挖完，九江被三面包围起来。

林启荣此时已经很危险了。

这时太平军如果有人负责整体调度，让陈玉成牵制湘军，湖口守将黄文金带兵主动出击，从外围攻击九江湘军，林启荣打个配合，九江解围的概率很大。

毕竟这时的湘军也就 2 万人，经不起林启荣 1 万多人、陈玉成几万人(大约 4 万)、黄文金 1 万人的零碎敲打。

1857 年夏天的太平军，因为没有真正的统帅，一时全成了睁眼瞎，白白错过了反击时机。7 月和 9 月陈玉成战败，退守后方。湘军决定先拿下九江附近的小池口和湖口，打断一切援军，再攻九江。

10 月 2 日湘军攻克小池口、25 日打下湖口城，黄文金败走，林启荣跟外面的联系彻底断绝，九江城将面临严重的粮食、物资短缺。

其实这时九江附近有不少太平军，韦俊在安徽池州，赖裕新和傅忠信在江西，陈玉成也没离开，尤其是石达开这时候带兵驻扎在景德镇，手下兵马最多，是完全可以救林启荣的。

其他人因为没有人指挥乱成一团，石达开因为只顾招募各路太平军投靠自己，想壮大实力后进攻江西东部，然后杀到浙江去，他对九江的生死，也就漠不关心。

这中间韦俊进攻过湘军一次，陈玉成也冲过来尝试救援，不过很快都被击退。

天京事变的恶果开始展现，太平军突然成了一群盲流，失去核心领导和统一指挥，人人各自为政。

林启荣原本是不用死的。

身陷绝境的林启荣，眼见得城里头粮食和武器越来越少，只能展开最后的自救。

没有吃的，他们在九江城里头空地种麦子；没有炮弹弓箭，就拆了城内房屋，将砖石运上城头当武器。

但种麦子需要时间收获，收获了也不够城里这么多人吃，城内的房屋，也迟早拆完。

守到 1858 年 3 月，城里每人每天只能分到 10 两粮食。

清朝时是 16 两一斤，10 两粮食，大约是每人分到 310 克。

正常情况下，人一天需要消耗 500 ～ 600 克粮食。

古代因为缺少油脂，人光吃白米饭容易饿，其实一般饭量比现在要大许多。

清代人常捧着一大碗白米饭，在那欢快地扒着吃，就是没有油脂的原因。

现代人随时能吃到的蛋炒饭，对清代平民都是很奢侈的。

而且他们还要打仗，打仗可是门重体力活，精神高度紧张，平时饭量就该是正常情况下的两三倍。

吃的比平时少一半，消耗比平时多几倍，换谁都撑不住啊。

到了 1858 年 4 月，九江城里即将粮尽，男人每天只能分到 4 两粮食，女人每天只能分到 2 两粮食了。

也就是男人每天只有 125 克粮食，女人每天只有 62 克粮食。

这种情况下还要守城，差不多徘徊在饿死的边缘了。

李续宾只要眼睛没瞎，就看得到城头上，那一排排饿得面黄肌瘦的九江守兵，于是他在九江城四面打出大旗，上面写着“若要救性命，先献林启荣”。

但九江城的守兵根本不为所动，他们是真心拥护林启荣，愿意和他同生，也愿意和他共死。

我没有在任何史料中，找到关于林启荣性格和细节的描写，但我相信，林启荣能这样团结战友，他必定是一个坚韧而充满斗志的人。

在这样极端的情况下，还能号召下属跟敌人死磕，这个人必定有着极强的人格魅力。

在九江城即将粮尽的情况下，李续宾就算不攻城，2个月后，城里头的太平军，也都会活活饿死。

但李续宾不想等，他一定要亲自攻下九江，这样才会显得功劳更大。

湘军一边架着云梯和冲车正常攻打城门，一边学习太平军，悄悄从城东山丘后面挖了三条地道，一直通到城墙下面。

5月8日，湘军炸开东门城墙。12日，湘军又炸开南门城墙。

两次炸开城墙后，湘军都拿着炸药包、火铳、火枪往里头冲，太平军则拿人命堵缺口，双方在缺口处血战，用枪、用刀、用牙齿奋力搏杀，第一批倒下，第二批人又冲过去，杀得缺口处尸积如山。

湘军连续炸开城墙，怎么都冲不进去，每次反而有数百人阵亡。

为了保证战斗力，湘军都是招募同乡亲戚一起入伍，死这么多亲友，湘军心态失控，5月12日冲锋失败后，湘军营地里哭声一片，大家跪在地上，满身污泥，哭喊着亲人的名字，他们有的死了兄弟，有的死了父亲，个个伤心欲绝，发誓一定要屠尽城中太平军。

战争是残酷的、血淋淋的，战争不是史书里几句简单的“斩首万余”，是刀劈血肉的痛苦，是家破人亡的悲伤。

战争一点都不浪漫，人命如草芥、城乡尽白骨，这才是真实的战争。

九江城里死人无数，洪秀全也只给林启荣封了个贞天侯，以表彰他的功绩，洪秀全自己打乱了太平军军事体系，他调不来兵马营救林启荣。

九江城里的士兵已经饿到快握不住刀柄，林启荣知道自己死期将近，当他站在九江城头，静静看着下面黑压压愤怒的湘军，知道死亡即将降临。

5月19日，湘军第三次炸塌了东南城墙，这一次直接炸出百余丈的大缺口，无论如何是守不住了。

双方在城内展开最后的恶战，太平军此时已饿得没有气力，无法跟湘军对砍，湘军将九江城内 1.7 万人，全部杀得干干净净。

林启荣死于乱军当中，一肚子火气的湘军，将林启荣的肚皮剖开，发现他的胃里竟全是青草和树皮。

曾国藩给曾国荃写信时，提到这件事，感慨说："林启荣坚忍心性，吾辈不能及也。"

胡林翼写给朝廷的奏章，也说九江之战惨烈，"伤亡士卒之惨，将士莫不欷歔饮泣"。

林启荣最后到阵亡时，一共在九江坚守了 5 年。

他对得起杨秀清的信任，也对得起身后每一个太平军兄弟。

是洪秀全这种低水平的领导，对不起他。

九江惨胜后，李续宾声名大盛，后被封浙江布政使，加巡抚衔，成为湘军当时第一猛将。

加巡抚衔的意思，是给李续宾高于本职的虚衔，表示尊贵，但不是实职。

他后面只要再进一步，就有可能成为安徽或者浙江实权巡抚，将与胡林翼平起平坐。

李续宾此时的前途，已经不可限量。

而胡林翼和李续宾以前的上司曾国藩，现在反而还在打熬当中。

曾国藩已经有 2 年没有出场了。

我们得先把时针调回到天京事变之前。

1856 年 7 月，被石达开打得困守在南昌的曾国藩，因其弟曾国华向胡林翼求救，得到了刘腾鸿 4000 兵马攻瑞州，8 月，32 岁的曾国荃率领从湖南招募的 6000 名新勇赶来，帮助曾国藩攻吉安。

曾国荃的这支部队由吉安府黄冕提供军饷，便是著名的吉字营。

著名电影《投名状》里，山字营、魁字营的名字，就来源于此。

曾国荃是湘军里头的一名福将。

他是曾国藩的四弟，在族里排行第九，大家便叫他曾九，因为喜欢像李续宾那样挖壕围城，因此又叫曾铁桶。

1856年的曾国荃在军事上还十分稚嫩，我们先把他放一放，继续讲曾国藩。

有了生力军的帮忙，江西局面稍微打开，曾国藩也没那么痛苦了。

但9月天京事变之后，胡林翼和李续宾不断刷战绩，曾国藩只能站在一旁，干看着原下属建功立业升职，官位越升越高，职权越来越大，自己毫无实权，还要日日受江西官员的气，一时又苦闷无比。

1857年3月，正在江西瑞州大营的曾国藩，收到了父亲去世的消息，他痛哭过一阵后，职场与亲情上的失落叠加，心中愤懑淤积，居然也不跟朝廷打声招呼，撒腿跑了。

这就很任性了，相当相当任性了。

明清两朝确实有丁忧制度，官员的爹妈死了，都得回家守孝3年，不过那也先得经朝廷允许，朝廷没下旨自己撒腿就跑，连十万火急的前线军情都不管，摆明了就是负气的举动，是给咸丰脸色看，对于一个46岁的中年人来说，这是相当幼稚的行为。

曾国藩擅离职守震惊朝野，咸丰对他撂担子走人更是深恶痛绝，这哪里是丁忧，这明明就在打我咸丰的脸嘛。

年轻的咸丰，本来就一直看曾国藩不顺眼，打算狠狠教训一下这位中年油腻高管，幸亏骆秉章站出来保他，说现在太平军还闹这么凶，还得靠他的湘军打仗，咱先忍忍，要收拾他过段时间再收拾。

公是公私是私，于公，骆秉章保他，于私，骆秉章和他的头号幕僚左宗棠，对曾国藩干出这么幼稚的事来，其实也相当生气。

左宗棠还写信怒骂曾国藩，说他不知好歹，气得曾国藩将他拉黑了一段时间。

咸丰下旨叫曾国藩快点滚回江西打仗，曾国藩说要回去可以，我在江西受尽委屈，你得给我军权、政权、钦差大臣衔，让我在江西便宜行事，可以给湘军有名有分的官职，可以在地方上筹集粮饷，可以不听当地督抚节制。

朝廷不给我这些权力，我便要在家守孝3年，前线的事，我就不管了。

工作不好好干，还带着胁迫的意味跟上司提条件，换哪个上司都受不了啊。

而且咸丰这时也才 26 岁，谁受你老油条这种气啊？

清廷防止汉人夺权已有 200 年历史，最恨汉人实权派坐大，曾国藩这种人清廷最为防范，现在他要价太高，触及满人贵族防汉底线，咸丰一怒之下，说你要守孝是吧？行，你不想回来也可以，那你就别回来了，永远在湖南乡下好好待着吧（“在籍终制”）。

曾国藩以为自己湘军在握，这次多少能争回点权力，没想到皇上居然跟自己怄起气来，一时被咸丰的操作给弄懵了，半天回不过神。

眼看从此要离远权力中心，曾国藩先是心态爆炸，气得整夜失眠，天天黑着个脸，在家里跟个神经病一样见人就骂，吓得家里人都想尽办法躲着他。

发泄完愤怒后，眼见咸丰那完全没了消息，心里头拔凉拔凉的曾国藩渐渐冷静下来。

曾国藩人生第一次陷入了长长的反思，他在老家白杨坪不断踱步思考，沉思自己是怎么走到今天这一步的。

以前他认为办不成事情，那一定是别人的错，是那些庸人蠢材为了各自的利益，阻止他办成事，但现在人生跌到谷底，他开始从自己身上找问题，他忽然发现了自己的粗蛮、刚愎、自恋、傲慢、浮躁，他开始深深地自责自己过去不懂通融，把湖南和江西官场搞得全民皆敌。

骆秉章以前不罩着他，还不是因为自己在湖南蒙着头蛮干？左宗棠写信来骂他，还不是因为自己太过任性，连皇帝老子都不放在眼里？

其实别人都是为自己好，而自己却是这么蒙昧无知，把别人的好心当成驴肝肺。

曾国藩越想越是后悔，越想越是害怕，慢慢地，他意识到了过去为人处世的种种错误，明白要办好事情，就不要轻易动别人的利益，而是要以跟别人的利益保持一致为基础，再逐步推动事情的发展。

曾国藩大彻大悟，打算洗心革面，从头再来。

曾国藩守孝期间，在白杨坪的自我反思和进步，当然是值得鼓励和肯定的。曾国藩确实从这里开始脱胎换骨，变成了一个身段柔软的人，但大量把曾国藩夸成“半个圣人”的书籍文章，都严重抬高了曾国藩的心路变迁，过于拔高了曾国藩的自我变革。

其实无论是官场手段还是行军打仗，曾国藩出白杨坪后，都只是将胡林翼的一些优点进行吸收，结合自己的刚蛮之气，阴阳交融，才在军政两界混得如鱼得水。

这种级别的反省和修为，配得上一时人杰，但离“半个圣人”的级别其实还差很远。

中华民族累积几千年文化，从社会亲历与前人顿悟总结中，寻找处理矛盾和与人相处的方式方法，在有识之士里头并不难，曾国藩只是从这两方面获益，从中更进一步，这种人的出现并不是什么稀罕事，只是曾国藩恰巧遇到太平天国，其成就被放大了10倍。

而圣人出现的几率小得多，圣人必须根据当时的世界大潮，既有一套完整而先进的思想体系，带动整个社会思想的更新，还要有强大的实战能力，证明理论体系的正确性。

我之所以认为曾国藩不算圣人，是因为他的处世技法，只是比寻常人强，但放在中国几千年的智慧池里头，没有任何创新。

他于国家和民族而言，在当时，也只是延缓了清廷的寿命，而不是让国家或民族有焕然一新的气象。

曾国藩从清末到今天的偌大名气，是他门生故旧遍布朝野，天下督抚半出湘军造成的，是学生们有一个共同的老师，拿人家的手软，吃人家的嘴软，这些人有银子、有权力、有号召力，为了回报恩师，历经后世几代，才把曾国藩夸成一朵花似的。

曾国藩是一时人杰，但绝称不上“圣人”级别。

当然啦，有进步就值得奖励，曾国藩幡然悔悟后，上天也给了他机会。

准确地说，是胡林翼和左宗棠给了他机会。

在曾国藩下野后，胡林翼两次给咸丰写折子，说曾国藩是个能干的人，是能出业绩的，就是一时糊涂，顶撞了您，他现在也知错了，作为湘军创始人，他威望还是在的，不请他出山，对湘军指挥不利。

咸丰余怒未消，说他不是喜欢丁忧嘛，让他丁忧个够。（“守礼庐出山不宜”）

曾国藩知道咸丰的答复后，再次哭晕在白杨坪的茅厕里，领导这次怎么这么绝情？领导你再看我一眼啊领导，我以后用心办事，再也不敢跟领导顶嘴了。

咸丰是真的不喜欢曾国藩这种铁憨憨高管，用他也只是湘军确实能打仗，以前那是一边忍着恶心一边用，现在胡林翼打得好，业绩比曾国藩好多了，趁机收拾下他，让他提前退休，终于不用恶心了。

没想到石达开从天京出来后，就一门心思想搞浙江，1858 年 4 月带 20 万大军从江西往浙江打，很快就把常山、江山打下来，开始猛攻衢州。

江浙那是清廷财税重镇，事关清廷现金流，咸丰急得赶紧叫胡林翼去扛石达开，胡林翼说我这湖北安徽正忙着呢，走不开啊。

咸丰又叫和春去浙江，和春是个有自知之明的人，他清楚地知道，石达开打自己跟爸爸揍儿子似的，那是千万不能去的，就跟咸丰请病假，打死不去。

咸丰正缺人的时候，胡林翼第三次上折子推荐曾国藩出山，骆秉章也上折子，举荐曾国藩。

骆秉章这折子，其实是左宗棠写的。

曾国藩在白杨坪反省后，为人处世的姿态放低了，他主动写信给左宗棠，承认自己擅离职守的愚蠢，也深深感谢左宗棠原先的意见，表示了深切的悔恨。

左宗棠也爽快，原谅了他，还自我检讨，说自己确实骂太凶了，这事过了，咱们都别惦记，两个人就和好了。

大丈夫跟大丈夫之间的友情就这样，恨就恨、好就好，有事都明着来，有想法明着说，从不搞下三烂的手段，也不带隔夜仇。

左宗棠的父亲是个私塾先生，他在老爸的熏陶下喜欢读书，但 20 岁中举后，连续 6 次都考不上进士，学历到头了。

左宗棠年轻时为了生活，不得已入赘周家吃软饭，后面实在不好意思吃一辈子，也靠教书为生，他教书教得好，赚了不少钱，在当地名气很大，算是从教育行业混出了头。

太平军第一次打长沙的时候，左宗棠都已经 41 岁了，在朋友推荐下，去给湖南巡抚张亮基做幕僚，帮助抵抗太平军。张亮基调走后，左宗棠回到湘阴东山隐居，原本没打算再出来混了。

没想到骆秉章来做湖南巡抚后，听说他有两把刷子，找了他好几次，才在 1854 年将他请来做师爷，前前后后干了 6 年。

骆秉章十分信任左宗棠的能力和人品，这 6 年里，湖南大事小事都交给左宗棠办理，自己一般只管签字，有时候连来往公文都懒得看。

有一次，骆秉章在巡抚府院打盹，突然听到一声炮响，他就问左右，这是左宗棠往朝廷递了啥了？左右说，是左师爷在发军报折。骆秉章说这样啊，那把折子给我看看。

左宗棠以他的名义发的折子，骆秉章居然没看过，可见对其信任到什么地步。

有部分史学家，怀疑左宗棠在骆秉章府上的经历，出自左宗棠的自述，有一定夸大成分，骆秉章不可能这么听话。

综合各处信息来看，应该是骆秉章自身能力挺强，左宗棠的意见他也相当重视，骆秉章可不是官文，是实打实的官场老狐狸，说左宗棠架空他，那也太小看骆秉章，太小看堂堂巡抚了，两人其实是相互影响的。

所以左宗棠写好折子，建议骆秉章举荐曾国藩重新出山，才是最合理的解释。

说起来，还是曾国藩肯服软，向左宗棠主动认错，人生之路才走下去了。

懂得服软，常常是年轻人最难做到的事情，年轻则气盛，气盛则心高，人一般是三四十岁，被社会毒打得够了，才知道该服软时就服软，才知道自尊心其实一文不值。

有胡林翼和骆秉章的共同推荐，加上手头确实没人，咸丰没得选，只能于 1858 年 7 月，令曾国藩重新出山，带领湘军去浙江抵御石达开。

但咸丰这次不用再忍着恶心了，他突然发现，曾国藩好像变成了另一个人。

收到咸丰的谕旨时，曾国藩已经在老家闲居了 1 年零 3 个月，这个工作狂都快闲疯了，一时欣喜若狂，3 天后就出发了。

但他这次学乖了，不再跟任何人为敌，除了感谢胡林翼、骆秉章、左宗棠，给他们写信，请他们指导（“藉资针指”），还给曾经互相恶心的湖广总督官文、江西巡抚耆龄、胜保、和春，以及自己的老部下李续宾、杨载福、彭玉麟写信，也请他们指导工作。

对咸丰更是谦卑到泥土里，上折子说自己“才质凡陋，频年饱历忧虞，得罪行间，过多功寡，伏蒙皇上鸿慈，曲加矜宥”。

把咸丰搞得一时很不适应，这铁憨憨怎么招呼也不打一声，突然就转性了呢？

曾国藩途经长沙时，去左宗棠那先谢了两次，还把长沙上上下下所有官员都拜会了一遍，见到任何人，到任何地方，包括长沙县衙这种小地方，上门都谦恭有礼，又是送礼又是道歉，把以前的政敌都搞得很不好意思。

到湖北、江西时，又这样重复走了一遍，把三个省的官员都搞得一愣一愣的。

连胡林翼这样擅长人际关系的人，都被他搞得很不适应，直言说他圆熟得有点过了，简直是矫枉过正。

曾国藩知道的，他这么谦卑的出场，只求拿到足够多的资源。

只要能把事情干好，只要没政敌阻挠，什么自尊心都可以扔，什么手段都可以上。

好态度换来了好结果，经骆秉章和胡林翼商议，曾国藩拿到了萧启江果字营 4000 人、张运兰老湘营 4000 人，到湖北兰溪时，李续宾又拨出朱品隆、唐义店两营 1000 人，加上吴国佐两三个营，凑了支 1 万人的队伍。

军饷则由江西和湖北两省提供，也不愁后援问题。

曾国藩和曾国荃率军在江西扫荡，连破吉安、安仁、新城，将太平军打得节节败退。

正当曾国藩打得爽快，一吐心中抑郁之时，突然噩耗传来。

李续宾全军覆没，战死在三河镇。

贰拾肆

三河大捷

李续宾战死得十分突然，超出了所有人的预料。

天京事变发生后，大家都预判太平天国没几年活头了，曾国藩在白杨坪反省时，就认定太平天国只要 1 年多就可灭，十分担忧自己捞不着功劳，日日盼着出山。

但事物总是呈螺旋状上升或者下降的，很少发生直上直下的情形。

百足之虫还能死而不僵，人之将死还能回光返照，太平天国优秀的储备战力，也能在即死之际，突然爆发一下。

只要洪秀全不瞎掺和，太平军总是能打出惊喜。

安王 洪仁发 后封信王

石达开离开天京后，洪仁发和洪仁达这两个洪秀全的草包哥哥，因为办事能力极差、管理能力极低，引起了整个集团的公愤，洪秀全被迫于 1857 年 10 月免去洪仁发和洪仁达的王爵，给他们俩另设了两个新爵位，分别叫天安、天福，这两人暂时不折腾了，但后期还是屡屡跑出来，将天国搞得乌烟瘴气。

洪仁发和洪仁达分别是洪秀全的大哥和二哥，他们俩只是广东花县普通的半文盲农民，一辈子既没读过书，也没打过仗，金田起义前才跑到广西来投靠弟弟，一直跟着队伍混吃混喝，对太平天国没有任何贡献。

这两人又没什么脑子，平时在天京城里，就表现得蠢蛮蠢蛮的，杨秀清活着时，他们俩畏惧杨秀清，还不敢造次，现在杨秀清一死，在没有任何职务和王爵的情况下，洪秀全强行将他俩拉出来制衡石达开，封个天大的王爵，两人蠢气冲天，就开始胡作非为。

福王 洪仁达 后封勇王

洪秀全将两个哥哥降爵后，其实这哥俩就老实了一阵子，后面继续惹是生非，到太平天国末期时，洪秀全又封这哥俩为信王、勇王，哥俩在天京城都快被围了的时候，还在想办法发国难财，实在是又愚又贪。

从这些细节也可以看出来，洪秀全的智商及管理能力，跟刘邦、朱元璋的水平，差距之大，他这个天王得来实在太侥幸。

接替洪秀全两个哥哥掌管军政大权的，是正掌率蒙得恩、又正掌率陈玉成和副掌率李秀成。

1858 年年初，洪秀全终于想明白了，为了统筹好军务，恢复了早期的五军主将制，封陈玉成为前军主将、李秀成为后军主将、李世贤（李秀成堂弟）为左军主将、韦俊为右军主将、蒙得恩则为中军主将兼正掌率，掌管朝政。

洪秀全自始至终留了个心眼，让自己平日心腹蒙得恩做一把手，陈玉成和李秀成只能做二、三把手。

这跟咸丰让官文盯着胡林翼，本质上没啥区别。

51 岁的蒙得恩，就是负责帮洪秀全挑美女的，他是搞内务出身，也没什么本事，但他至少不恶心同事。

此时天京面临艰难局面，1857 年年底太平军丢了镇江，1858 年年初重建的江南大营逼到了秣陵关，江北大营则来到了江浦、浦口，两路人马，离天京市区都没几里路了，对天京城形成了合围。

九江失守后，安庆也面临危局，可以说东南西北四面全是威胁。

天京城此时已十万火急，如果不出意外，太平天国就要结束在 1858 年了。

是陈玉成和李秀成的努力，让太平天国又多活了 6 年。

洪秀全两憨货兄弟消停后，洪秀全让陈玉成和李秀成放手去干，陈玉成和李秀成趁着这难得的好时机，赶紧打出了好成绩。

1858 年 7 月，为解救安庆和天京，李秀成、陈玉成、李世贤及其他将领，赶到安徽枞阳望龙庵开了个会，会上决定大伙要协同作战、统一指挥，不能因为石达开走了咱们就瞎打一气，现在兵力分为两部分，先由陈玉成和李世贤带一部打下庐州（今安徽合肥），然后吴如孝在庐州东北牵制胜保，陈玉成率主力速进滁州乌衣镇，会同李秀成进攻江北大营。

这次会议的详细内容，清廷知道得清清楚楚。

原来李秀成有一位名叫李昭寿的部下，早就当了叛徒，会后将作战方案全部通报给了清廷。

李昭寿对太平军后期的影响十分重要，得拉出来单独讲一讲他。

36 岁的李昭寿出生于河南固始破落的地主家，打小是个地痞流氓，因为偷鸡摸狗，成年后多次被关进商城、固始、霍邱等地的监狱，还不断遭到狱卒欺辱。

有狱卒曾为了折磨他，故意把他绑在便器上，撒尿的时候溅到他牙齿上，李昭寿哀求狱卒，反倒遭一顿打，狱卒还撬开他嘴巴尿在他嘴里。

要不是有老狱卒看他可怜，给他一口饭吃，他早就死在监狱里了。

打小经历人性黑暗面的李昭寿，渐渐变成了一个没有原则、只认利益的人。

1853 年，北伐军进入河南，中原大乱，李昭寿趁机与薛之元举旗反清，在干了几票后，带着几百人加入捻军首领张乐行阵营，跟捻军头头们混得烂熟。

1854 年 10 月，李昭寿在霍山被围，走投无路，向何桂珍投降，在清军做了一名六品武将。

从此开启了他那反复无常的下作人生。

李昭寿在清营很快就嫌待遇不好，心生怨气，加上私设灵堂、召集捻军旧部祭拜同党马超江，为他惹来天大的非议，巡抚福济听到，更写信给何桂珍，让他秘密除掉李昭寿，以绝后患。

但这封密信很意外落到了李昭寿手里，李昭寿决定先下手为强，于 1855 年 11 月，说要设宴款待何桂珍，然后在英山小南门设伏，将其上下 47 人全部杀死，随后带领人马，提着何桂珍的首级投奔了太平军，被划归到李秀成部下，授为七十二检点。

李昭寿为李秀成部的壮大做出过巨大贡献，李秀成将滁州、天长、全椒三城给李昭寿管理，李昭寿则利用自己捻军出身的关系，于 1857 年将熟人张乐行、龚德树等率领的 7 万人，拉到了李秀成部。

李秀成势力迅速壮大，才有资格排在陈玉成之后。

加入了太平军，李昭寿流氓禀性难改，习惯了横行生事，1858 年年初陈玉成令他攻河南固始，他慢腾腾不肯进军，还在大营里抽鸦片，陈玉成气得要砍他脑袋，李昭寿痛哭流涕求饶，才捡回一条狗命。

1858 年春，就是枞阳会议前几个月，胜保在开封尉氏县抓获了李昭寿全部家属，胜保要求李昭寿投降，李昭寿因对陈玉成忌恨，加上家属被抓，这个毫无原则毫无底线的流氓，马上暗地里投了清，成了一名双面间谍。

因此，枞阳会议的全部内容，清廷知道得相当清楚。

既然我们已经聊到了李昭寿的来历，那就顺便介绍一下捻军吧。

捻军的历史比太平军还要早，他们是长期在安徽、河南、山东西南、苏北一带搞事情的民间武装团体。

参加捻军的主要是当地农民和修鞋的、补伞的、撑船的、磨豆腐的、苦力、补锅匠等杂七杂八的劳苦大众。

之所以出现捻军，是从嘉庆末年开始，清朝的财政情况越来越恶劣，无法维持庞大帝国的正常运行，民间经济体系和治安体系陆续崩溃，部分地区的百姓生存环境极差，遇到一点天灾就活不下去，基层抗风险能力低，乡村甚至陷入彻底的无政府无乡绅治理状态，没人管他们的死活。

为了吃饭和生存，底层农民和手工业者被迫组成自己的武装组织，干着抢劫富户、杀官府收税差吏这种行径的事情。

因为他们人少，只有几十几百人，像麻线捻成的灯芯，一捻一捻的，就叫捻军。

李昭寿起家的那几百号人，就属于这种情况。

捻军其实就是当地凶悍一点的普通百姓，平时是在地里劳作的良民，或者就是个平平无奇的补锅匠，想作案时有人联系一起出动，就成了捻，时民时匪。

准确地说，是实在找不到生存空间的底层民众，被极端经济环境逼成了半民半匪，才能苟且活下来。

从捻军的诞生，也可见从嘉庆末年开始，清朝普通百姓生活多艰难。

捻军本来是零碎存在的，没有统一组织，1855 年捻军越滚越大，需要进行自我管理，便一起在安徽蒙城推举张乐行做话事人，又分成黄白红黑蓝五旗，各旗有一个盟主。

不过，捻军缺少组织性，也没有指导纲领，本质就是群流寇，打完就抢、抢完就跑，从来不想明天怎么搞，系统极为松散，大家也不怎么听老大的调遣，还有个爱内斗的老毛病，盟主们可以为了点鸡毛蒜皮的利益你砍我、我砍你，天天吵个不停。

太平军组织性、战斗力强于捻军，捻军服太平军将领，愿意陪他们打清军，但他们又不想直接被太平军管理，跟石达开一样，也属于“听封不听调”的编外人员。

太平天国灭亡后，远征西北的太平军和张宗禹的捻军合流，以赖文光为统帅，队伍以骑兵为主，打得快跑得快，把清廷折腾得够呛，还弄死了僧格林沁。

一直撑到 1868 年，太平天国灭亡 4 年后，李鸿章在洋人的帮助下才彻底剿灭捻军。

李秀成靠收拢大批捻军抗清，说明天京事变后，太平军精锐一代凋零得差不多了，不得已才收了捻军入营充数，所以后期太平军常常以多敌少打湘军，还常常打不赢。

相比李秀成，陈玉成手下的兵力则要精锐许多，据曾国藩日记记载，陈玉成手下部队分为五大队和五小队。

五大队里，前大队首领是梁成富，左大队首领是卜占魁，右大队首领是唐正才，中大队首领是陈时永，后大队曾国藩写日记时已散，没有记载。

五小队里，前队首领是黄某某（曾国藩不知道他具体名字），左队首领是马融和，右队首领是刘玱林，中队首领是罗正举，后小队同样也散了。

部里的大将都是广西过来的老亲友，其中陈时永是陈玉成的叔父，刘昌本是他发小，卜占魁是同时入营当牌尾的好友，唐正才是早些年太平军水营负责人，马融和是他藤县老乡。

从资料上来看，陈玉成手头这一拨将士，是广西出来剩下的最后一批老兵了。

陈玉成能拥有这么多精锐，是因为这批老兵，是石达开留下来的“靖难之师”，至于为什么这批部队没有跟着石达开离开天京，史料里没找到原因。

陈玉成又从这批人里头，挑出最能打的组成小左队和小右队，各队约4000人，全部由铁血老兵组成，小左队是骑兵，小右队是步兵，战斗力和凝聚力异常坚韧。

这里头又以刘玱林最为勇猛，打起仗来不要命，号称英王旗下第一猛男。

把陈玉成部队介绍清楚，是为了告诉大家，哪怕有叛徒李昭寿的情报，清军为什么还是表现得这么差。

清军知道陈玉成要往哪儿打，但他们是一点办法都没有。

陈玉成带兵一路冲向庐州，连下数城，直到在舒城（今属安徽）外，遇到了李孟群的近万清军，本来还以为有一场恶仗，不料清军畏惧陈玉成手下的广西老兵，直接拔腿就逃，近万人一哄而散，连李孟群自己都逃进了六安城。

8月22日，陈玉成率部冲到庐州西门，按察使马新贻和巢湖水师游击黄国尧正在那开会，听到陈玉成到了，甩开膀子就跑，臬台大印都没带，桌上茶水都还在冒着热气。

这个马新贻，就是后期著名的“刺马案”主角，我在文章《大清灭亡史》有特别介绍这起案子。

不仅马新贻跑了，礼部尚书、蒙古都统瑞麟也跑了，总兵萧开甲率军抵抗，很快被打死在城外，知府武成功则死于乱军当中。

陈玉成只用了半天时间就拿下了庐州。

陈玉成并没有在庐州逗留，他按照约定杀到滁州的乌衣镇，与来自全椒的李秀成会师。

陈玉成部从庐州杀到滁州乌衣镇，李秀成部从全椒县杀到乌衣镇，两军突然会合，再杀向东南方向的浦口江北大营。

吴如孝此时也如约在东北店埠镇，牵制住了胜保的军队。

陈玉成和李秀成合成一部，杀向江北大营。

江北大营统帅德兴阿，将兵力分散在陡冈、安定桥、小店、石碛桥、高旺、施官集等地，共200余里的地方，意图有危情再聚集、敌军分散则添拨应援。

这个方案也不是不可以，只是对军队的组织性、机动性有很高的要求，但清军这种战斗力，压根没有这种基础条件，听起来就是个理论派。

还刚好给了太平军分而击溃的机会。

9月17日开始，陈玉成先锋部队，开始从乌衣镇出发，向东南强攻，一路打得德兴阿喘不过气，丢失大片的阵地。

9月20日，和春派冯子材率3000人、马腾宵率2000人紧急增援。

这位冯子材，就是27年后，在镇南关对法国人取得大捷的那位，这年他已经40岁了，是江南大营里仅次于张国梁的虎将，但还是得领教下21岁陈玉成的毒打，多锻炼多锻炼实战能力。

搁今天21岁的年轻人，一般还在读大三大四，陈玉成却已经率领十几万人的大兵团作战了。

今天的年轻人先不要着急羡慕陈玉成，其实陈玉成也很渴望能在和平时代好好读书的。

是残酷的生存环境，将一个人的潜能压榨到极限，才会出现21岁的霸道总裁陈玉成。

宁做太平犬，不为乱世人，陈玉成也不想这样的。

23日，陈玉成与李秀成合兵，与德兴阿部队大战六七个小时，歼敌三四千人，德兴阿逃奔浦口。

26日，冯子材在小店对阵陈玉成，一日之间，5000人马被杀到只剩两三百人，几乎全军阵亡，冯子材胆战心惊着逃过长江，侥幸捡回一条命。

这不是冯子材第一次败于陈玉成，1856年第一次破江南大营，陈玉成还听命于秦日纲时，就在紫金山外击败过他一次。

但上次还没有输得这么惨烈。

当冯子材坐在小船上逃命时，犹惊魂未定着回过头，望向陈玉成的部队，他实在想不明白，这个年轻人率领的广西老兵，怎么会有着这么恐怖的战斗力，瞬间就杀光了自己5000人马。

自己在清军里头身经百战，还算比较能打，自认水平也还可以，怎么瞬间就被杀得干干净净？

这到底是怎样可怕的一个年轻人啊？

见冯子材战败，清军在浦口共战死1万多人，德兴阿再不敢抵抗，乘小船逃到扬州。

陈玉成趁机带兵强攻江北大营，李秀成从浦口迂回到大营侧后打配合，清军已如惊弓之鸟，江北大营土崩瓦解，主力基本被歼。

江北大营打出这种水平，把咸丰给气坏了，他将德兴阿革职，撤去江北大营建制，江北军务由江南大营和春统一管理。

从这回二破江北大营，也可以看出陈玉成和李秀成的一些区别。

李秀成有点像杨秀清，更擅长抓宏观工作，枞阳会议后，军事重大决策是李秀成做出的，大家都认为他的谋略更为出色，认可他的规划。

但李秀成起家时，不像陈玉成那样靠军威积累个人威望，他需要团结原部属和捻军新人，而捻军又有大量二流子，所以他不仅没有杨秀清做事那么狠毒，还对下属比较宽容，甚至纵容下属犯错。

陈玉成跟李秀成相反，他主要抓具体实施工作，一直冲在战场最前线，他的个人威望是在战场最凶险的地方，拿鲜血和生命杀出来的，将士们都发自内心地钦佩他，他手下的部队也最精锐，这次二破江北大营，最狠的仗是他打出来的，李秀成只能跟着他的部队打辅助。

35 岁的李秀成是一个帅才，实战能力弱一些；21 岁的陈玉成是一个将才，谋略能力弱一些。

从微观层面上来讲，两人结合时，会打得更顺利，两人分开时，就各有各的短板，两人是合作与竞争的双重关系，一定会存在各种矛盾与冲突，但没有一个大佬能抚平他们的矛盾，有不可控的变量存在。

从宏观层面上来讲，太平天国是一个上限不高的军事政权，两人迟早分开，这个政权缺点太多，完蛋就这几年的事，两人再努力，也只能算垂死挣扎。

天京事变是这个政权的转折点，但不思进取的政治生态、自我满足与相互侵害的内部结构，才是一切矛盾爆发的原点。

任何事物都分内部矛盾与外部矛盾。

任何一家公司、任何一个组织，这两大矛盾都是长期存在的。

最后的胜利者，就是懂得抚平内部矛盾、团结一切可以团结的力量。

我们阅读历史，并不要死记硬背一些历史时间和事件，而是要从中吸取经验和智慧，为我所用。

但陈玉成和李秀成策马巡视浓烟滚滚的江北大营之时，他们还不知道历史的方向，他们只是在用自己跌宕起伏的一生，以及无数人的生命，来给我们阅读历史的人，提供充满血泪的残酷经验。

我们要珍惜这来之不易的经验。

当陈玉成和李秀成大破江北大营，趁机在扬州一带乱砍乱杀之时，湘军奉咸丰的命令，擦干净刀锋上江西太平军的残血，开始进入安徽。

进入安徽的清军分三路，一路李续宾部、一路鲍超部、一路八旗多隆阿部。

其中李续宾本人是名将中的名将，其部队是主力中的主力。

咸丰此时急躁的老毛病又犯了，他十分害怕太平军开始新的北伐，十天内给李续宾连下了七道命令，让他想办法夺回庐州。

大家应该看出来了，其实咸丰水平也不高，也爱瞎指挥玩远程微操，比对面的洪秀全只好那么一点，主要他身边精英谋臣多一些，也能忍曾国藩，洪秀全肯定是不能忍的。

但这两个人整体上都不是高手，李续宾和石达开被这俩货折腾得死去活来。

9 月 22 日，清军攻陷太湖，多隆阿与鲍超进逼安庆，李续宾奉咸丰命向庐州进发，他的目标是三河镇，以图先割断安庆和庐州之间的通道。

李续宾手下有将士 8000，其中 6000 人是最精锐的湘军老兵，但他们要狂奔几百里地，连破太平军各城，才能到达三河镇。

时间紧，任务重，李续宾咬着牙也要打下去。

湘军精锐们打得很好，他们 9 月 23 号夺潜山、10 月 13 日陷桐城、10 月 24 日克舒城，离三河镇越来越近。

太平军三河镇守将吴定规，发觉李续宾杀气腾腾地朝自己冲过来，一天 5 次告急文书递到陈玉成处，陈玉成急忙放弃进攻江南大营（和春、张国梁、冯子材三人长舒了一口气），率军赶向三河镇，并给洪秀全紧急汇报，要求李秀成的殿后军一同前往，洪秀全同意了。

1858 年 11 月 3 日初冬，李续宾率部众 6000 人，孤军深入到舒城以东 25 公里的三河镇，陈玉成也即将赶到战场。

两位当世最强的名将，就要开始面对面的决战。

这是一次不公平的战斗，李续宾所处的形势，要恶劣得多得多。

李续宾率部远来，攻下一座城池就要放下部分兵马防守，人员从 8000 多人，陆续减员到 6000 人。

而三河镇位于巢湖边上，处于平原三条河流的交错地带，1856 年陈玉成就令守将蓝成春，在河道最狭窄、圩埂最宽阔的地方建了一座大砖城，蓝成春为人谨慎，又在小南河南北两岸的圩埂上，多建了 9 座砖垒做外围保护，防守工作做得相当出色。

当李续宾带着 6000 人马到达此地时，此时的守将换成了吴定规，他手下共有 1 万多人。

如果是平地对攻，李续宾手下精兵，花两三个小时就能干掉吴定规，但现在他面对的是一次攻城战，还是好几座坚城。

他的队伍已经深入安徽腹地800里，远师疲惫，他不是不知道。

绝大部分的历史资料，都认为李续宾此时太骄傲，说他“志骄意满”，胡林翼写信警告过他不要孤军深入，他不听，陶醉在“进兵三十二日，深四五百里，寇城垒望风溃破”的战绩中。

但我并没有阅读到李续宾自己的任何观点，历史资料都是旁人的点评。

我认为李续宾是知道危险的，但他面临的情况跟吴文镕一样，咸丰逼太急了。

而且他只要再往前一步，再拿一场大胜仗，他很可能就是安徽巡抚了，他应该有搏一搏的想法。

他也向官文求过援，此时胡林翼因母丧回籍，人不在武昌，官文拿着李续宾的求援信给大伙看，说：“李九所向无前，今军威已振，何攻之不克？岂少我哉？”便没有派任何援军。

我不太认为他会骄傲自满，就算有，在战场上经历太多生死的人，通常也不敢拿全军的生死开玩笑。

因为火器的逐渐普及，无论是湘军还是太平军名将，战场生命周期都不太长，个个都死得早，没有人打出过长时间的不败战绩，放在中国历史上竖向比较，其实他们都不算强，在名将里，最厉害也就中下水平吧。

李续宾人生巅峰期，从湖北武昌到江西九江，再到安徽三河镇，这点战绩放在中国历史里头，是拿不出手的，但他此时居然算是湘军第一名将，我不觉得他会认为自己天下无敌。

职场压迫和求胜心理，可能才是让他做出错误判断的关键。

11月7日，湘军分三路进攻外围9座太平军营垒，丁锐义带队攻河南大街及老鼠夹一带营垒；黄胜日带队攻东北迎水庵、水晶庵营垒；李续焘攻西南储家越营垒。李续宾自带金国琛、刘人和部作为预备队接应。

太平军凭借工事，用火铳、火炮回击，“凭墙死拒，炮如雨点”，战事十分惨烈，但湘军表现出色，纵火焚烧九垒，吴定规忙出城带军队出来接应，将九垒太平军残部撤入城内。

湘军最后以1000的伤亡，歼灭太平军7000多人，一天时间拿下外围全部营垒。

吴定规情知打不过，带着剩下的4000人马，靠着坚城龟缩不出，暂时挡住了湘军攻势。

湘军打得很棒，但他们孤军深入，打一个少一个，而太平军的援军却源源不断赶到。

11月8日，陈玉成率军狂奔到三河镇附近，身为一个战场老将，他很快判断李续宾必死无疑，为了不出差错，他先拿下白石山和金牛镇，吴如孝和张乐行负责断李续宾的退路，将李续宾全军包围起来。

11月14日，李秀成也率军赶到，他还是负责打辅助，进驻白石山，挡住李续宾的东面去路。

陈玉成加李秀成的部队共10万人，而李续宾此时的湘军还剩5000人。

安徽初冬的寒风之中，李续宾站在砖垒高处眺望，眼前太平军联营十里，旌旗招展，已将自己围了个水泄不通。

此时已不可能突围出去了，现在该怎么办？

李续宾于11月15日凌晨，下令各营抽出六成兵勇，由猛将金国琛带队冲锋，向陈玉成所在的金牛镇大营冲锋。

5000人对10万人，他居然还下令冲锋？还冲向敌军主将？

李续宾是绝望之中，最后不得已的尝试，企图对陈玉成本部做最后一击，以图打乱太平军。

陈玉成是见惯大场面的人，这种挣扎对他是没有用的。

他只是很冷静地用太平军擅长的诱敌深入战术，一边派少量部队诱敌，一边两翼包抄，将湘军引诱到烟墩岗的荒草平原时，恰巧大雾弥漫，太平军包抄部队齐出，最精锐的广西老兵围住这几千人，李秀成的部队也随后赶到。

湘军拼死抵抗，战斗从早晨打到黄昏，冲荡数十次，但在绝对的实力差距面前毫无意义，几千人陆续战死在平原上。

李续宾得知金国琛大败，率部前去接应，吴定规见他领队出战，急率部去劫湘军大营，李续宾只好又慌忙回来守营。

周边所有的清军都被陈玉成吓破了胆，没有任何队伍前来救援，李续宾已陷入绝境当中。

湘军营垒外，一片“活捉李续宾”“抓住李妖头，抽筋剥皮，报仇雪恨！”的欢喊声。

李续宾望着残营里最后剩下的600名老湘军，知道大家是回不了湖南了，他只是很平静地对大家说：“这回是肯定逃不掉了，我们出湖南后，前后大小数百战，出队时就没想过要生还，今天已必死无疑，不愿跟着我的就先走吧。”

老湘军们齐声答道：“愿随公死！”

李续宾遂带领何忠骏、曾国藩的弟弟曾国华，以及这最后600人，于黄昏之中打开营门，纵马杀向黑压压的太平军。

600人全部被杀，无一生还。（也有资料说李续宾是上吊自杀。）

1864年7月，曾国藩在南京城审问李秀成时，谈及这一段往事，李秀成用较为轻快的供词，有条不紊地记录着李续宾全军覆没的过程。

此时离李续宾战死，已过去6年时间。

曾国藩平静地阅读这段供词，没有说话。

但6年前，胡林翼当得知李续宾死讯，“大恸仆地，呕血不能起”，曾国藩也是“中夜以思，泪下如雨”，就连那个置李续宾于死地的咸丰，也痛哭流涕“惜我良将，不克令终”。

三河镇一战，湘军精锐6000全部阵亡，陈玉成缴获的红顶子蓝顶子官帽，装了满满8个箩筐。

李续宾属下都是老湘军，与其他湘军部队要么是亲友，要么是乡邻，这一仗打得湘军各营人人焚纸燃香、招魂引幡，湘乡县更是家家戴孝，纸钱漫天。

此后，陈玉成和李秀成分别进军，重夺安徽各城，逼退鲍超和多隆阿。

眼看行将死亡的太平天国，以此战役为标志，突然又活过来了。

贰拾伍
进击的鲍超

李续宾的巅峰期其实非常短。

1856 年 12 月夺武昌时，李续宾还不是主将，1857 年 1 月他开始带队攻九江，1858 年 5 月好不容易才打下来，之后孤军深入安徽，11 月死在三河镇。

前前后后，也就风光了 2 年时间，活动范围也仅限湖北、江西、安徽三省，而且这 2 年里头，有一年半他被林启荣拖在九江。

在当时他确实打得很好，但这种战绩放在中国历史长河里，是称不上一流名将的，可能三流名将都有些勉强。

但失去李续宾的咸丰，确实十分苦恼。

这位心焦气躁的丑男皇帝，从他登基那天开始，就被历史放在火上烤，天京事变都过去 2 年了，安庆都没打下来，还折了第一猛将李续宾，现在长毛居然起死回生，不知道要折腾到何年何月。

更让人痛苦的是，咸丰这 2 年其实是两线作战，他是一边打太平军一边打英法联军，打太平军还互有胜负，打英法那是兵败如山倒，日日被军情搞得痛苦不堪。

对的，就在 2 年前，李续宾围攻武昌城的时候，英法联军也打进来了。

在第一次鸦片战争获取巨大利益后，英法两国早就想从清朝再捞几笔，但前些年为了阻止凶狠的沙俄西进，英法跟奥斯曼土耳其联合起来，在克里米亚跟沙俄从 1853 年一直打到 1856 年，费了好大力气，才将沙俄打退。

1856 年 3 月 30 日刚跟沙俄签完条约，英法气都不喘一口，掉过头就跑来欺负清朝。

清朝这块肥肉，英法惦记好长好长时间，早就想下嘴了。

1856年10月23日，也就是罗泽南在武昌城下战死半年后，英国人随便找了个借口（亚罗号事件），攻击虎门炮台，炮轰广州，并于29日进广州抢劫，抢了两个月后，放一把火烧了几千户民宅洋行，退出珠江内河等待援军。

1857年3月，看英国人抢得爽，眼红了的法国人也随便找了个借口（马神甫事件），跟着英国人一起来侵略中国。

前文讲过，太平天国兴起，其实就是英国人的第一次鸦片战争造成的连锁反应，是清廷被迫同意五口通商，毁掉了依赖广州贸易线生存的广西西江、江西赣江的商人和苦力的工作机会，才会有大批流民投靠天地会和太平军的。

现在太平军闹得难以收拾，英法又趁机下场沿海欺负清廷，意图逼迫清廷打开全国市场，满足英法疯狂卖鸦片的需求，顺便允许他们传教、割让更多土地给他们。

这场战争分为两部分，第一部分从1856年打到1858年，主要是英法主动攻击海岸线，所以并不像太平天国那样，是连续不断地在打，其实打得很散乱，打一会儿，停一会儿，重点只打了广州和天津。

清廷没有丝毫抵抗能力，1858年5月英法联军打到天津近郊，离北京城不远了，清廷当场就跪，派桂良过来议和，签订了《天津条约》，允许公使常驻北京、允许传教、允许他们到内地经商，赔英国400万两、赔法国200万两白银等。

第二部分从1859年6月开始打，因为咸丰签完《天津条约》，心里头有些后怕，叫桂良去跟英法改约，可以卖鸦片，但要取消洋人深入内地的权力，更不准到北京换约。

英法哪肯惯着咸丰，扛着大炮又从天津打起来了，一直打到1860年10月进北京，两群土匪一路烧杀抢掠，又签了《北京条约》，找清廷拿了更多东西。

清廷对待中国人民的态度，是“防汉甚于防洋”，英法这种侵略者的态度，则是“敲骨吸髓利益最大化”，我们平时常说中国要革命，先要反帝反封建，反帝就是指推翻英法俄日这种侵略者，反封建就是指推翻清廷这种不要脸的剥削者。

世界历史特别有意思，中国这边第二次鸦片战争 1860 年才刚结束，美国那边就从 1861 年打起了南北内战，许多世界大事其实是连续不断发生的，但很少有人用全球统筹的眼光来阅读这些信息。

当时世界第一强国英国，对干涉美国南北内战十分犹豫，在欧洲他们要提防法国和普鲁士动摇欧陆平衡，又要在中欧、巴尔干、黑海、波斯湾、东亚全面围堵沙俄的发展，英国需要美国南方的原材料，又珍惜美国北方的市场，因此决定不参与美国内战，除了做好全球离岸平衡手，就是专注在印度和中国搞钱。

在写了十几万字太平天国与清廷的矛盾后，我们终于要谈一谈英国势力对太平天国的影响了。

太平军从广西起家时，西洋世界对他们纯粹就是好奇，搞不懂他们在弄什么新玩意，那心态跟去动物园看猴似的。

当天国打进南京后，洪秀全要求这里的基督教徒必须改信拜上帝会，不然就要将其驱逐出南京。他们在南京捣毁教堂、烧掉十字架，却又在南京印刷《圣经》，把西方传教士看得一脸懵，不知道他们到底闹的是哪出。

1853 年 4 月，太平军刚拿下南京不久，英国的“何木斯号”、法国的“加西尼号”、美国的“色斯奎哈那号”齐聚上海，三个船长一起吃了个晚饭，商量要不要在上海驻军，以保护各自利益，也顺便去一趟南京访问，探探虚实。

英国首先派出特使乔治·文翰爵士（Sir George Bonham），乘坐“何木斯号”前往南京，“何木斯号”船长费熙邦（Fishbourne）一路陪同，回国后写下了回忆录，叫《中国印象记》。

“何木斯号”在长江水面上，跟太平军发生过一些小冲突，但经过沟通，还是顺利到达南京口岸，韦昌辉和石达开接待了他们，听说他们也信上帝，就让他们背诵十大天条。

费熙邦不知道什么是十大天条，猜测可能是《圣经》里的十诫，就试着背了一下，第一条没背完，韦昌辉一听对味，就过来拍着他肩膀叫兄弟，石达开也露出了满意的表情。

太平军就此跟洋人官方正式打起了交道。

文翰爵士跟太平军说他们打算中立，你们跟清廷的事我们不插手，但你们得承认《南京条约》里签订的洋人权力。

根据继承文翰爵士工作的麦华陀（Medhurst）回忆，太平天国对英法方面的态度是友好中带有一些傲慢，跟清廷一样将他们视为蛮夷，也没答应给他们特权。

英国这边外交大臣克拉兰敦（Earl of Clarendon）同意了文翰爵士的看法，要求英国严守中立原则，不以任何形式干涉。

这个中立，最重要的一条，指的是只卖鸦片给太平天国，其他所有贸易都不搞，尤其是军火。

英国人对于贩毒这件事，倒真是情有独钟。

但是面对巨额利润，洋人很难不动心，总有一些洋人偷偷卖给太平军西洋军火，后来地下走私越搞越大，太平军卖给他们棉花、生丝、茶叶，他们卖给太平军粮食、军火。

太平军 1851 年在广西金田起家时，拿的是韦昌辉家打造出来的破铜烂铁，都是些过时的冷兵器，后来跟向荣打仗，凭着一腔血勇反杀这些草包官兵，抢过来一些老式火器，比如抬枪、火绳枪、土炮。

定都天京后，跟洋人打交道多了，见识过各种精良西洋武器，就想尽办法，从上海、苏州、南京、宁波一带找到洋人购买军火，各种步枪、子弹、火炮、火药、兵船、零配件买得飞起。

天京事变后，太平军还能扛清廷这么长时间，很大一部分原因是硬件升级了，太平军里有洋人任过职，当中有一个叫马椁的美国人，按他的回忆，太平军后期在苏州 7 万多人的军队，手头有 3 万多支洋枪，李秀成手下 1000 人的卫队都配有来复枪，陈坤书的下属也都有洋枪队和洋炮队。

太平天国起义，其实经历了从冷兵器到冷热兵器夹杂的一个过程，是从古代走到了近代，早期他们只拿着大刀长矛干仗，到中后期，就是一半人拿火枪、一半人拿长矛了。

李续宾战死在三河镇的那月（1858 年 11 月），英国全权代表额尔金（Lord Elgin）率舰进入长江，此时太平天国风雨飘摇，洪秀全希望得到英国人的帮助，12 月 27 日给额尔金的诏书，已经十分客气，说希望外国基督兄弟，一起“同顶爷哥灭臭虫”，并开始认同英国船只在长江的航行特权。

太平天国和英国人最终翻脸，是在 1862 年 1 月，但那是很久以后的事了，输掉三河镇之役的清廷，暂时指望不上英国人。

但他们可以指望鲍超。

李续宾阵亡后，如果以战果论业绩，曾国荃当是湘军第一猛人。

但实际上，曾国荃这个第一猛将，是曾国藩一心一意砸尽资源给捧出来的，曾国荃的实际战力，公认不如鲍超。

曾国藩很注重培养自己的亲戚和门生，以前在李续宾身边安插自己的兄弟曾国华，为的就是帮兄弟博名望，希望曾国华借李续宾的战功升官，而后期重点栽培曾国荃，也是让武力值最高的鲍超给他打下手。

湘军在后期打仗，常常采用围点打援战术，曾国荃负责围城，鲍超负责牵制太平军主力或者打援，打最苦的仗、死最多的人、拿最小的功劳。

我们都只记得曾国荃拿下安庆和天京，而鲍超在安庆死磕陈玉成，在皖南牵制杨辅清、黄文金等大部队，保曾国荃安心攻城，压根没几个人知道，其在历史上的光芒完全被遮盖住了。

鲍超是今天重庆奉节人，家里极穷，没读过一天书，纯文盲。

说起来，太平军和湘军两边著名将领，大多都是苦命娃出身，战争是苦命娃在打苦命娃，真正的权贵们则提着鸟笼，在一旁等待战争结果。

鲍超父亲早死，母亲以做保姆为生，他打小只是一名豆腐坊的杂工，太平天国运动爆发后，向荣在湖北宜昌招兵，重庆离宜昌近，17 岁的鲍超便跑去报名，所以他最早属向荣旗下。

鲍超在桂林时作战负伤，便留在长沙养病，没有随向荣追到南京，曾国藩在长沙时，听说鲍超挺能打，将他吸收到水师杨载福旗下，做了一名哨兵。

鲍超便在湘军营里，从一名小卒起步，靠累积战功升迁。

累积战功这四个字看起来平淡无奇，实际上是鲍超九死一生换来的。

他身经 500 余战，受伤 100 多处，多次在战场上被击中右肋、左臂、右腿、头顶，每次血流满面都带伤指挥，无数次在鬼门关徘徊，是一名连李秀成和陈玉成都不敢轻易硬碰硬的狠人。

湖口之战败于石达开后，鲍超改在胡林翼旗下，由水军改陆军。

因为鲍超在武昌第三次沦陷时，在高庙冒险救援过胡林翼，胡林翼十分赏识他，加以重用，并将他的字由春亭改为春霆。

他所带的队伍，也因此叫霆字营。

1855 年，胡林翼派鲍超在长沙招兵，跟曾国藩从农民中选士兵不一样，胡林翼从流氓地痞、市井无赖中招了 3000 人，再让鲍超充当这支队伍的将领。

鲍超通过向老上司向荣取经，将霆字营建设成湘军第一猛男团。

向荣在战场上的打法叫回环轰打，就是士兵一队挨着一队上前射击，哪怕前面一队被太平军冲散，后面的队形还能保持完整，可以保证射击连续不断。

鲍超将这种保守打法进行激进改革，改名叫进步连环法：士兵 10 人为一棚，作战时 7 人出阵，3 人留守，出阵 7 人由什长带旗指挥，另外 6 名士兵实行流水线作业，第一名士兵射完子弹后前进到什长身边，然后站在原地装弹，这时候第二名士兵走到第一名士兵前面射击，射完再走到已前进的什长身边装弹，依次类推，保证了战场火力，也让士兵在进攻中有进无退。

如果士兵怯战不前，什长就当场将其斩杀，什长杀不过来，哨官就带着砍人小队过来帮忙杀，什长要是不前，连什长一起杀。

为防止军官逃跑，所有阵前军官都必须穿戴官袍花翎，在军阵中十分明显，哪个军官敢带头跑，鲍超亲自派人追杀。

霆字营组建 2 年后，即 1857 年 7 月，鲍超率全营 3000 人，在湖北黄梅县化城山意生寺，对阵陈玉成 3 万人。经过鲍超精心调教，全营悍勇争先，鲍超带队冲锋，身负数伤，左手右臂血流不止，全军拿出不怕死的气势，连下太平军 48 座营垒，陈玉成只身逃走，从此鲍超一战成名。

湘军第一次靠塔齐布神威附体，在野战中战胜太平军，当时全军上下狂喜。太平军之前何等强悍，而现在时过境迁，变成湘军精锐野战对战陈玉成，都可以以一敌十。

所以说太平天国最大的问题，就是不进步。

陈玉成曾说，湘军当中能和他对敌的仅有“一鲍二李”，“一鲍”便是指鲍超，“二李”，指的是李续宾和李孟群。

李续宾和李孟群最后都死在陈玉成手里，只有鲍超才是他一生之敌。

鲍超所率队伍，在战场上军纪极严明，但是因为士兵都是流氓组成，大部分以前参加过哥老会、天地会，都是亡命之徒，一身流痞习性，不上战场时是一群土匪恶棍，烧杀抢掠、奸淫妇女、杀人如麻。

太平军和湘军交战的区域，打到后面都不管百姓死活，两边做事都没了底线，湘军表现得甚至更残忍一些，其中又以霆字营名声最臭。

有部分洋商愿意冒险卖军火给太平军，也是因为厌恶清军过于残忍，觉得他们没有人性。

面对历史，我们要尽可能地还原当时的实际情况，霆字营打仗厉害我们要承认，他们荼毒百姓，我们也要牢牢记上一笔。

三河镇大捷之后，陈玉成意气风发，却不想很快栽在鲍超手里。

话说当时，陈玉成携大胜余威攻占了舒城，之后与李秀成合兵，占领桐城，荆州将军都兴阿这时正带着多隆阿和鲍超在围安庆，一看大军朝安庆打过来，就是冲自己来的，吓得赶忙后撤，向西边湖北方向逃窜。

陈玉成如果奋力追击，当是可以搞定都兴阿的，但这时营内出了点乱子，根据李秀成的自述，陈玉成收编了李续宾投降的将士到自己部下，但这批湘军在路上发生兵变，杀死了陈玉成部队几十人，陈玉成忙于镇压内乱，将剩余的投降湘军全部杀光。

这件小事让陈玉成在桐城停留了 3 天，错过了追杀都兴阿的好机会，使都兴阿一口气逃到安徽与湖北边境的宿松县，有时间建好营垒，鲍超则退到宿松城北 30 里的二郎河防御。

11 月 30 日，陈玉成大军到达宿松，在荆桥、陈家大屋筑垒数十座，离清营仅数里处对峙。

陈玉成都打到自己鼻子底下了，清军只能主动出击，第二天多隆阿率步骑三路出战，太平军这边人多，陈玉成正面以数万人对敌，另派李四福绕到王家畈从北面抄清营。

多隆阿与鲍超在湘军里合称“多龙鲍虎”，他是齐齐哈尔达斡尔人，属满洲正白旗，打小擅长骑射，16 岁入伍，先后跟着胜保和僧格林沁全歼北伐军，以战功升任协领。

1856 年，清廷命多隆阿协助曾国藩作战，让他在名义上加入了湘军团队，实际上他也起到一个监视湘军的作用，在重大问题上可以直接向咸丰打报告，是清廷放在湘军内部的一个明桩。

多隆阿所率黑龙江骑兵 4000 人，是满人旗下仅存的精锐之一，出阵后跟太平军几万人打成平手，谁也奈何不了对方。

仅仅 4 年时间，湘军在战争中已经迅速成熟，成为精锐之师，而太平军的真实战斗力则在直线下滑。

多隆阿和陈玉成的部队正打成一片，都兴阿预感太平军会从北面劫营，命人去王家畈设伏，赶巧真遇到李四福来劫营的队伍。李四福一时大意，行军途中没有提前警戒，教清军马队突然打了个措手不及，全军四散溃逃。

陈玉成主力见到李四福部队逃散，军心大乱，纷纷后撤逃命，到桃花铺才稳住阵形，清军乘势夺了陈玉成 30 多座营垒。

这一仗陈玉成吃了点小亏，但主力没有受损，陈玉成不服气，去太湖李秀成的营地商量，请他一起联手会战二郎河，拔掉鲍超的精锐。

李秀成打仗求稳，他觉得太平军连番恶战，将士们吃不消，主张固守防线，不想联合出击。

陈玉成是主将，但太平军此时各军不是铁板一块，在他半强硬半恳求之下，李秀成才勉强从太湖发兵二郎河。

清军十分重视这一次会战，战前做足了充分准备，而陈玉成以 20 万（应该有夸张成分）兵力出战，人数上远胜清军 1 万多人（不是很精确），21 岁的陈玉成有些飘了，李秀成后来回忆时说他“骄气过甚”，对他颇有些意见。

说起冲击力，年轻人肯定有优势，但说起稳定性，还是中年人要可靠一些。

都兴阿判断陈玉成人数太多，要等对方扎好营垒自己必定吃亏，只能先发制人，让鲍超抢先进攻。

陈玉成令孙魁新部迎战鲍超，双方对攻一个时辰，孙魁新被击退；陈玉成再令张宗禹率捻军对攻鲍超，张宗禹又只坚持了一个时辰，再败。

陈玉成怒发冲冠，亲自带嫡系部队出阵，跟鲍超军对攻 3 个时辰，依旧没有分出胜负。

鲍超军总共才 3300 人，连续挡住了陈玉成 5 个时辰三波进攻，这么大的劣势，还能跟陈玉成部打成平手，极大地鼓舞了清军士气，使清军面对陈玉成时，重新拾起了自信。

多隆阿所率骑兵趁双方鏖战，悄悄迂回到陈玉成营垒后方，纵马进去放火烧营，陈玉成部瞬间陷入混乱。

鲍超观察战场时，发现陈玉成坐在高处指挥作战，命集中 200 支火枪瞄准陈玉成，一顿乱枪扫过，陈玉成没有被打中，但营帐被击中起火，英王大营烧成火海，太平军只能放弃阵地后撤，鲍超与多隆阿率军追杀，又砍死几千人才回营。

都兴阿援军不够，没有实力发起反攻，追了一阵便回营庆功。

二郎河之战，极大地打击了太平军刚刚起来的气势，使陈玉成无法继续西进。

太平军刚解决了一个硬茬李续宾，鲍超与多隆阿又威望渐起，陈玉成也被打出了心理阴影，后面他面对鲍超与多隆阿时，一直是败多胜少。

但不知道为什么，现在很多资料都突出了三河镇之战，低估了二郎河之战的重要性，甚至有些史料提都不提。

而且这一战，还埋下了陈玉成和李秀成互不信任的祸根。

陈玉成战败时，李秀成的 6 座营垒没有受损，趁夜脱围到太湖。

陈玉成责怪他出工不出力，李秀成反而批评他“其军乘胜，不知自忌”，双方关系有了裂痕，以后也处不太好了。

从李秀成后来的自述来看，他对陈玉成的不满，就是从这时开始的。

经此一败，陈玉成屯兵太湖，自己回安庆，李秀成则驻扎在巢县黄山，两部均打算休养过年。

不过，这个年也是过得相当不消停，因为二五仔李昭寿，终于正式投降了清廷。

李昭寿在 1858 年 5 月，奉李秀成命守滁州时，因家属被抓，就跟胜保互通消息，打算择时降清。8 月，胜保悄悄赏赐他三品花翎顶戴、玛瑙烟壶，让他藏在太平军里头做间谍。

二郎河之战后不久，李昭寿因为流氓习气，跟陈玉成矛盾再次激化，知道这卧底是混不下去了，便于 1859 年年初，向清廷献上滁州、来安、天长三城，正式投靠胜保，还顺带着劝说浦口守将薛之元一起降了清。

这是第一个重要的太平军将领降清，咸丰知道他反复无常，但毕竟献上的礼物太厚重——4 万将士、4 座城池，不给他点好处立个榜样，后面太平军就没人降清了。

便将李昭寿封为参将，为了防止他又跳反，将他手下兵马由 4 万多人裁到 1.8 万人，改叫“豫胜营”（寓意常胜的河南人），朝廷没钱，发不出真金白银，就每月给他们发盐，让他们自己拿去卖掉充军饷。

跟着李昭寿投降的薛之元，后面因为待遇差又反——果然叛徒的朋友都是叛徒——被清廷击败后，薛之元跑去李昭寿家避难，李昭寿这种小人哪跟他客气，将他全家打包送给朝廷作礼物，薛之元全家都被凌迟了。

后来，不长记性的一群同事，曾经同为捻军首领的战友李蕴泰、任汶、张昆也陆续来投奔他，都先后被他送去凌迟。

李昭寿这辈子，最擅长的就是为了个人利益反复横跳，出卖组织出卖同事，这种人注定不得好死。

不过，李昭寿这种人渣，能力就这么大，降清破坏力也有限，可怕的是，就在同年，韦俊也降了。

韦俊身为五军主将里的右军主将，还相当能打，天京事变后也没有怨恨洪秀全杀了韦昌辉，继续默默地为天国出力，这样的俊才因为内斗而降清，在天国找不到一点生存空间，标志着太平天国军阀化加剧，太平天国走向灭亡，已经不可阻挡。

贰拾陆
穷途末路石达开

大家应该发现了，最近这两年多来，太平军经历了痛失九江城、召开枞阳会议、二破江北大营、围剿李续宾、败退二郎河、李昭寿反叛这一长串变故，却好像少了一位重要人物的参与。

是的，石达开好像消失了一样。

从天京事变后，太平军这边的情况就比较混乱，不是杨秀清掌权时那种上下同心、全军抗敌的情形，成了洪秀全控制一部分、另一部分各自为战的状态，战场打得一团糟。

各自为战的代表人物，就是石达开。

石达开带军出天京后，就像是失了魂一样，毫无章法一通乱走，成为太平军难以统筹的一股力量，只顾自己过日子，对战友基本不闻不问。

洪秀全对石达开保持默许，后面几年，在太平天国官方的文件和命令上，照常写下石达开的名字和职衔。石达开也不放弃太平天国的名号、信仰，按太平历法作息，别人问起他跟洪秀全的关系，他就说没分手，还处着呢，带兵马出来，是奉天王命令为太平天国开疆扩土来的。

其实太平天国人人都知道他听调不听宣，他现在算不上是战友，只能勉强算是同事，太平天国军阀化严重后，他更像是精装的盟友捻军。

石达开离开天京的时候，流传带了十几二十万人，具体数据不明，但这个数字肯定是夸大的，根据何桂清、福济、德兴阿给咸丰在当月上的奏折，反映石达开离开天京由铜井镇渡江，全军一天就渡完，人数不多，而且他们也派人去前线进行过观察，估算石达开实际只带走了数千人。

之后石达开靠个人威望，一路召集各太平军过来投靠，10 月到达安庆时，手头有了五六万人。

这时候，石达开人气还挺旺，大家也对天王胡乱作为十分不满，因此汇集过来的人还挺多。

1857 年 10 月初，石达开离开安庆时，手下共约五六万人。

他没有带走原本属于自己、部署在江西、安庆、句容的军队，对跟随自己多年的老下属，比如安庆张朝爵、陈得才，无为朱凤魁，彭泽赖冠英等人，他没有要求他们加入，让他们安心负责天京防务，只带了张遂谋、赖裕新、傅忠信、余忠扶等亲信。

但是九江林启荣遇到危难，他也不救。

石达开的态度很明显，就是我出去开分公司，营销部门的人都留着，经理级别我都不动，我就带了几个小主管自己去打市场，总公司给我一个招牌就行，我不挖总公司的人，也不跟总公司翻脸，但总公司的死活，我也不管了。

不管从哪方面来说，石达开的大方向都是错误的，他选择的道路，一开始就是一条死胡同。

因为他带领一支这么大的队伍，没有奋斗愿景、没有团队文化、没有神权灵魂人物、没有根据地，所有的软件体系还都是从洪秀全那借来的，他欠缺资源号召力，人气一过，又遭到清廷四面围击，人心涣散，公司同事容易作鸟兽散。

石达开这时候只有两条生路，要么自立，要么降清。

自立的难度很大，一旦自立，最后必须接连战胜清军和太平天国，一统中国，才能结束任务，石达开并没有这么强的政治、军事能力，可以在乱世中达到这么高的目标。

从生存角度来说，降清倒是个好办法，按咸丰对李昭寿和韦俊的态度，他出太平天国不久就降清，会得到咸丰的特别优待，后面这辈子也稳了。

但石达开 16 岁开始，就达到了许多人终生难以到达的人生高度，获得了极尊贵体面的政治尊重，而且他还是天国第一批核心人物，心气太高，实在拉不下脸跪在清朝官员面前投降。

在战友疏离、清廷围歼、自立不决的背景下，迎接石达开命运的，只有边打边逃这一个大方向，最后只会耗尽资源死在半路。

从1857年出走天京，到1863年5月兵败大渡河，石达开有6年时间调整大战略，但他一直奔波在逃亡路上，并没有做出改变。

我相信这6年来，他也思考过自立或者降清，但他所处的环境，他所接受过的道德体系，是不允许他这么做的。

在天京城时，张遂谋就曾建议石达开，说他有震主之威德，但却站在人臣的位置上，不如“废天王于深宫，诛诸洪于列朝，然后请旨上帝……南面称制”，意思是咱架空洪秀全单干算了，此时石达开占有优势都没动手，出来就更不可能造次了。

他受缚于自己的仁义之心，有菩萨心肠，但没霹雳手段，也就只有一条道走到黑了。

石达开如果坐镇安庆，割据一方，静观其变，倒也是一条还不错的出路。

但对洪秀全来说，石达开久留安庆，毕竟对天京形成事实上的威胁，就成了洪秀全卡在喉咙里的一根鱼刺，石达开没有杨秀清的野心，心头仁义之情再起，决定另外找地方生存。

1857年10月离开安庆后，石达开向南，先后到达抚州、临江、吉安，中间经过贵溪，暂时找不到出路的杨辅清，加入了他的团队。

在吉安时，石达开的岳父、天京事变的历经者之一黄玉昆战死。次月，石达开的部下在吉水三次连败给张运兰，只能退回抚州。

张运兰原是湘军名将王鑫部下，王鑫死后张运兰领其一军，战斗力不错，但放在湘军里头只属于中等水平，石达开部被其连败三次，说明石达开从离开天京后，所率部队没什么精锐，战斗力已经大打折扣。

这时候的石达开，已经不是大家所熟悉的那个战神了。

就在石达开被张运兰击败的这个月，找不到出路的韦俊驻扎到了安徽池州，将这里作为自己的根据地，太平天国的军阀化开始越来越明显。

在江西打不过湘军，张遂谋建议石达开东进浙江，去拿下富庶的江南地带，石达开便带队于1858年3月底向东出发，中间他第二次收到李元度的劝降信，但他并没有回复。

石达开部的战斗力实在太差，到浙江后围攻衢州3个月不克，只好向南进入福建南平浦城。

《太平天国战争全史》详细记录了石达开在衢州这 3 个月的战斗，过程太细碎我就不重复了，总之石达开跟数量相当的绿营兵对阵时，双方会“血战竟日，伤亡惨重”，竟打了个不分胜负。后面清军援兵渐至，石达开被迫转移。

这次跟石达开对阵的，是向荣部下旧将周天受、江长贵等人，要知道以前石达开是追着向荣打的，现在居然连向荣的部下都打了个平手。

打不过湘军还能理解，打不过绿营，就真的难以理解了。

可见石达开军队的武力值，从离开天京后便一路狂跌，跌到了普通清军绿营的水平。

到福建后，石达开的族弟石镇吉，因战略方向不同跟杨辅清天天恶吵，杨辅清在队伍里待不下去了，洪秀全又以中军主将的职位诱请杨辅清回天京，以架空石达开实力，并安抚东王余党。

分公司本来就没什么发展前途，现在闹内部矛盾混不下去，总公司又请自己回去做营销副总，杨辅清把脚一跺，撇下石达开，带兵回天京任命去了。

杨辅清原是广西桂平平隘山杨姓族人，先前跟杨秀清不熟，是自己堂兄杨元清入了伙，他才跟着加入了金田起义。

其实天京事变前，他跟杨秀清关系已不太好，杨秀清因为杨元清的妻子在东王府打杂时抱怨夫妻不能相见，就把她杀了，为此还要怪罪她亲戚杨辅清，杨辅清平时连天京城都不敢进。

忢忠军师 辅王 杨辅清

杨辅清较有才干，其地位比韦俊、石祥祯、石镇吉还高一些，《湘军记》里说他的作战水平，只在陈玉成、李秀成、李世贤、黄文金之下。

杨辅清带兵回天京，给石达开造成了极大的损失，使石达开部更加虚弱，在浙江、福建开基地的战略破产，石达开被迫于 1858 年 10 月，又从刚占领的福建汀州转入江西南部。

由于后面石达开的存在，对于太平天国已并不太重要，我也就简略地讲一下他后几年的处境。

石达开没有太平天国神权的号召力，加上兵力虚弱无法建立根据地，军士跟着他平时吃不好穿不好，一天到晚颠沛流离，成了靠打劫为生的流寇，大家都感觉跟着他混没什么奔头，以杨辅清回京为分界线，人才不断流失。

1859 年 12 月，傅忠信、谭体元、李寿辉、吉八率部出走，后经湖南、江西回归太平天国。

在湖南时，何铭标跟赖裕新冲突，何铭标找了个借口离队，赖裕新坚持欺负何铭标，带队一直追击到广西才回。

1860 年 3 月，余忠扶部下余明富、余诚义出走，余忠扶极力阻止时被杀。

1860 年 3 月攻广西百色时，陶金汤在攻修仁（今广西荔浦）被叛徒杀害，石镇吉部中了清军反间计，内部厮杀，石镇吉死于军中内乱。

1860 年春夏间，武卫军宰辅蔡次贤也想率部出走，事情败露被杀。

1860 年 6 月，石达开手下因在广西庆远屠戮少数民族，又拆百姓房子烧火做饭，被当地团练打到平阳、里兰一带（注意他们这时候连团练都打不过），全军此时没粮食吃，抢老百姓的也抢不到，大将彭大顺和朱衣点便率万人离开了石达开。

石达开离开天京后，自杨辅清离队，原本就赖裕新、石镇吉、陶金汤三人最能打，现在中层干部死了一半，走了绝大部分，石达开已经是奄奄一息。

石达开退到宾阳时，手里头只有 1 万多人了。

我知道大家心里头都不由得起了疑问，为什么石达开以前那么能打，现在却变得这么虚弱了？

以前能打，有一个很重要的原因，是杨秀清向他倾斜了大量的优质军事资源，并在战场上给予他更多的资源调配，比如最精锐的广西老兵，小左队小右队这些最凶猛的战士，一直在石达开麾下，石达开为人厚道，离开天京前不好意思动公司优质资产，将他们留下来，最后陈玉成接管了。

现在不能打，是因为精锐尽散，拿着公司一些边角料去创业，这些边角料最多是绿营水平，后面干脆连团练都打不过了，石达开依托这种水平的将士，奇谋战略也没办法发挥。

1861 年年初，石达开率这些仅剩的残兵进入贵州，被清军追着打，只能转入广西三江地区，又被团练打得疲惫不堪，手下将领余成义、张顺叛变。

所以石达开最后跑到四川时，手里头也就大几千人。

看起来石达开部队这一路是倒了血霉，各种内讧、离间、叛逃全碰上了，本质上，是石达开无法搜集资源供应部队，无法拿下根据地给大伙提升待遇，没有足够多的利益拿来分配，才导致团队分崩离析。

就好像你公司亏损严重，同事们都知道公司要倒闭了不能久留，但大家辞职的理由，只会是：要照顾家人、自己身体不适、要去考研、要回老家结婚，等等。

理由花样百出，实质都是没钱。

待遇高的团队，员工是赶都赶不走的，个个抱紧公司大腿绝不轻易撒手，咬紧牙关也会干到公司倒闭。

石达开无法给大伙提供好待遇，大伙尽心尽力跟了几年，也只能作鸟兽散。

石达开还是有一定水平的，要不也不会有 10 万人左右跟着他游荡了好几年。

但石达开的水平是被高估了的，他离开天京城后还生存了 6 年，整整 6 年时间，没有太平天国这个大体系，他尽显衰颓气象，根本没把团队救活，让大家吃尽苦头，经营得一年不如一年。

当年太平军第一次攻下武昌后，领导层开会决定下一步怎么走，有的说要去河南，有的说要去南京，只有石达开想去四川。

在经历 6 年 15 个省的流寇生涯后，他还是决定转去四川，想攻下成都作为根据地。

他已经沦落连我老家宝庆这种小城市都打不下来，被曾国藩评为“在宝之贼，不甚善战，不逮陈狗（陈玉成）”，居然还十分执着去攻成都这种大省会。

1863 年 5 月 12 日，石达开带着剩下的人马，从云南昭通米粮坝横渡金沙江，进入四川地区。

此时他并不知道，两个月前，他手下第一猛将赖裕新在途经白沙沟时被土司部队以滚木击中头部，当场阵亡，现在他部下一个能打的都没有了。

这一路清军戒备森严，他只能快速向西沿小路行军，想赶在清军到来前渡过大渡河。

这年四川总督是骆秉章，四川布政使是曾国藩的好友刘蓉。

骆秉章早收到线报，与刘蓉谋划，安排在关键处驻防。

5 月 14 日，石达开率部穿过铁宰宰的高山峭壁，进入大渡河南岸的紫打地（安顺场）。

紫打地属当地土司千户王应元管理，山川险隘，进出十分困难，是一处孤岛似的绝境。

石达开一到紫打地，就发现中了清军的埋伏。

清军同知周岐源部守东路、四川提督胡中和守西北、川东镇总兵唐友耕守大渡河北岸、雅州知府蔡步钟守大渡河上游、南字营游击王松林守南路。

四面八方，团团围困住了石达开。

而且此时大渡河河水大涨，大雨导致山洪混杂着融化的雪水倾泻而下，水位暴涨 3 米，竹筏无法过河。

有一部分传言说，石达开为了庆祝老婆刘氏生了个儿子，在大渡河边庆祝了 3 天才耽误渡河，这个传言不合逻辑，石达开这种百战大将不可能蠢到这种地步，而且我对比各处资料，也断定这个传言不准确。

但石达开插翅难飞倒是真的。

石达开不想认命，展开了最后的垂死挣扎。

5 月 21 日，他试图让上千人乘木筏强渡，结果要么木筏在河里翻了船、要么被清军以土制火器轰击，上千人无一生还，全部死在河里。

5 月 29 日，石达开所在马鞍山营盘、粮库被清军偷袭，全军粮绝，开始吃野菜、草根，并宰杀战马度日。

石达开气得将带路的 200 名向导全部杀死。

6 月 9 日，石达开凑集渡船 20 艘，每艘七八十人，做最后一次强渡，又被清军火炮击中，全部阵亡。

走投无路之际，石达开请求当地土司王应元让路，许以良马 2 匹、白金千两作报酬，但王应元知道他大势已去，根本没回应他。

石达开只能召集最后饿得半死的将士，由东路拼死突围，又被埋伏的清军以礌石滚木杀伤无数，逃到老鸦漩时，见到此地水势更加险恶，无论如何是出不去了。

32 岁的石达开陷入了绝望当中，自知死期将近，他先让自己的 5 个妻子，抱着 2 个年幼的儿子，携手投河自尽，曹卧虎等中层干部也跟着他妻儿跳入河水里。

石达开自己要跳时，突然又动摇了，他不愿意手下最后的将士全被屠杀，决定向清军投降，以保全这些人的性命。

他给唐友耕写了一封长长的信，诚恳表达了自己的乞降之心，但不知道为什么，寄出去几天都没回音，石达开又听说投降便可赦免死罪之类的信息，便主动于 6 月 13 日，带着唯一活着的 5 岁幼子石定忠及 5 名部将，徒步来到了清军杨应刚大营。

杨应刚听完石达开的表述，将其几千名老幼病残放行，不过 2000 名太平军精壮老兵，则被关押起来，安置在大树堡关帝庙。

6 月 16 日，杨应刚亲自押解石达开渡过大渡河，来到唐友耕大营。唐友耕将他们押送至成都。

而那关押在庙里的 2000 名太平军精兵，按刘蓉的意思，被唐友耕率兵包围，全部屠杀干净。

6 月 25 日，石达开到达成都，骆秉章亲自审问，石达开对骆秉章“只揖不拜”、盘膝而坐，审问后，写下了一份供述状。

骆秉章审问之时，说清廷有 3 名封疆大吏死在你手里，今天就这么把你给杀了，可真便宜你了。

石达开针锋相对说，成则为王败者为寇，今生你杀我，说不定来生就是我杀你了。

刘蓉参与了这次审问，他在回忆里夸赞石达开“坚强之气，溢于颜面，而辞令不亢不卑，不作摇尾乞怜之语”。

1863 年 8 月 6 日，石达开被押至成都莲花街督标箭道，当众被凌迟 300 多刀而死。

周询曾在《蜀海丛谈》记录了行刑过程，说石达开及部下两人，神气湛然，无一毫畏缩态，至死均默默无声。

至此，太平天国最早的首义六王，已经死得只剩洪秀全一人。

而洪秀全，也不过比石达开再多活了 1 年而已。

贰拾诺

洪秀全昏招迭出

石达开自离开南京后，就活成了太平天国的一条支线，所以他的结局可以提前讲完。

现在，我们要回到天国的主线来，将注意力放回到陈玉成、李秀成、韦俊等人的身上。

二郎河之战结束后，李昭寿降清，使李秀成失去了原驻地，只能留在巢县黄山过年。

李昭寿给李秀成带来的捻军资源，使李秀成受益极深，为了拉拢李昭寿，李秀成和他结为兄弟，并相互联姻为儿女亲家，在下属都反对的情况下，还坚持任命李昭寿镇守滁州。

李昭寿这个烂人，在滁州掠夺民财、殴打地方官，李秀成也一味包庇，不追究他的责任。

我们不能简单地指责李秀成包庇李昭寿，这样看问题看得太浅，我们要进一步思考，李秀成为什么要包庇李昭寿？

因为李秀成太需要李昭寿的资源了，那是他在太平天国和陈玉成竞争的重要资本。

二郎河之战前，陈玉成有安庆、庐州为核心的皖北地盘，兵强马壮。而李秀成手头只有三个县，如果李秀成攻下了潜山和太湖，陈玉成也会派人去接收，变成陈玉成的地盘，因此在二郎河之战时，李秀成打得相当保守。

我资金少、抗风险能力低，输了永不翻身，赢了地盘还是你的，我能有积极性才怪。

创业初期难免带点原罪，李昭寿就是李秀成的原罪。

李秀成前期一直在保存实力，亲近李昭寿只是他保存实力的不得已之举，等到二破江南大营，有了苏福省这个地盘，李秀成手里头宽裕了，明显就打得放荡多了，既不保守，也不包庇。

可见经济链这个法则，陈玉成逃不掉，李秀成也逃不掉。

太平天国有两个十分不科学的政治制度，严重影响着这个政权的成长，一个是封王制，一个是封地制。

太平军实行军师负责制，军事上政教分离，首义六王尊贵又有实权，在早期为完成打江山目标有强大的激励制度。

创业早期是洪秀全、冯云山、杨秀清、萧朝贵四人互相抗衡，杨秀清表现强势后，洪秀全和冯云山将韦昌辉、石达开拉进核心圈分权，形成六人内阁小组。

杨秀清主政时，对王位和官爵管理得井井有条，南王西王阵亡后也不补人，提拔官爵是一件很严肃的事情，哪怕北伐军深入敌境，想升官也要经杨秀清批准才能实行，因此官爵十分珍贵，小兵们为了升官，甘愿在前线死战。

定都天京后，杨秀清独揽军权和政权，在神权上也有天父下凡脱口秀压制天王，形成一家独大的局面，六人内阁小组失去平衡，其他诸王不服，反杨秀清时用力过猛，遂发生天京事变惨剧。

随着杨秀清被一同埋葬的，还有严谨的官爵制度，洪秀全从天京事变后不敢封王，但他滥封侯爵与王爵之间的“义”“安”“福”“燕”“豫”五爵，中高层爵位泛滥。

1859 年 4 月，洪仁玕来到天京，洪秀全半个月后就封他为军师兼干王，打破了自己不封王的诺言，陈玉成、李秀成、李世贤一干人气得个半死，他们为天国出生入死这么多年，都不能封王，洪仁玕只因为是洪秀全亲戚，半个月就爬到他们上头来，太不把兄弟们的尊严当回事了，军阀们纷纷想直接脱离洪氏王朝。

洪秀全为了抚平大家的情绪，只能大肆封王。

亲信一派，洪仁发封信王、洪仁达封勇王、林绍璋封章王、蒙得恩封赞王。

实权一派，陈玉成封英王、李秀成封忠王、李世贤封侍王、杨辅清封辅王。

按天国的规矩，封王者可以参加最高政议，所以陈玉成和李秀成那段时间积极性特别高，打出了各种胜仗，一度中兴了天国。

陈玉成和李秀成打出成绩后，洪秀全这个蠢货又坐立不安，他手底下特别信赖的洪仁发、洪仁达、林绍璋、蒙得恩都是些既无算计，又无才情的草包，只会贪钱搞女人，没点政治军事能力，唯一懂点政治的是洪仁玕，所以他只能重用洪仁玕。

我估计大家都快忘记洪仁玕这个人了。

在开篇时提到过，洪仁玕是洪秀全堂弟，也是洪秀全最早的信徒，曾因为移走孔子牌位，被家里人吊起来毒打过。

洪秀全在金田起义后，洪仁玕一直想跟着堂哥混，但几次去广西都没成功，洪冯两家还在广东被清兵围捕，他自己就曾被农夫拿住要抓去领赏，得亏挣脱绳索逃命，1852 年跑去香港避难。

下面的剧情就有意思了。

我在《万里江山图·广东篇》特别介绍过广东梅州和基督新教分支巴色会的关系，巴色会当时主要向客家人传教，深深影响了客家人，而洪仁玕到香港后，就是投靠了巴色会韩山文（Hamburg Theodore）牧师，受洗入教，成了一名真正的基督徒。

钦命文衡正总裁 精忠军师 干王 洪仁玕

在香港这段时间，洪仁玕学习到了大量的西方知识，从一个儒家私塾先生变成了现代知识分子，进步非常大。

香港的传教士知道他是洪秀全的堂弟，都劝他去天京找大哥，因为找到洪秀全，说不定在中国的传教事业就成功了。

所以 7 年后洪仁玕一路化装成民夫、商人，经过江西交战区，千里迢迢来到天京，才华这么一露、英文这么一飙、正版《圣经》这么一递，洪秀全又惊又喜，自家人可算来个有本事的，才急不可待地封他为干王，让他牵制陈玉成和李秀成。

顺嘴说一句，洪仁玕来了后，确实搞了《资政新篇》，提到过办学校、铁路、工厂、银行，但没一件事真办成，而且以前洪秀全的老师罗孝全，来给洪仁玕做过翻译兼秘书，过来时吓一跳，因为洪仁玕也过上了吃饭必须听伴乐的腐朽生活，跟他想象中的传教士相差很远。

不过，洪家就洪仁玕一个能处理朝政，整体水平差实权派太远，为了从内部分裂实权派，洪秀全想了一个馊主意，给陈玉成及其他实权派的下属疯狂封王，后来陈玉成被清廷处死，洪秀全为了防止李秀成独大，又给李秀成下属疯狂封王，所以太平天国后期，什么保王、养王、护王一类奇怪的名字全冒出来了。

反观清廷那边，曾国藩打出这么猛的战绩，最后也只封了个一等侯爵，控制了王爵泛滥。

最后太平天国一共搞出 2700 多个王，王位也跟爵位一样泛滥，王太多实在搞得头大，又重新下令，说王也有等级，一等王为干王洪仁玕，二等王为英王陈玉成、忠王李秀成，三等王为各战将，最低级的王，都不用“王”这个字表述，改用“坣”（táng）字替代，以区别有名号的王爵和列王。

咸丰虽然也盯防湘军，但咸丰办事总有个下限，而洪秀全盯防石达开、陈玉成、李秀成，表现得极端气量狭窄而愚蠢，在这种无能的董事长下面打工，非得气到人格分裂不可。

天京事变后，除了搞得王位泛滥，洪秀全还有个奇葩的封地制，严重制约了全军调度。

这个封地制，就是封你为某地的王，你就是这个地方的土皇帝，跟其他王没有明确隶属关系，各王有各自的小领地，他的利益跟这块土地牢牢绑定，陈玉成的领地在安庆一带，李秀成的领地在江浙一带，大家各自为战，如果对方有难，最多意思意思救一下，不愿意全力去救。

陈玉成守安庆，李秀成不救，李秀成守苏州，黄子隆、陈坤书不救，都是封地制带来的恶果。

天京事变前，太平天国并没有封地制，杨秀清可以集中力量打硬仗，才打得游刃有余。天京事变后，洪秀全为了防止出现第二个杨秀清，才正式推行封地制，从而导致军事统一指挥系统瘫痪，再也不能集中力量打仗。

太平军从此分裂成了一个个大小军阀，谁也不帮谁，湘军才得以逐个击破。

洪秀全的历史、神学、政治学水平，低到令人发指，要知道这个封地制，它起源于西周，是那么古老落后的东西，也被洪秀全捡来用，最后造成了太平军的军阀化。

洪秀全在天京城那么多年，只顾贪图享乐、沉迷酒色，成天脑子就只想着保住自己的荣华富贵，就不知道多看点书，多实地调研一下么？真是个没什么出息的货色。

杨秀清虽然有市井流氓的一面，但杨秀清这操盘能力，真是强洪秀全一万倍啊。

看到洪秀全亲自执政后搞出来的一个个蠢东西，我都恨不得穿过历史狠狠扇他两耳光。

所以我反反复复说，太平天国的政治水平，真的很烂，烂到我都看不下去了，给他们写了20多万字的传记，我都没兴趣替他们辩护几句。

李昭寿降清后，韦俊也在当年10月降了清，就是封地制的恶果之一。

杨辅清离开石达开后，回到太平军任中军主将，被洪秀全安排到安徽建德（今东至县，位于安庆南边）作战，辖区紧挨着韦俊所在的池州。

韦家在天京事变中，杀死杨家的大量族人，两家关系一直不和。杨辅清心性刚强，但心胸不够，现在他是中军主将，而韦俊只是右军主将，官大一级压死人，便逮着韦俊欺负。

杨辅清欺负韦俊的另一个原因，是想夺取池州，作为自己的长久封地。

韦俊官小一级，又不喜欢惹事，便由着杨辅清各种来事。

杨辅清欺负得越来越狠，韦俊是个实诚人，确实也斗不过他，主动让出池州，并求李秀成给他一块落脚的地就成，李秀成说没问题，我收留你就是了。

李秀成和韦俊关系不错。韦俊退出武昌，洪秀全起了杀心，是李秀成在洪秀全面前力保韦俊；韦俊中间有段时间没有领兵，也是李秀成极力推荐，韦俊才得以被重用。

右军主将 韦俊

1859 年 9 月，韦俊按约定北上，但路上被陈玉成给拦住了，陈玉成说你不能离开驻防地池州，给我滚回去。

这几名主将的人际关系很复杂，大家应该记得，陈玉成原本在韦俊旗下打过工，就是韦俊给了他第一笔天使投资，让他攻克武昌拿下奇功，并将功劳都记在陈玉成名下，让陈玉成连升几级。

但不知道两人后面又发生过什么摩擦，陈玉成升上来后，对韦俊一直看不惯，处处为难韦俊。

陈玉成阻止韦俊北上，是怕韦俊动他安庆的基本盘，也不想韦俊跟李秀成合兵一处，从而让李秀成坐大，所以气势汹汹地拦住了韦俊部。

韦俊不太想理他，打算强行冲卡，陈玉成使武力拦截，双方发生武装冲突，不明不白战死了几千人。

陈玉成势大，韦俊打不过他，心情沮丧着又退回到了池州城。

根据和春的奏折，打完陈玉成后，韦俊又跟杨宜清发生了冲突，具体情况已经无从得知了，总之韦俊跟杨辅清、杨宜清、陈玉成都势同水火。

韦俊陷入了深深的孤独和恐惧。

他要是再在天平军里待下去，地盘迟早被人吃掉，自己可能小命不保。

要是弃城独走，回家后清廷也一定会捉拿他，将他拉到菜市口一刀一刀凌迟剐死。

这时候除了降清，韦俊已经没得选。

经过反复斟酌，韦俊决定向湘军水师杨载福投降。

太平天国没有理由责怪韦俊降清，因为韦俊投降的最佳时机，是发生天京事变时，他刚好镇守武昌，这时候处境对他极其不利，回天京说不定还会卷入内斗，随时有丧命风险，此时向清廷投降，送上的条件也优厚，清廷一定高看他一眼。

但他并没有在最危险的时候放弃太平天国，而是坚守到最后一刻，不得已才撤退，胡林翼的劝降信，他根本理都不理。

反而在向太平天国尽忠之后，韦俊反复遭到上司的冷落、同事的排挤，连条活路都不给他。

韦俊没有错，韦俊已经是尽职尽责了。

韦俊要投降的消息，把咸丰都吓了一跳，太平军里头，从来没有像韦俊这么硬的核心人物主动跑来投降，幸福来得太突然，搞得咸丰没一点心理准备。

为了向杨载福表示自己投降的决心，韦俊将自己和所部官员几百颗印章送了过去。

印章是太平军官员权力的象征，高级官员有自己的掌印、用印专职人员，低级官员则贴身带着印章，这是他们最为看重的东西。

其中韦俊自己的印章是几斤重的银印，其他官员是铜印和木印，现在一股脑儿送过去，表示自己绝无二心。

杨载福向胡林翼和曾国藩上报了韦俊请降的消息，两人找秘书研究了一阵，判断不是诈降，同意了，但希望韦俊先表示一些诚意。

湘军创始元老罗泽南，就是死在你手里的，胡林翼也差点被你搞死，现在你要降可以，但请先交投名状，我们才敢相信。

韦俊也不犹豫，不就是投名状嘛，老子早就不想在太平军混了，当即命令手下大将刘官芳、黄文金、古隆贤、赖文鸿去攻芜湖。

不过，韦俊降清这事，他部下大部分是不同意的，韦俊你是走投无路了，我们老婆孩子还在太平天国，太平天国容不下你，但我们还得在太平天国过日子。

四名大将领兵出城，突然掉过头来攻打池州。

湘军赶忙过来帮韦俊守城（没进城），杨辅清则过来帮刘官芳等人攻城，场面一度极其混乱。

打到 12 月 23 日深夜，韦俊到城外巡营，池州城东门守军打开大门，向杨辅清投降，也要求回太平天国过日子。

韦俊带领亲兵狼狈逃跑，最后归顺于胡林翼旗下，胡林翼让他马上参与去打安庆，再送一次投名状，事到如今，韦俊只能脖子一硬，提着大刀就朝原来的战友砍了过去。

多年以后，李秀成面对曾国藩的审问时，对韦俊能及早投降清廷，流露出羡慕之情，他说："今韦志俊（韦俊，字志俊）生命投入清朝而得回家之乐，性命实我保全。其回家乐也，我之难，无门而死，亦不叹也。"

韦俊在安庆之战里，主要负责搞定外围重镇枞阳。

现在，我们该把镜头调转过来，重点说一说安庆之战了。

这是一场把太平天国送进绝路的围城战。

从现代立体战争的角度来看，安庆跟南京的关系已经没有那么重要，但打开地图，一眼就能明白，在过去，顺着长江沿江而下，就可以一口气打到南京。

安庆是南京的战略门户，也是往南京运粮食物资的重要关卡，拿下安庆，卡死南京供应链，南京离死也就不远了。

太平天国定都天京后 11 年里，共发生过 3 次粮食危机，洪秀全也知道安庆的重要性，所以安庆这块要地，先后交给手下最强的猛将石达开和陈玉成负责。

曾国藩也将灭太平天国的大战略，分为四步：第一步武昌，第二步九江，第三步安庆，第四步天京。

打下安庆，太平天国就只剩最后一口气了。

不过，事物的发展总是充满了曲折，在湘军拿下安庆前，太平军反而先拿下了江南大营。

这是江南大营第二次被攻破了。

向荣的江南大营第一次被攻破后，江南提督和春赶赴丹阳，以钦差大臣的身份重建江南大营。

和春是满人，他拿到的信任和资源比向荣多得多，他一到任就挤走原江苏巡抚，再请咸丰将他的好朋友何桂清，由浙江巡抚改任两江总督。

向荣统率江南大营时，日子过得抠抠搜搜，一个月原本需要饷银 40 万两，但江苏全省一个月才 30 万两收入，只能拨给他们 4 万两白银做军饷。何桂清到任后，拨给他每月四五十万两白银，和春先解决了经济问题。

向荣不仅手头没钱，又因是汉官不敢扩大军队，手下兵将只有 3 万左右，向荣兵力不够用时，曾请求咸丰从北边调些军队来用，咸丰说调兵可以，你先把你自己的头送到北京来。

做皇帝的这样说话，听起来有些荒唐，但这可不是我胡说，折子原文是："汝必欲调回江北兵，先送汝首来。"

研究清朝历史有个好处，时间越近史料越丰富，被篡改的历史细节相对要少一点，所以常常会读到一些很有趣的史实，你都怀疑其真实性，但史料又硬着脖子躺那呢，你不认也得认。

和春就没有向荣这种痛苦，作为满人，他钱够、人也够，不用担心咸丰猜忌，兵将很快扩增到 8 万人，远超向荣巅峰时总人数。

人多了就得干活，咸丰希望和春做大做强，跟湘军掰一掰手腕，便命令他加紧进攻。

江南大营离天京城十分近，但一直处于守势，主要防太平军进攻江浙，太平军也轻易攻不下来，相互间形成了一种默契，大家各过各的日子。

现在江南大营势大，两军之间的平衡被打破，张国梁领兵冲锋，连克江北诸镇，并且十分嚣张地攻下南京江面的几座江心洲，断绝了太平军与江北、皖南的联系，逼得天京城内一度杀战马吃。

1860 年 3 月，日渐成熟的李秀成知道强攻江南大营胜算不大，决定采用围魏救赵的老办法，和李世贤合兵一起进攻湖州。

当两军到达长兴后，李秀成突然分兵，紧急行军杀向杭州，于 3 月 19 日用埋炸药的老办法，将杭州城墙炸塌，占领了杭州外城。

清朝时各主要城市的外城是汉人居住，内城是满人居住，平时称“满城”，呈城中城的格局。

成都、福州、西安、杭州、江宁、广州、荆州等城市都有满城，驻扎着满人军队盯防汉人绿营，以防各地汉人军队夺权，将盯防汉人做到了极致。

李秀成拿下外城后，就不再进攻满城，五六天只是读书旅游，杭州将军瑞昌一直等他进攻，但他就是不打，把瑞昌看得莫名其妙。

李秀成这么有耐心，是因为他在故意吸引清兵来救杭州。

杭州是天京事变后太平军攻克的第一座省会，把咸丰急得忙叫周边五路兵马来援，还让张玉良率江南大营五分之二的兵力去救。

3 月 23 日早上，李秀成慢腾腾地吃完早餐，在城头发现了张玉良的旗号，知道围魏救赵的第一步已经成功，急令全军静悄悄地撤出了杭州城。

瑞昌和张玉良直到 24 号，才发现李秀成早跑没影了。

李秀成退出杭州后率军一路狂奔，先攻克临安，再翻东天目山走小道甩掉清军，4 月 2 日到广德与陈坤书、陈炳文会师。11 日，李秀成、杨辅清、李世贤、刘官芳、赖文鸿、古隆贤各部依计划到达建平，全军在安徽郎溪钟桥村蚂蚁山上开了个会，决心合力歼灭江南大营。

陈玉成没有及时赶到参加这次会议，是因为叛将李昭寿和唐禧菁一路拖住了他，陈玉成打了 10 天全椒，没打下来，干脆不打了，于 4 月 29 日才从西路进攻江南大营。

陈玉成十分痛恨李昭寿，为此对李秀成过去包庇他有很大意见，又因为在二郎河李秀成不出全力，两人虽然还是在合作，裂痕却难以弥补了。

4 月底，太平军五路人马共 10 万人集结在江南大营周围，将 5 万清军包围了起来。

陈玉成和李秀成两大人气将领齐聚天京城外，士气不由得大振。

虽然两人合兵，但是已经玩不到一块了。

5 月 1 日，太平军发起总攻，和春擅长搞政治却不擅长带兵，两军整体素质相差太远。5 日，江南大营全线崩溃，和春还在熟睡时，被将士和幕僚挟起来就跑，全军弃营奔逃，留下大量军粮、火药和 10 万两现银，一股脑儿全送给李秀成了。

太平军一股追击和春和张国梁，从镇江追到丹阳，猛将张国梁在丹阳不小心掉进护城河，他本是水贼出身，游泳是个人强项，不想身披重甲，游不动，竟在护城河里活活淹死了。

和春虽然逃到了苏州浒墅关，但因为败得太惨，实在没脸见咸丰，在浒墅关上吊自杀。

长达7年的江南大营，自此全部毁灭，李秀成向江浙方向的通路被打开，此后才有了太平天国的苏福省[①]。

然而江南大营被灭，对湘军反而是有利的，咸丰不得不倾斜全部资源，将希望都押注在曾国藩身上。

1860年5月，此时距离李续宾被杀已过去半年，曾国藩收拾了一下伤痛，决心实施他的第三步战略，直击太平天国的痛点。

血腥的安庆攻防战正式开打。

此时离太平天国灭亡，还有4年。

① 苏福省：太平天国以苏州为中心建立的行政区，辖常熟、江阴、大仓、松江、青浦、昆山、吴江、武进、无锡、丹阳、金坛、溧阳、宜兴等地。

贰拾捌

安庆之战

1860这一年，地球上发生了许多大事。

美国南北内战即将爆发，4年内战将使美国完成真正意义上的统一，40年后，美国生产力将达到世界第一；英法联军在10月第一次攻破清朝首都，将咸丰打成了抑郁症；曾国藩调集兵力强攻安庆，扼住天京咽喉，才又把清朝给捞了回来。

当年全世界最痛苦的政治人物，应该就是咸丰。

太平天国从他上朝第一天就打磨他，洋人在他上朝5年后也来打磨他，“中药”“西药”一起上，将咸丰灌得七荤八素。

作为中国最后一个拥有实权的皇帝，咸丰也是整个清朝最倒霉的皇帝，他其实是被10年高压工作给活活折磨死的。

寻常人总以为皇帝很爽，其实皇帝这工作，要没个大心脏，真不是人干的。

咸丰工作压力大到在生命的最后一段时间，整个心态都崩溃了，开始自暴自弃，沉迷酒色，肆意放纵。

寻常人通常以为，皇帝手握重权，指点江山，威风凛凛，好不畅快。

其实不是的，当一个人有钱有权的时候，他站在人生舞台的最中央，各种阴谋诡计的事情就会涌向他，各种心怀鬼胎的人就会奔向他，都是为了分享他手里的权力和金钱，抢夺他手中可分配的资源，稍有不慎，就会遭到美色与毒计的围猎，被这些人拉下水，弄得身败名裂。

越有钱的人，越孤独；越有权的人，越恐惧。

咸丰作为清朝第一个被农民军打得找不着北，又被洋夷攻破首都的皇帝，其内心的痛苦煎熬，寻常人难以理解，咸丰也不可能找到倾诉对象。

是的，拥有顶级权力与金钱的人，在深夜睡着时，只能感受到冰冷的孤独，他们是很难找到倾诉对象的。

因为他们说出来的任何事情，牵连太广、影响太深，为了平衡大局，不能对任何人轻易表达心中真正的想法。

所以位高权重的人，其防备心都很重，要走进他们的内心深处，也相当艰难。

咸丰唯一敬爱的老师杜受田，本该是他最好的心理医生，但杜受田死得太早，20岁就掌权的咸丰，本来就因为自己是个瘸子加麻子而自卑，遭到长达10年的心理折磨后，只能靠沉迷美色、听戏、抽鸦片、喝酒喝到断片来对抗压力。

你没看错，被第二次鸦片战争打得满地找牙的咸丰，居然也抽鸦片，可见当时清朝上上下下，被鸦片毒到了什么地步。

对咸丰来说，1860年整个世界都是崩坏的，他听到的每一条消息，都在给他的内心增添新的伤痕，除了曾国藩的湘军开始围攻安庆。

1860年1月，湘军4万多人进入安徽，准备先拔掉安庆门户太湖。

太平军这边李世贤手头没兵，李秀成困在浦口，23岁的陈玉成只好请捻军张洛行、龚得树相助，共合兵7万人前来跟湘军决战，并派爱将刘玱林前去镇守太湖。

湘军对太平军每次都是以少敌多，双方基础兵源、军事装备、训练水平整体上逐渐拉开了差距。

陈玉成到达太湖后，连营30里，于1月13日进逼小池驿的鲍超部。

鲍超与多隆阿一看，都打上门来了，先动手吧，抢先攻击太平军地灵港大营。陈玉成派兵从后面绕道偷袭鲍超，迫使鲍超回援，又昼夜不停攻营，他手里头人多，打得鲍超十分痛苦。

14日，陈玉成再次攻营，胡林翼命多隆阿在中路防守，鲍超带八旗马队绕到背后夹击，没承想陈玉成早料到这一手，在后路放了伏兵突然杀出，双方展开血战，清军副都统西林布和喀尔库战死，八旗马队阵亡1300人，鲍超因战损过大撤兵回营。

陈玉成讨厌鲍超搞偷袭，就将主力围着霆字营打，打得鲍超部将死伤无数。鲍超心急如焚，让书吏给曾国藩和胡林翼写求援信，书吏写得慢了，只认得几个字的文盲鲍超性急，将书吏踢开，在白布上写上一个“鲍”字，周围画了几个圈，命人送到曾、胡手里。

胡林翼与曾国藩为救鲍超，一面从侧后方强攻陈玉成，一面保证霆字营粮饷供应不绝，鲍超才逃过一死。

陈玉成在 20 日夜袭鲍超，打得鲍超神经衰弱，21 日鲍超气得亲自操刀冲锋，被太平军开枪击中左臂，血流不止，又只能退回。

湘军被陈玉成压着打，曾国藩只能调围城的 7000 兵马增援鲍超，多隆阿也率八旗马队赶来，和陈玉成正面对攻。

此时体弱多病的胡林翼身体不适，只能回武昌养病，为了让朝廷闭嘴，他选择了多隆阿为前线总指挥。

湘军内部也充满了不稳定性，胡林翼病死后，曾国藩兄弟就排斥多隆阿，要强夺战功，多隆阿气得不去打南京，后调往西北，于 1864 年在战场中流弹而死。

多隆阿成为主帅后，为救鲍超性命，与唐训方先率精兵突破太平军防线，冲入鲍超大营驻扎，陈玉成一看来了两条大鱼，调兵发起猛攻，不给湘军喘息时间，将唐训方部几乎杀绝。唐训方只带了十几人逃出生天。

多隆阿与鲍超苦苦坚守，被陈玉成绕着军营吊起来打，幸好陈玉成也没有支援，一时吃不下龟缩不出的多隆阿和鲍超，给了曾国藩和胡林翼调兵时间。曾、胡两人从黑石渡和天堂共抽调 1 万人，1 月 24 日起从高横岭攻击陈玉成后背。

到 2 月初，陈玉成粮道被金国琛截断，后路营垒被摧毁，陈玉成开始陷入被动，被湘军生力军打得大败。

2 月 16 日，陈玉龙退到罗山冲，被湘军追到，又败，17 日再被多隆阿、鲍超、唐训方联手击败，一百几十座兵垒全毁，陈玉成只能放弃防守。

刚好洪秀全命他回天京，陈玉成只好带军队撤离，去破江南大营，刘玱林势单力薄，只能放弃太湖阵地。

太湖之战的捷报传到曾国藩军营时，已经是二更时分，曾国藩刚刚睡下又爬了起来，听到消息，兴奋得一整晚睡不着。

太湖这一战陈玉成表现还是十分强势的，不仅压着多隆阿与鲍超打，还斩杀了西林布和喀尔库，他主要输在自己单打独斗，没有其他太平军支援，而且湘军后勤优势日渐突出，调配资源更灵活，在长期对抗中明显占优。

在打掉外围太湖后，湘军的下一个目标，是拔掉枞阳。

枞阳在安庆的东北部，拔掉它，就截断了安庆东部粮食运输线。

负责拿下枞阳的人，是刚刚投降清军的韦俊。

这是加入清军后，韦俊的第一份投名状。

1860 年 5 月，陈玉成和李秀成携手粉碎江南大营后，通向江浙的道路洞开，那是中国最富裕的区域，金钱美人实在诱人得紧，但西边湘军又在节节逼近，现在都打到安庆门下了。

太平军高层便紧急开会，商量是打西边还是打东边。

打西边是硬骨头，但不得不打，否则天京都要完蛋，打东边有大量新财源，也没有强敌，一打就垮，不打又不舍得。

李世贤和李秀成主张先打东边，他们需要开拓新领土，建立新势力。陈玉成主张死守他的主地盘安庆，那是他的基本盘，不能被湘军吃下。

洪仁玕综合了两边意见，主张先东后西，让李秀成先快速攻取苏南，打下地盘捞一笔，向洋商购买先进武器装备水师，控制住长江江面，再夺取天京上游、快速回援西部战场。

洪秀全同意了洪仁玕的策略。

洪秀全下了严旨，李秀成必须在 6 月打完苏州、嘉兴、上海就马上回来救安庆，要不安庆可能陷入危局。

东征主帅是忠王李秀成，侍王李世贤、辅王杨辅清、堵王黄文金等归其统辖。

因为在东边，清军最能打的张国梁已经战死，两江总督何桂清跑得比兔子还快，太平军东征进行得十分顺利，5 月 26 日拿下常州，很快攻下无锡，杀到苏州城下。

江苏巡抚徐有壬跟何桂清有仇，危难时刻落井下石，紧闭城门，不许何桂清进城，何桂清只好跑到上海避难。

徐有壬恨何桂清入骨，自杀前还留遗疏弹劾何桂清，何桂清因弃城逃命，被咸丰给拿下，中间被英法攻北京耽搁了两年，没审他的案子，1862年才拉到北京菜市口给砍了头。

徐有壬手头就几千人，士气十分低落，为了强守，徐有壬下令将金门、阊门外大片民房、商铺、楼阁焚烧干净，浓烟滚滚，火烧了几天不熄，将一个繁华富庶的苏州烧成了灰烬。

6 月 1 日，太平军前锋开到，提督张玉良带头跑了，阊门、胥门绿营兵开门投降，太平军跟春游一样进了城，徐有壬只好自杀。

在苏州休整 10 天后，李秀成分兵，先后攻取宜兴、江浦、江阴、吴江、昆山、太仓、嘉兴、青浦、松江，后以此范围为基础，建立了苏福省，李秀成任苏福省最高军事行政长官。

按照原计划，李秀成这时候该回马去救安庆，但他在上海被拖住了。

7 月 1 日，太平军杀到了上海近郊，这时候，他们就必须跟英法打交道了。

尤其是英国人，上海是他们在中国卖鸦片搞贩毒最重要的城市，别的事都可以谈，耽误他们贩毒就不行。

为了保护英法的商业利益，清军便和洋枪队组成联盟，跟李秀成干上了。

每支军队、每个人都有一个成长期，没有谁生下来就会做人，没有哪支军队一上战场就会打仗。

洋枪队也不是上来就能打，同样经历过稚嫩菜鸟阶段，8 月 2 日被李秀成在青浦城外打得惨败，2000 多名洋枪队员和几百名清军被击毙，洋枪队总管华尔也身中 5 枪，侥幸没死。

李秀成虽然打败了洋人，但他心里头清楚洋人武装强大，为了不彻底激怒洋人，他还是跟上海尝试谈判。

一来一去，把回西线的军事战略给耽搁了。

东路的援军不过来，就给了韦俊从容吃下枞阳的时间。

湘军当时面临一个棘手问题，安庆平时围得住，但一到秋冬，湖水干涸，太平军可以从陆路来援，曾国荃一时想不到好的办法，就在安徽给各府士子设了个考题，叫“湘军攻围安庆两年不下”，求攻安庆的法子，全省1500人投稿，其中桐城孙云锦的策略最佳，曾国荃将他请入幕府厚待。

孙云锦的法子，是在枞阳堵塞水口，使湖水不退，又在安庆城外建长堤，使太平军援军过不来，湘军水师还可以自由出入。

后面攻安庆就一直采用这个大战略。

孙云锦因献此计而飞升，后三任江宁知府、二品顶戴三品衔江苏补用道，还参与过刺马案的审理。

梳理好战略后，杨载福与彭玉麟便督率韦俊去攻枞阳。

具体打枞阳的过程，没有哪处史料说得很清楚，但大家都说韦俊对陈玉成憋了一肚子气，疯了一般攻击枞阳城，太平军连添福、万宗胜战死，枞阳被韦俊占领。

韦俊是真的很恨陈玉成。

毕竟当年陈玉成能做出业绩升职，韦俊是无私地给了陈玉成许多资源的，陈玉成不仅没回报他，还处处置他于死地，在韦俊看来，陈玉成这么做跟人渣有什么分别？

韦俊降清之时，气得怒骂陈玉成——他日我归来，一定让你付出代价！

陈玉成打仗厉害，但为人骄傲，粗暴处理同事关系，不懂得“凡事留一线，日后好见面”的道理，确实惹火了许多人，好人奸人都得罪了一遍，许多人都受过他腌臜气，其中也包括苗沛霖。

性格决定命运，心胸决定格局，陈玉成平时欺负别人太厉害，别人心里都有一本恶账，风水轮流转，当他处于危险时，就没人拉他一把，他还会被人给卖了。

枞阳失陷后，背山面江的安庆基本被围死，长江是湘军的地盘，太平军那点水师完全不够送，湘军故意不占安庆城西北的集贤关，留下一个活口，方便后期围点打援。

跟围攻九江一样，湘军围城后的第一件事，是挖战壕。

从1860年7月起，湘军在安庆城北挖了两条相距1000米，宽五丈（约16—17米）深两丈（约6.7米）的平行战壕。

其中内壕用于围困安庆城内的太平军，外壕用于打击太平军外部援军，湘军营垒设在两壕之间的安全区域，以逸待劳，围点打援。

今天安庆市大观区有一条很大的排水沟，叫花亭大沟，就是曾国荃当年挖出来的战壕。

太平军也知道安庆被围死，现在硬闯死路一条，湘军战壕都挖好了，就等着他们进陷阱慢慢耗死他们，这时候最好的办法，还是搞围魏救赵。

就是沉住气，你打你的，我打我的。

1860 年 9 月，陈玉成和李秀成相会于苏州，商量着怎么救安庆。

方法很简单，陈玉成和李秀成各率大军打武昌，逼迫围安庆的湘军回援。陈玉成从江北走、李秀成从江南走，一路边走边打，直到合围武昌。

洪秀全批准行动方案后，10 月 2 日，陈玉成先行渡江向西。

陈玉成走得比较急，安庆是他的基本盘，老婆孩子都在城内，不急不行。

李秀成就没那么着急了，11 月 16 日，李秀成才从天京向西，然后从安徽芜湖打向湖北。他现在的主力地盘在苏南，一心一意想建立一个以苏州为核心的领地，安庆对他个人，不是生死攸关的事情。

这两路大军都没有走到武昌。

李秀成这一路，在江南一线攻破宁国、徽州，年底逼近祁门，几十万太平军驻扎于此，后方景德镇也被李世贤部将攻陷，祁门成了死地。

太平军并不知道，湘军首领曾国藩就在祁门！而且只有 2000 人马。

曾国藩是为了方便指挥安庆战役，才把大营放在此处的，但忽略了太平军打江西，每次必走皖南。

曾国藩后来回忆说，这是他人生最最危险的一次经历，比靖港、鄱阳湖两次还危险，他以为自己必死无疑，自杀前遗书都写好了。

但是太平军的侦察工作实在做得太差，他们居然没有发现曾国藩，让曾国藩捡回一条命。

这时在景德镇的左宗棠突然大发神威，连续三次击败李世贤主力，李世贤打不过他，灰溜溜地从江西跑浙江去了，祁门的太平军开始退散。

曾国藩幸运值极高，每次遇到危难都有人拉他一把，要么是塔齐布，要么是左宗棠。

李秀成一直无心恋战，他更想在江西、湖北扩充军力，大军向武昌走到一半，调头转向江西。

曾国藩喜极而泣，赶紧跑到东流，在长江一条船上继续指挥安庆战役，并急调鲍超部驰援安庆。

这时候的中国已乱成一锅粥，南方在跟太平天国打最关键的安庆战役，北方英法联军在 9 月 21 日（陈玉成此时还没出发攻武昌），于北京郊外八里桥歼灭僧格林沁 8000 蒙古骑兵，吓得咸丰提起鞋就逃到了承德避暑山庄。

英法联军进北京城后，奸淫烧杀，还将圆明园一把火烧了。

清政府手里两大武装，一个是八旗绿营，精锐集中在江南江北大营，被陈玉成、李秀成所灭，另一个就是僧格林沁的蒙古马队，被英法联军所灭，现在清政府手里没牌可打，只能抱着湘军的大腿哭。

8 月 25 日深夜，还在祁门驻守的曾国藩收到咸丰来信，希望他让猛将鲍超带 3000 精兵，日夜兼程赶赴北京，交胜保调遣。

这批兵将要是真去了北京，要么会被胜保给吞并，要么死在英法联军手里，曾国藩哪里舍得，就跟咸丰慢腾腾讨价还价拖时间，说鲍超去哪够啊，要不我和胡林翼两人去一个吧？

古代收一封信得个把月，跑个来回就两三个月了，拖着拖着，僧格林沁被团灭，北京城破，鲍超才得以保留下来。

李秀成为了私利，放弃了围武昌的战略，陈玉成倒是想围，但打得却不顺手。

1860 年 11 月，向武昌走了一半的陈玉成，按捺不住心中对老婆孩子的想念，放弃打武昌的计划，突然又跑回来救安庆。

大军刚到安庆北部的桐城，就遇到多隆阿最精锐的 2 万骑兵，陈玉成敌他不过，退回桐城，休养到 1861 年 3 月，又决定执行最早的攻武昌战略，从西北迂回绕过多隆阿部队，攻克黄州（今湖北黄冈），准备拿下汉口。

但到了汉口地界，陈玉成又不敢出兵了，因为这里是英国人的地盘，按《天津条约》，汉口是对英开放口岸，英国参赞巴夏礼此时就在汉口。

巴夏礼认为太平军攻汉口，会影响他们做生意，阻挠陈玉成前进，陈玉成对外交事务不敢自作主张，派人回天京请洪秀全指示，同时答应巴夏礼，李秀成没过来前，他不会进攻汉口。

李秀成跟陈玉成不是一条心，他心里头有自己的小九九，只顾着慢悠悠在江西扩军，一路养得肥肥的，据传部队总人数达到了 50 万人（有点夸张，而且质量很差），直到 1861 年 6 月中旬才赶到武昌城外，比原计划晚了整整 2 个多月。

李秀成看着近在咫尺的武昌城，心里头想着的还是保存自己的实力，随便找了个借口，说鲍超正调兵赶来，就拉着几十万大军从湖北回到了浙江。

这一次所谓围魏救赵攻武昌，李秀成从头到尾都显得态度消极，一脸不情愿的样子。

奔向武昌这一路，他根本没打几场恶仗，主要工作都在招兵买马。

李秀成后来被俘后，曾国藩谋士赵烈文对其 1861 年攻武昌的态度十分不解，去到狱中询问李秀成，为什么鲍超一来，他就撤军了。

李秀成说自己兵力不够。

赵烈文说你的兵到处都是，怎么说不够呢？

李秀成说我当时只有苏州，还没有杭州，就像鸟没有翅膀，一心只想着回去。

李秀成说得很明白了，他就是想保存实力，好好回浙江经营，不想在湖北、安徽消耗军力。

而陈玉成在汉口时，一心盯着安庆战情，眼见安庆苦困，心急如焚，李秀成迟迟不到，这时候等得不耐烦，于 4 月又杀回安庆，在集贤关构筑营垒，对曾国荃部队形成了反包围。

陈玉成遭到了李秀成的抛弃，只能孤军迎战湘军主力。

李秀成和陈玉成混乱的军事调动、各自为保存实力出工不出力的怠慢态度，再次暴露出太平军实行封地制的恶果，这都是洪秀全在设计政治框架时造成的。

从微观上来看，陈玉成死于自己不善待人的傲慢性格，从宏观上来看，陈玉成死于李秀成的自私，也死于洪秀全的无知。

在集贤关驻扎的陈玉成，因留下五六万人在湖北各市防守，并保证运输线畅通，此时手头只有 3 万兵马，并在集贤关外赤冈岭筑营四垒、在城北菱湖筑营十三垒。

面对曾国荃铁桶般的牢固工事，陈玉成费尽气力也打不下来，反而还时常遭到多隆阿马队突袭，兵力日渐损耗。

5 月，洪仁玕从天京率 2 万援军抵达桐城。

此时，太平军战斗力大降，支援部队也是从天京城内各馆衙抽调拼凑而成，根本不会打仗，洪仁玕从没上过战场，林绍璋又是个废物，两人是硬着头皮带着一群业余军士赶来支援，跟陈玉成相约会战时，一见到湘军出阵，吓得拔营就走，屡次破坏了陈玉成会剿挂车河与高河埠清军的策略，不仅没帮上忙，反倒成了累赘。

5 月 23 日，陈玉成与林绍璋相约一起夹击多隆阿，然而走漏了风声，洪仁玕与陈玉成的部队被多隆阿绕道偷袭，太平军大败，陈玉成退守桐城。

湘军乘机反攻，杨载福、鲍超水陆主力修筑炮台数十座，狂攻赤冈岭四垒，昼夜不停、弹如飞雨，将四垒打到弹尽粮绝。

这四垒里的 4000 名太平军，正是陈玉成手下精锐中的精锐小右队。

6 月 8 日，在湘军反复诱降下，已经没有生路的二三四垒 2800 名太平军，打白旗出垒投降，由于小右队平时作战杀湘军太多，湘军毫不手软，将他们分为 10 人一批，依次全部杀死。

当晚一垒主帅、陈玉成最心爱的悍将刘玱林，率千人弃垒逃跑，逃到马踏石时，因河水暴涨，找不到渡河船只，只能沿河乱奔，被鲍超军全部生擒。

湘军对小右队恨之入骨，这批俘虏又全部被杀死，对英王旗下第一猛男刘玱林，正要为李续宾报仇，哪舍得给他个痛快，将他五花大绑押到安庆城下，一刀一刀当场凌迟，凌迟后再肢解，肢解后再枭首示众，杀给安庆城的守军们看。

赤冈岭四垒全破，湘军杀死太平军精锐老兵近 4000 人，曾国藩激动地在奏折里写下："实为从来所未有，厥功甚伟。"

太平军菱湖北岸的十三垒，战斗力远不如刘玱林部众，也很快被湘军依次攻破，淹死的、中炮的、投降的难以计数，共约8000人全部被押到垒外斩杀，将整片菱湖染得血红。

菱湖十三营被毁，标志着安庆城已经不可能守得住了。

身在桐城的陈玉成听到刘玱林被杀，当场昏厥过去，醒来后大喊："痛煞我也！悔煞我也！"

陈玉成手中精锐至此去掉大半，他手中强兵仅剩左小队马队，左小队成员多是捻军出身，不像右小队是两广两湖老兵，会对陈玉成死心塌地，左小队对陈玉成，有点近似雇佣兵的那种感情，陈玉成打到这里，手中牌尽，离死也不远了。

当刘玱林被凌迟而死的时候，安庆守将叶芸来、张朝爵、吴定彩，就在城头默默地看着。

城内一万六千多将士，已经个个饿得面黄肌瘦，实在没有能力去救刘玱林。

安庆城内早断粮多时，开始时大家搜集树叶、树皮吃，后来出现了人吃人，市场上刚死的人肉，卖40文一两，景象惨不忍睹。

而且城内还出现了叛将，安庆内部的情况，已经被摸得一清二楚。

招降叛将的计谋，再次出自孙云锦。

安庆城北门守将程学启，无业游民出身，打小没了妈，其养母辛辛苦苦将其拉扯大，因为善战，被叶芸来看中提拔，还把妻妹送给他做老婆。

孙云锦得知其经历后，献计将程母抓到湘军大营，让她劝降程学启，否则就要杀掉她亲生儿子。

程母极为恐慌，曾国荃逼着她化装成乞丐进入程学启军营，伏地痛哭，求程学启投降，好救自己的儿子。

程学启自知安庆城是守不住的，自己又受程母大恩，这一哭求，也给了他投降的理由，便剃发易服表示归降。

曾国荃见他降得太容易，怀疑其忠诚，将他手下500人马分割到各营，只给他80人驻扎在原地，反攻北门石垒，每天从壕坑搭起的木板上送粮送水，逼他拿命反攻。

程学启在这种绝境之下，竟也攻陷了北门外两座石垒，曾国荃才信他是真降，将他收为营官，叶芸来气得杀了程妻（叶芸来妻妹）泄恨。

程学启在攻安庆之战中立下大功，他营下小兵也跟着受益，队伍里原有一个卖豆腐的小贩，名叫丁汝昌，因活不下去在庐江投了太平军，这次也跟着程学启降清，后来因战功被李鸿章提拔，一路升任北洋水师提督。

在安庆外围痛失主力的陈玉成，忍受着内心的巨大伤痛，惶惶奔回天京，向天王再请得一批援军，8 月初与杨辅清一道，率林绍璋、吴如孝、黄文金再次攻向安庆。

这一次陈玉成所率兵力，据传是 5 万人，算是动用了太平军此时所有能动用的机动兵力。

但这批太平军战斗力大为减弱，为了避开多隆阿部的马队，陈玉成率军大迂回到西北边，沿湖北与安徽边界穿过山区，再顺长江北岸东行，绕了 300 多公里，于 8 月 24 日到达集贤关，重新筑垒 40 余座。

陈玉成赌上一生所有，对安庆外围的曾国荃部，发起最后的冲锋。

陈玉成这么焦急赌上一切，是因为再不冲就来不及了。

安庆城能勉强维持到现在，城里人吃人还没有全面蔓延，是因为外国人不断向城内走私米、油、盐、枪械弹药，由于《天津条约》在，湘军不能阻止他们在长江上航行，只能干瞪眼看着他们高价走私。

安庆城内数万人此时虽吃得少，终究还是有口吃的。

但到了 1861 年 7 月，经恭亲王奕䜣交涉，英国领事馆公使卜鲁斯下令，英国军舰设立关卡，不许外国船只靠近安庆，才彻底断了安庆的补给。

很快，安庆城就开始了人吃人。

陈玉成必须冲锋，再不冲锋，安庆城内自己人都得把自己人吃光了。

那只有一把梭哈——将赌注全部押上牌桌。

8 月 27 日，陈玉成、杨辅清亲自督战，安庆守军出西门接应，太平军将士人手一捆茅草，冲到湘军壕沟前，一面与湘军砍杀，一面用茅草填沟。

湘军占着营垒优势，集中炮火密集轰击，太平军悍然不畏死，冲上来一批，打死一批，又冲上来一批，又打死一批，连续冲锋一天一夜，猛攻十二轮，直到茅草和尸体将壕沟填平，太平军才第一次突破了第一道壕沟。

此时太平军已战死1万多人，湘军一天用去火药17万斤、铅子50万斤，因营垒优势，只阵亡了100多人。

一直冲到9月3日，太平军也没有冲破第二道壕沟。

安庆城外，密密麻麻，到处是太平军的尸体。

打到这里时，换谁都看得出来，太平军真的打不动了。

1861年9月4日深夜，程学启带队攀上了安庆西北城墙，双方正要恶战，一声巨响，曾国荃通过地道埋下炸药，同时炸开了北门城墙数十丈。

耗时一年多，双方战死三四万人，防御森严的安庆城，才终于被打开了一个大缺口。

城破在即，曾国荃仰天含泪，大呼："贼破矣！"

在城外吃了一年草根拌米饭的湘军，高举着刀枪，叫喊着冲进了安庆城，城内饿了近一年、已经皮包骨头的守军完全无法抵抗，1万多将士全部被杀，叶芸来、吴定彩战死，只有张朝爵乘一叶小舟，在混乱中逃回了天京。

陈玉成和杨辅清站在集贤关外，远远望见安庆城内火光熊熊，情知城破，只能长叹一声，各自带兵离开了战场，安庆战役至此结束。

冲进安庆城里的湘军，见到了难以想象的惨状，城中民居的釜锅里头，竟然在蒸煮人的手脚，还没吃完的饭碗里，有嚼掉一半的手指头。

但曾国藩不为所动，他下令让兵丁"大索三日"，以让围城一年多的士兵发泄压力。

在写给曾国荃的信里头，他说："克城以多杀为妥，不可假仁慈而误大事。"

3日之内，安庆城4万多人，被湘军杀得干干净净，老弱妇孺，无一逃脱。

湘军将尸体丢入长江，"江水为之不流"，轮船都无法行驶，江面上尸臭郁勃，飞蝇黑压压一片，望之惨然。

就连湘军自己都承认："军兴以来，荡涤未有如是之酷者矣！"

翻译过来就是，从湘军建军以来，我们都没有下手这么狠过！

总结整个安庆战役，除了可以清晰地看到太平天国政治上的弱点所造成的内部不团结，也可以判定，太平军确实已经穷途末路。

从 1851 年太平天国起家，到现在已经跟清军作战 10 年整。

这 10 年时间，太平军在进步，清军，尤其是湘军也在进步。

太平军历经天京事变后，水平开始下降，而湘军则稳步上升。

由于可以搞到洋炮，并建立了生产基地，湘军水师对太平军呈碾压优势，太平军与湘军一直沿长江作战，谁水师强谁就控制了后勤，太平军补给线被打断，而湘军补给则源源不绝。

安庆之战特别有代表性，湘军再差也可以吃草根拌米饭，而安庆城里头就只有人吃人。

太平军又没有重型武器摧毁湘军坚固营垒，曾国荃才能不慌不忙地“结硬寨、打呆仗”。

总的来说，太平军败于后勤、败于内耗、败于进步速度太慢。

但翻开其根源，还是败于落后的政治体系，与不思进取的领导核心。

贰拾玖
陈玉成之死

安庆城破后，曾国藩与胡林翼赶紧写了一封报喜的折子，上报给远在热河的咸丰。

前面提到过，1860 年两江总督何桂清弃城逃命，给捉拿下狱，清廷手中无人，就将两江总督这么重要的岗位，于当年 6 月实授给了曾国藩。

这是曾国藩手握东南实权的重要一步。

1861 年破安庆后，12 月底咸丰又赐其太子太保衔，奉旨督办苏、皖、浙、赣四省军务。四省巡抚、提督都得听曾国藩调令，曾国藩一时达到了地方实权的高峰。

胡林翼爬到的最高官位是湖北巡抚，看起来比曾国藩管四个省差一大截，但实际并不是这么回事。

胡林翼在湖北高位上，一共坐了 5 年，手头有军权有财权，对湘军的发展、调配资源起到了核心作用。

曾国藩因为跟咸丰怄气，是直到 1860 年才拿到地方实权，虽然起点特别猛，上来就两江总督，但湘军前期重大的事情，还是胡林翼撑起大局。

安庆之战也是曾国藩跟胡林翼一起指挥的，并不是曾国藩一个人的功劳。

多隆阿的功劳实际盖过曾国荃，他和李续宜在桐城外围挂车河一带打援，干最苦最脏的活，和陈玉成主力拿命死磕。

而曾国荃有水师保护，一直固守营垒，立于不败之地，安庆陷落还可以拿破城首功，随时随地摘桃子。

在准备分享胜利果实时，胡林翼又突然在武昌病死了。

那时安庆之战结束不过 27 天，胡林翼本来就是个药罐子，打小有肺病，应当是操劳成疾，回武昌在江面上受了风寒，忽然病逝，年仅 49 岁。

战争时期，从咸丰到胡林翼，到塔齐布，到湘军或绿营某个小兵，无论大领导还是小兵卒，工作压力都全面拉满，所以才会有人活活累死，才会有疯狂屠城这种畸形现象。

多隆阿心里头，是只认胡林翼做老大的，胡林翼一死，他没人保护，估计将来曾氏兄弟少不得给他小鞋穿，他受不了这股子腌臜气，才拒绝一起去攻南京。

从这也可以看出来，曾国藩在湘军里头，从来不是一个人说了算，他跟胡林翼在安庆之战的贡献，算一半一半。

只是胡林翼死得早，曾国藩升得又快，才承接了湘军的绝大部分军政资源，后世的人们也就只知道曾国藩了。

曾国藩后期为人处世阴阳相济的方法、铁桶围城再打援的战术，这两样最重要的人生武器，最早也是胡林翼搞出来的，曾国藩是不断吸收身边人的优点，不断反省自我，加上其他英才死得早，才爬到了这么高的历史位置。

所以我要反复说明一点，湘军从来不是曾国藩一个人的湘军，湘军是湖南众多英才一起努力的结果，湘军内部也是有对抗有竞争的，曾国藩在后世代表了湘军，真的有一定运气成分。

曾国藩与胡林翼的喜报，咸丰并没有读到。

奏折才递上去不久，还没走到河北，30 岁的咸丰就在承德避暑山庄病死了。

作为清朝第一个被赶出京城的皇帝，咸丰内心苦闷无处发泄，在山庄天天看戏看到深夜，边看边喝酒，一直喝到烂醉，醒来又抽鸦片又忙着宠幸妃子，把整个身子都掏空了，30 岁的年轻身体，虚弱得跟 50 岁老人，瘦骨嶙峋。

咸丰其实不适合做皇帝，前面说过，因为长得獐头鼠目一脸麻子加瘸了腿，咸丰常年活在自卑敏感的压抑环境里，抗压能力不强，六皇子奕䜣办事能力远超咸丰，其实他上位更合适些，不过道光为人保守，看奕䜣性格有点轻佻不太放心，又思念咸丰亡母孝全皇后，才把皇位传给了咸丰。

到咸丰病死时，本书里的出场人物，死得七七八八了。

这十几年时间，整个中国也从几乎蒙昧的古代生活，渐渐进入到近代生活。

中国正在走向巨大的转折。

咸丰 9 月 17 日死后，膝下只有一子载淳，就是后来的同治皇帝，但同治此时仅 6 岁，咸丰怕有人欺负儿子，临死前采用分权制，留下 8 位顾命大臣管朝廷，为制约顾命大臣，怕他们乱搞，又留下两个大印，一枚“御赏”给皇后，一枚“同道堂”给懿贵妃（慈禧），新皇帝一切诏书，需要同时盖这两个大印才有效。

咸丰这样安排就是在坑人，稍微读过一些史料的人都知道，历史上几乎所有的顾命大臣，没有一个有好结果。

国家最高权力是不可能分散的，它一定会自然而然地再次走向集中，只要参与分权的顾命大臣，都会被权力的规则快速绞杀。

顾命大臣这四个字，简直就是催命符，一用就灵，一用就死。

由于权力结构的原因，从一开始肃顺等顾命大臣，就跟皇后、慈禧形成了对立关系，两边总有一伙要除掉另一伙。

咸丰离开北京后，叫六皇子奕䜣留下来跟洋人谈判，奕䜣跟桂良、文祥、沈兆霖、胜宝等，在总理衙门负责一部分政务。

而肃顺则和端华、载垣、穆荫等一伙，他们跟奕䜣处不来，暗地里给他取外号，因为奕䜣擅长跟洋人打交道，又排行老六，就叫他鬼子六。

奕䜣跟慈禧原先关系也不太好，但出于政治斗争的需要，大家就心照不宣地成为盟友。

咸丰死后第 13 天，奕䜣以奔丧为由，到避暑山庄见了两宫太后，聊了两小时，同时在肃顺面前表现得特别平和，实际回北京就开始准备政变。

溥仪在《我的前半生》里说奕䜣伪装成萨满，才混进山庄见到慈禧她们，说得特别有传奇性。

在这里我要给大伙提个醒，从溥仪的回忆录可以看出来，他是一个十分油滑的人，回忆录里有大量的水分，不要深信，听听就好。

慈禧能控制大局的重要一步，是力争让咸丰的弟弟奕譞做步军统领兼管善捕营事，掌握京师卫戍军权，为后面政变埋下了伏笔。

在到达京城前，双方阵营为了两宫皇太后要不要垂帘听政的问题，发生过激烈的争吵，8 位顾命大臣不肯交出权力，要求两宫皇太后少过问政事，气势汹汹，“声震殿陛”，把小同治吓得尿了裤子。

不过，双方也没有彻底撕破脸。

11 月底，刚刚进入北京的实控安全区，两宫皇太后先找奕䜣商量，第二天就突然翻脸，逮捕了 8 位顾命大臣，将肃顺拉去菜市口砍头，载垣、端华赐死，其余 5 人革职治罪。

8 位顾命大臣死在麻痹大意，没有做好充足的暴力斗争方案。

1861 年 12 月，没读过什么书的 25 岁的慈安太后、27 岁的慈禧太后开始在养心殿垂帘听政，30 岁的恭亲王奕䜣站在左侧，21 岁的醇郡王奕譞站在右侧，开始统治一个巨大的帝国。

20 年后，慈安突然暴病而亡。

关于慈安的死因，有传说是被慈禧毒杀，不过现在大部分史学家认为，慈安应该是因慈禧卧病一年多，单独处理朝政操劳过度，引发心血管病而死。

权力最后归于慈禧一人。

咸丰死后，对清政府和太平天国最大的影响，是两宫皇太后决定跟洋人谈和。

做出这个决定，应该跟奕䜣的主张有关，毕竟跟洋人打交道，是他最为擅长的业务。

要是咸丰在，出于其脆弱的自尊心，是怎么也不会跟洋人搞到一块的。

1860 年，李秀成攻上海，影响了英国人贩毒，已经把英国人搞火了。1861 年，清廷发现“洋人要钱、太平天国要命”，那就爽爽快快给洋人好处，一起打太平天国呗。

我们的历史教科书常统一使用“洋人”这个词，但准确地说，当时是英国人为主、法国人为辅侵犯中国，俄国人四处偷袭，其他国家打酱油的格局，这个“洋人”，一般就是指英国人。

1862年，李秀成第二次攻上海，英国人彻底被激怒了。

太平天国天京事变后，为了弥补战斗力的差距，就靠找洋人买武器维持对抗，想发财的洋商、英法在华外交官、同情太平天国的基督徒、散居在通商口岸的外国罪犯等，都想尽办法搞到枪支弹药卖给太平军。

这些人个个卖得风风火火，根本不把清政府放在眼里，因为清廷哪怕现场抓到他们，来个人赃俱获，最多也只敢没收枪支，是一根头发都不敢碰的，还得客客气气地将其送回大使馆。

但第二次攻上海后，跟奕䜣谈妥的英法是真的发火了，他们下令洋商切断跟太平军的交易，不准再卖军火给太平军，还加强了湘军、淮军的武器供应。

一进一退，太平天国就更没指望了。

在这种艰难的背景下，太平军后期的两根台柱子，很快就倒掉了一根。

那天撤离安庆城后，洪仁玕和林绍璋回到了天京，杨辅清奔向安徽宁国，陈玉成则退守安徽桐城。

桐城离安庆太近，必被清军围困，陈玉成不敢久留，去往大城市庐州（今安徽合肥）驻扎。

不久后，天京传来消息，洪秀全将失安庆的责任，主要怪罪在陈玉成和洪仁玕身上，陈玉成被革了爵位，同时为稳定人心，洪秀全又封陈玉成手下吴如教、陈时永、赖文光等人为王。

封完陈玉成这边，为了拉拢捻军，再封张乐行为沃王，苗沛霖为奏王。

这位苗沛霖，是另一个版本的李昭寿。

苗沛霖出生于安徽凤台，家中代代为农，但他很想靠知识改变命运，一直发愤苦读，30岁时，终于考中了秀才。

太平军入安徽后，当地捻军横行，苗沛霖为了一展身手，1853年投了张乐行，但不被重用，一跺脚跑回乡下教书。1856年又响应地方号召，办起了团练武装，专门收拾前同事捻军。

1856年3月，捻军横扫淮北团练，但屡次杀不进苗沛霖的地盘，苗沛霖因此名声大振，许多人过来投奔他，手下突然兵强马壮，苗沛霖突然成了一个盘踞在安徽、河南的小军阀。

清军为了不多生事端，派胜保过来招安他，授予他为记名道员，意思是会给你大官做，但现在大家都在排队当官，先记在账上吧。

苗沛霖给胜保打了几天工，到 1860 年，见北京城都被人破了，圆明园也给烧了，这朝廷也太不靠谱了，不如我自己搞新的，就伸手要条件，除了控制淮河的水运、税关，还希望得到两淮食盐的专卖权，并叫翁同书、袁甲三撤出淮河流域，这里由他说了算。

翁同书大家都认识，翁同龢兄，而这个袁甲三，就是袁世凯的叔祖。

清廷也不惯着苗沛霖，痛骂一顿后，说要派大军来剿灭你这个刺头，苗沛霖眼见形势不对，又回到老同事捻军这边，跟张乐行和解，向太平天国称臣，洪秀全欢欢喜喜送他几名美女，还封他为奏王。

就他这种跟李昭寿一样见风使舵、反复横跳的性格，同事朋友分分钟可以拿来背叛，后面卖掉陈玉成，也就不稀奇了。

1861 年冬天，因为天京城又出现粮食危机，陈玉成奉洪秀全诏令，将庐州兵马分四路出城抢粮，还取了个好听的名字叫“进兵取粮”。

四路人马出城不久，多隆阿突然带精兵来打庐州，陈玉成这时已经被多隆阿打怕了，手里头又没人，慌忙回城求救，向各处写求援信，但所有书信都被清兵缴获。

1862 年 4 月，多隆阿和袁甲三的部队，推平了庐州城外的据点，4 月底时，湘军的大炮已能够直接轰城。

曾经天下无敌的陈玉成，也沦落到被人追着打的境地了。

处于绝境当中的陈玉成，正不知道怎么破敌，苗沛霖从寿州派一名使者伪装成乞丐，带着中空的竹竿，里头藏有黄缎书信，潜入城里，将书信交给陈玉成，说他很佩服英王，如果英王去寿州，他可以提供四旗人马，一旗 30 万人，让他去攻打汴京（今河南开封）。

什么四旗人马，每旗 30 万，这种吹牛皮的话，陈玉成怎么可能信？但说要去攻打河南，他确实有几分兴趣。

陈玉成这时被打得太惨，但他心气过高，不想回天京被同事嘲讽，便有意向西北突围，将来远征河南陕西，重新打出一个字头。

同事们都觉得有诈，说苗沛霖这人靠不住，但陈玉成说自己“自用兵以来，战必胜，攻必取，虽虚心听受善言，此次尔等所言，大拂吾意”。

他还是太骄傲，心里头知道苗沛霖可能挖坑，他不想带残兵败将去见洪秀全，让天王看见自己狼狈的样子。

从当时的情况来看，陈玉成必死无疑了，只是死在多隆阿手里，还是死在叛徒手里。

5 月中旬，陈玉成带领部下精锐小左队突围，一路伤亡惨重，共有 2000 人逃到寿州城下。

安庆之战时，陈玉成为保存实力，将左小队放在了湖北随州、安陆一带，所以这支队伍还能保留到现在。

苗沛霖此时不在寿州，而在 100 多里外的江口集，寿州城由其心腹李万春把守，见到陈玉成带兵而来，李万春请陈玉成带几十人入城，要小左队主力在城外扎营，又急派人请示苗沛霖。

苗沛霖本就是想诱捕陈玉成，以向清廷邀功，献一个天大的投名状，便命侄子苗天庆赶忙动手，苗天庆见着陈玉成，跪下劝降：

“叔父看清朝洪福过大，祈英王同享大清洪福。”

陈玉成正在喝酒，扔掉酒杯，情知今日难逃，手指苗天庆说：

“尔叔真是无赖小人！墙头一棵草，风吹二面倒；龙胜帮龙、虎胜帮虎。将来连一贼名也落不着。本总裁只可杀，不可辱。势已至此，看你如何发落！”

你看，到死都是一副霸道总裁的模样。

苗天庆命人绑了陈玉成，送到江口集给苗沛霖，苗沛霖见到真人，又马上将陈玉成转送到颍州（今安徽阜阳）胜保大营。

而那留在寿州城外的左小队，一直不知城中动静，苗天庆绑走陈玉成后，出城跟他们商量前程，左小队本是捻军出身，苗沛霖也是捻军，相互还是同乡，两边好说话，他们对陈玉成，也没有“长发老贼”右小队那么深的感情，不会以性命相随，便改在苗沛霖旗下了。

一支没有坚定意志和理想的军队，是不能指望他们有多大出息的。

1863年，苗沛霖又反清，被僧格林沁镇压，左小队在乱军中散尽。

曾经名震天下的左小队与右小队两支劲旅，就这样消散在历史当中。

曾被陈玉成打得鸡飞狗跳的胜保，在中军帐里排开架势，准备好好羞辱陈玉成一番。

陈玉成被拉到帐里跪下，见到胜保便破口大骂："本总裁三洗湖北，九下江南，尔见仗即跑，在白石山踏尔二十五营，全军覆没，尔带十余匹马抱头而窜。我饶尔一条性命。我怎能跪你？好不自重的物件！"

胜保被他骂得无话可说，又给陈玉成酒食，劝他投降。

陈玉成还是那么骄傲："大丈夫死则死耳，何饶舌也！"

胜保幕僚冯鲁川、裕朗西去狱中见陈玉成，问他太平军还有哪些悍将，陈玉成摇头说："皆非将才，惟冯云山和石达开差可耳！（就冯云山、石达开还差不多）我死，我朝不振矣。"

到临死前，他还在跟李秀成怄气，不愿承认李秀成也是将才。

他将盛气凌人的年轻霸道总裁人设，一直维持到了最后一刻。

1862年6月4日，在袁甲三、多隆阿、李续宜纷纷过来验明陈玉成正身后，陈玉成被安排在河南延津西校场关帝庙外凌迟处死。

由于陈玉成杀死湘军太多，清廷对他恨极，凌迟共进行了3天，慢慢将他全身肌肉割尽方才满意。

此时陈玉成年仅25岁。

此时离太平天国灭亡，还有2年。

叁拾
左宗棠与李鸿章

太平天国的死亡分为三个阶段。

第一个阶段是冯云山的死，断送了太平天国的政治空间；第二个阶段是天京事变，断送了太平天国的军事空间；第三个阶段是天京城破，是其肉体的正式死亡。

天京事变后，陈玉成和李秀成再努力也无法改变太平天国在政治和军事上的实际死亡，他们只是奋力挣扎，帮太平天国又多延了几年性命。

所以在天京事变后，从梳理历史、总结经验的角度来说，太平天国的案例能带给我们的营养越来越少，太平天国后面这 4 年的事情，杂乱零碎又稀汤寡水，值得详细记录的大事件不多，我便将后面这 4 年的记叙，加快了速度。

当湘军拿下安庆，咸丰与胡林翼又陆续病死后，曾国藩的政治前途陡然开阔。

如今赫赫战功在手，不喜欢他的皇上死了，内部最强大的竞争对手也没了，朝廷政敌何桂清马上要被砍头，自己还有绝对忠诚的私人武装，曾国藩成了湘军的核心。

整个中国再没有任何人，拥有比曾国藩更能打的武装力量，清廷千方百计稳住他，一边给他和他的家人高官厚誉，一边提醒他要遵从儒家忠君理念。

光靠思想束缚肯定不行，满人贵族没这么弱智，清廷也打得一手好算盘，陆续在湘军内部搞分化、掺沙子，把湘军内部搞得大佬林立。

像李鸿章，是在曾国藩默许、清廷支持的情况下，从湘军系统分化出来的；左宗棠是独人暴走，自成一股楚军势力；沈葆桢走出湘军，和曾国藩不对付；清廷另鼓励或主动授意让塔齐布、多隆阿这些旗人渗透进湘军内部。

清政府还有意养肥张之洞，让他能平衡曾国藩的一家独大。

平定太平天国后，又通过裁军，以及借围剿捻军、平西北、中法战争等消耗湘军。

曾国藩知道朝廷怎么看他的，朝廷也知道曾国藩在想什么，双方博弈一直打的是明牌。

我在前面评价过曾国藩，说他是“半圣”绝对拔得太高，但对一部分人说曾国藩是“清廷走狗”“满人家奴”，我也不认同，这种观点也把曾国藩贬得太低。

从曾国藩幕僚留下来的笔记可以看出，曾国藩跟自己最信任的幕僚对话时，常常流露出对慈禧这些人的不屑（慈禧此时还很年轻，水平不够），是那种发自内心的不屑，完全掩藏不住，连一点点服从倾向都没有，他对清廷不是绝对忠诚，只想好好培养自己的势力范围。

清廷也早看出来他不是死忠，一边用一边防。

曾国藩对太平天国下手狠毒，在他看来，这是天下道义问题，是除邪教、维护儒家正统的问题，并不是纯粹为了帮满人守江山，满人干的一些事，他觉得也挺傻的。

他也没那个乱世造反、摧毁清廷的勃勃野心，他就想好好维持住这个政治体系，天下太平，同时做大自己的势力范围。

他想要的，也就这样。

所以无论是过于拔高曾国藩，还是过于贬低曾国藩，我觉得都是不对的。

时间进入 1862 年，曾国藩进入大顺之年，他仅用几个月的时间，就清洗完了死敌何桂清集团。

曾国藩先是搞死了何桂清死党浙江巡抚王有龄，推荐左宗棠抢了浙江巡抚，又收拾了何桂清嫡系江苏巡抚薛焕，再扶李鸿章担任江苏巡抚。

像李鸿章本只有正四品知府头衔，还不是实职，资历相当浅，换作平常年月，打死都不可能突然升到巡抚，但这时战情紧急，一切以军功为第一，工作经验排第二，作为唯一能打又担任两江总督重要岗位的曾国藩，他推荐的人朝廷几乎不拒绝，彭玉麟任安徽巡抚、沈葆桢任江西巡抚、左宗棠任浙江巡抚、李鸿章任江苏巡抚，都不过是他一封折子的事。

一时之间，南方各省高官，都源自曾国藩嫡系，个个都欠他人情，负责协饷的督抚又和他关系良好，两宫皇太后还让他放手去干。

到 6 月陈玉成被凌迟，太平天国真正的人才，仅剩李秀成一人，而曾国藩这边优秀军政人才比比皆是，可调用的军事、政治资源极多，双方综合实力已经不在同一个档次，怎么灭掉太平天国，只是一个时间问题。

安庆已经到手，天京城从大后方变成了前线，曾国藩气势如虹，可以一鼓作气，去拿下太平天国的都城了。

天京已十分凶险，但洪秀全却不打算迁都。

洪秀全在这享受了太久的荣华富贵，他舍不得迁，之前天京多次遇险又都被化解，洪秀全存有一定的侥幸心理。

另外其实不管搁哪个政权，迁都都非常非常麻烦，历史上很少出现说迁都就迁都的事。

曾国藩从 1861 年 10 月进入安庆，将这里设为大本营，当他顺着长江向前眺望南京城的方向，已经对破南京胸有成竹。

他定下的方案，是先攻浙江，再围天京，以使太平军浙江兵马无力回援。

负责在江浙一带牵制住太平军部队的，主要是李鸿章和左宗棠。

战争进行到收尾阶段，每个人都知道太平天国已必亡无疑，战争的进行，更侧重于胜利果实如何分配。

所以李鸿章和左宗棠怎么在上海、苏南、浙江对付太平军，其实已不是战争重点。

学习历史主要是从已发生的事情去进行分析，再抓取事物的本质和规律，过于细碎的知识，就算知道了，对领悟与运用也没什么帮助。

李鸿章和左宗棠，是湘军和太平天国对抗的两条分支线，我们将支线能大概捋清就行。

左宗棠 1860 年开始，得咸丰允许，在湖南湘阴招兵买马，带到长沙金盆岭训练，练出了首批 5000 人的队伍，成为湘军旗下的分支，名叫楚军，左宗棠自己叫他们安越军。

将普通平民训练成强大的战士，这里头涉及大量管理、军事技术等各方面能力，十分艰苦，非得将这群平民扒一层皮下来不可，凡是能干好练兵这件事的，放在哪个年代都是顶尖人才。

不过，这支队伍也不全是平民组成，当中有 1400 人是老湘军王鑫部下，王鑫 1857 年病死，队伍由其弟王开琳统领。

有王鑫多年打下的底子，这支楚军才能够很快就开拔战场。

1860 年 8 月，楚军第一次到达江西作战，跟太平军打得互有胜负，算表现尚可，经过第一轮磨炼后，转入浙江作战。

安庆被破后，李秀成将主力全调到浙江，李世贤也从江西跑来浙江，加上离开石达开的吉文元、朱衣点部，太平军这时候共几十万人，把浙江省挤得满满的，大家闲着没事做，就把浙江所有绿营全部干掉，还在 1861 年 12 月底，第二次攻破杭州，巡抚王有龄被逼自尽。

浙江一个绿营兵都没了，清廷只好请曾国藩出马，让他连浙江一起管，曾国藩这才接管了四个省的军务。

其实曾国藩也不想的，四个省的军务谁管得过来？累都累死你，奈何清军战斗力实在太差，只能将包袱扔给他。

曾国藩不想累死，就推荐左宗棠来做浙江巡抚。

1862 年年初，左宗棠还在徽州跟太平军火拼，清廷命令他火速入浙，接管军务。左宗棠只能带着队伍疯狂赶路，吭哧吭哧从江西进入皖南，再从皖南进入浙江，刚到浙江就跟太平军干了一仗，5 月 31 日突袭衢州得手，以此为基地进攻全浙。

8 月时，蒋益醴率 8000 人来援，左宗棠手头有了 16 000 名精兵，开始从南到北剿灭浙江太平军。

左宗棠面对的这波太平军，大多属于李世贤部下，本来战斗力就不强，洪秀全这时被围，又一通瞎指挥，一会儿叫李世贤来救天京，一会儿叫李世贤去攻金柱关，把李世贤忙得够呛，顾不上来浙江。

左宗棠对付这些草包军队，没费太大力气，一波横扫，1863 年 3 月底打到杭州城下，与石达开旧将汪海洋对阵富阳，双方苦战两月，没打出什么名堂来，左宗棠这时军营欠饷严重，士气逐渐低落。

到了5月5日，原闽浙总督耆龄调任福州将军，左宗棠接了他的职位，一下拿到闽浙两省军政大权，手头有了财权，欠饷问题便得到解决，一时士气大振。

但太平军陈炳文与邓光明来援，两路人马重挫左宗棠，连总兵熊建益都在作战时被打死。

左宗棠终于遇到了太平军精锐硬茬，王鑫留下来的老湘军也敌不过他们。

9月，左宗棠实在打不下来，终于肯低下头，请法国派出1500名常捷军，带着军舰洋炮来帮忙打太平军。

法国人军队火力强大，用炮火一顿猛轰，两天时间，就拔掉了富阳到新桥的太平军营垒，一个月后，余杭防线也被炸开。

在工业国的火力代差面前，任何作战技巧都是徒劳的。

11月左宗棠正式围攻杭州，12月初陈炳文受不了了，正打算献城投降，左宗棠也欢欢喜喜准备接收，李鸿章却在苏州杀了投降的四王四将，消息传来，把陈炳文和左宗棠都弄懵了，李鸿章在两边失去信任，只能继续开打。

陈炳文和汪海洋守城水平还不错，楚军与常捷军对杭州城连攻4次都被打退，常捷军还阵亡了600多人，只能看着杭州城干瞪眼。

一直打到1864年3月底，天京都快守不住了，常捷军调来大炮狂轰杭州，炸塌凤山门外3丈城墙，陈炳文眼看守不住，31日从武林门带军撤出。

左宗棠部下楚军和常捷军入城，却只顾着抢女人抢财物，没有追击陈炳文与汪海洋。

陈炳文带几万人逃窜，于1864年在江西遇到湘军最强鲍超部，打不过就带队投降，再反过来打自己坚决不降的小弟汪海洋。汪海洋遭上司背叛，被打得怀疑人生，性情大变，越来越自私阴险，此后在江西故意不救幼天王，还暗杀了战败来投的李世贤。

左宗棠在浙江这一年多，其实打得并没有多强悍，尤其是打杭州打得比较水，实力还没有磨炼出来，大概是湘军中下游水平，不过清廷有意让他抗衡曾国藩，除了闽浙总督，又任浙江巡抚，左宗棠从此在政治上开始与曾国藩并驾齐驱。

从陈炳文轻易压制左宗棠，鲍超又轻易压制陈炳文来看，左宗棠此时作战水平还有些稚嫩，需要外援助阵，入杭州城后军队又只顾抢钱抢女人，军纪也相当差。

没有人生来就能担大事，任何人都有一个成长过程，左宗棠也需要不断锤炼，才能在后期收新疆、定陕甘、办洋务，创下比曾国藩还高的历史功绩。

另一个在江浙靠打太平军起家的，是李鸿章。

李鸿章是官二代，他爸一直在朝廷任职，出身起点较高，他也会读书，18 岁中秀才，25 岁就中进士，左宗棠和曾国藩对他的考试成绩，眼红得要死。

在做曾国藩幕僚前，李鸿章曾经在安徽老家组织过团练，但他那时水平太差，被太平军打得灰头土脸，一时在老家没脸见人，只好来给曾国藩当秘书。

安庆城破后，李秀成在江浙欺负清兵，屡次威胁上海，上海官员及富商华翼纶、厉学潮、钱鼎铭三人轮流在 1861 年 11 月来到安庆，跪求曾国藩派兵救上海，说愿意每月出 60 万两白银作为军费。

曾国藩叫曾国荃去，曾国荃想拿天京的不世之功，不愿意去；叫陈士杰去，陈士杰说要照顾老母亲，不肯去；曾国藩环顾四周，发现就李鸿章可用，就叫他去上海打太平军。

曾国藩还帮助李鸿章，建立起了他自己的军队。

李鸿章花了几个月，在舒城、桐城收集团勇旧部五营，以及程学启、郭松湘军六营，凑齐 5500 人，又收周盛传十三营 6500 人，编为淮军，共 1 万多人开赴上海。

厉学潮如约送来 8 万两白银，至上海后又献上 18 万两。

前面说要每个月给 60 万两，果然是吹牛。

这批淮军从安庆乘船去上海，中间要路过南京，经南京水域时，淮军悄悄藏在洋船里，大气也不敢出，太平军没发现动静，看到英国国旗又不敢开炮，教他们蒙混过去，3 天时间就陆续分批到达上海。

当时乘外轮去上海的路费极高，由上海富商找英国洋行签的合同，每名兵勇运费 20 两，第一批共运兵 9000 名，花费 18 万两，先付了 4 万两，其余 6 个月内付清。

上海商人愿意花这么高的代价请李鸿章过来，可见李秀成已经把他们逼成啥样了。

当上海官绅在黄浦江边十六铺码头，终于见到李鸿章的部队时，内心是十分失望的。

早期的淮军就像一支叫花子军队，他们依次从火轮船上钻出来时，布帕缠头、脚穿草鞋，手里拿着大刀长矛，肩上扛着老式抬枪，身上一股臭气，满嘴飙着脏话，不像是来打仗的，更像是来要饭的。

所以李鸿章到达上海后，头等紧急要事，是练兵和搞定上海道员吴煦背后的浙江帮。

吴煦是薛焕心腹，上海当时的话事人，手里头管着关税和厘捐两大收入，是湘军急切想铲除的地头蛇。

李鸿章过来前，曾国藩上折子，在慈禧面前夸吴煦能办事，故意麻痹吴煦，吴煦以为李鸿章跟自己一伙，亲密得不得了，给了李鸿章大量帮助。

李鸿章怕自己跟曾国藩早期那样，兵没练好就对阵太平军，差点被逼死，他就埋头练兵，出阵多让洋枪队（这时改名叫常胜军）去扛，一直到虹桥决战，才将更换新式武器并操练好的部队压上去，自己到前线亲自督战。

那天虹桥大雨，两军在雨中厮杀，几小时不分胜负，因太平军炮火猛烈，春字营首脑张遇春上阵没多久就败下阵来，李鸿章吩咐左右：拿刀来，把他的头砍了。

张遇春是他最老最忠实的部下，见他如此绝情，吓得返身又冲回战场。

此战依仗洋枪洋炮，淮军一举击溃太平军，一时军威大震。

本来李秀成如果出全力进攻，李鸿章当不是对手，但洪秀全令李秀成回援天京，李秀成顾不过来，李鸿章才稳住上海胜局。

李鸿章被曾国藩举荐为江苏巡抚后，开始正式夺吴煦的权。

吴煦跟英法关系好，外交外贸都经他的手，商人、士绅都习惯从他这里办事，许多经济大事由他一手决定，将巡抚李鸿章架空了。为了防止李鸿章势力过大，每月吴煦只拨 9 万两白银给他做军饷，远低于开头吹牛的 60 万两。

枪杆子在谁手里，谁才是真正有话语权的人，吴煦没有军队，根本不可能反抗多久，李鸿章先调查吴煦及手下用公款囤鸦片、倒地产、开钱庄的事，以反腐为名，先剪除了吴煦亲信。

吴煦知道对方发难，自己手头没兵，只能假意辞职试探，李鸿章同意，趁机将他的账簿、票据全部查封，找出吴煦贪污事实，查出光是送淮军来上海这一件事，吴煦就私拿了上百万两白银。

李鸿章从此知道上海的财政底细，肆意拿捏吴煦，清除浙江帮后，找了个借口将他革职，自己全面接管上海。

李鸿章和吴煦的政治对决，并没有什么可参考性，李鸿章拥有军队，收拾吴煦跟闹着玩似的，有些历史学家夸奖李鸿章在上海政治手段高明，他们忘了，枪杆子决定一切，无所谓高明不高明。

在化解上海危机、拿下上海财源后，李鸿章开始对太平军主动进攻。

李鸿章能这么快将队伍练出来，主要还是上海洋人多，有拿货渠道，手头钱也多，全面更换新式武器方便，才能在虹桥、北新泾、四江口三次大捷中，打死太平军 1 万多人。

在写给曾国藩的信中，李鸿章说英法军舰“大炮之精纯，子药之细巧，器械之鲜明，队伍之雄整，实非中国所能及”，并“深以中国军器远逊外洋为耻”，便主动购买并学习洋人军械制造。

太平军常熟守将骆国忠见李鸿章日渐势大，带着湖南、安徽老兵主动降了李鸿章，既帮李鸿章杀死了太平军粤籍老兵，还给他送来大量粮草。

李鸿章背靠上海财源和洋人帮忙，一路越打越强，陆续用西洋大炮开路，攻陷太平军所占领的太仓、昆山。

他不仅学习曾国藩的练兵方式，也学习曾国藩对敌残忍的态度，曾国藩先后屠九江、安庆、天京，李鸿章则在太仓和昆山疯狂杀人，太仓杀 1 万多人，昆山杀两三万人，李鸿章写信给曾国藩，说两地被他杀得：

“漏网盖少，惨劫亦快事也。”

“积尸数尺，河水为之不流。”

“千汊百港，漂尸浮油。”

曾国藩回信夸他，说他是自己最好的学生。

有老外目睹了李鸿章部队杀人的情景，说他们将太平军俘虏全部剥光，绑在一根根木桩上面，全身被插满箭镞，血流如注，还将这些俘虏身上的肉一片片割下来，这些肉连着一点点皮挂在身上，太平军俘虏痛苦扭动，几个小时还没死，淮军一边嘲笑侮辱他们，一边将他们乱剁乱砍，用刀来回锯，戏弄够了，最后才砍断他们的头，令人不忍卒睹。

1863 年 6 月，李鸿章开启了他人生中的得意之作，率淮军分三路围攻苏州。

中路是安庆降将、总兵程学启率 1 万，从昆山攻苏州；北路是李鸿章与刘铭传领 2.5 万人，从常熟向江阴方向攻苏州；南路是湘系水师李朝斌，出太湖攻平望、吴江。

戈登另率 3100 名华洋雇佣军驻昆山，作为后援备用。

李秀成听到李鸿章来打苏州，忙率嫡系部队 1.5 万人赶来驰援，加上李世贤、杨辅清、陈坤书、陈炳文、林绍璋调来的部队，苏州城总兵力约 7 万人。

从 1860 年第一次打上海开始，李秀成大量购买洋枪武装部队，这次交战时，太平军每 4 人有一支洋枪，李秀成嫡系部队每 2 人有一支洋枪，其贴身卫队 1000 人，则配备了最先进的来复枪，另有各种杂七杂八的火炮 1000 门。

淮军这边每 2 人有一支洋枪，先进火炮 600 门，由于买到的都是新货，淮军整体火力更猛。

洋枪拿起来就可以用，洋炮操作起来有技术难度，两边都是洋人在打理，太平军这边有 120 名洋人，代表人物有白齐文和呤唎。白齐文原是帮清廷的，嫌钱少又来太平军这边做雇佣兵，而呤唎是真心想帮助太平军的。

淮军具体洋人数量不详，估计大概有一两千人，而且软硬件全面复刻欧洲军队，按英国军事理论指导，整体战斗力已远超太平军。

李鸿章

按各个历史学家的分析，淮军战斗力也已经超过湘军。

太平天国在金田起家时，还是以冷兵器为主，打着打着，大伙都换成热兵器，从一个时代，悄悄跳跃到了另一个时代。

苏州之战是淮军4万对太平军7万，但优势在淮军这边。

李秀成于7月7日在苏州忠王府召开军事会议，这时候他已领教湘军的厉害，但还不知淮军深浅，内心颇蔑视淮军，决定主动出击打李鸿章。

准备工作还没做完，天王府诏旨快马送到，天京九洑洲6月30日失陷，天京危急，急令李秀成再救天京。

李秀成只好又往天京赶，暂时错过了跟李鸿章的正面对决。

失去李秀成的指挥，各王谁也不服谁，苏州保卫战一头乱麻。

在常胜军猛烈的西洋炮火与蒸汽炮艇的攻击下，2个多月时间，苏州外围全部陷落，吴江、同里、江阴都落入淮军手里，此时淮军离苏州城已不足20里。

李秀成一边在天京作战，一边关注苏州战局。苏州是他的命根子，忠王府里有无数财宝和美女，实在舍不得，听到淮军杀近，急求天王放他去救苏州，天王居然开价10万两白银才肯放他走，死到临头还要敲大将竹杠。

李秀成强忍恶心，勉强凑齐7万两白银，天王才允许他离开，但40天后要补齐3万两，否则国法不容。

洪秀全这种领导水平，真的让人心服口服。

李秀成于9月23日回到苏州时，全城只剩无锡一条通道可以对外联络，为避免被合围，李秀成率李世贤、林绍璋等部队集结无锡。

李鸿章也看到这一点，命淮军重点转攻无锡。

10 月 11 日，两军在无锡与苏州之间的望亭交火，淮军火器占优，打得没什么悬念，水陆两部都将李秀成部击败。

10 月 19 日，戈登诱降太平军里的雇佣兵白齐文，白齐文带洋兵离开太平军，使李秀成再损失重要火力。

11 月 1 日李鸿章派出王牌常胜军，只花了不到 20 天时间，又用西洋大炮攻下了浒墅关，苏州被彻底包围。

双方软硬件的差距越来越明显，李秀成原本被津津乐道的战术，在力大砖飞的西洋打法面前，完全派不上用场。

11 月 26 日，戈登指挥常胜军正式攻苏州城，太平军无师自通地学会了挖战壕，利用工事迎战，使戈登和程学启的部队受到重创。

苏州防守战打得有点“一战”的味道。

打到 11 月 30 日，太平军与淮军都损失惨重，战场上血流成河、尸横遍野，戈登手下常胜军战死太多，他都不想打下去了，跟李鸿章说能不能劝降苏州守军。

戈登

碰巧这时候太平军也不想打了，他们也想投降。

这时，太平天国只剩天京和苏州两座大城还没被攻破，只要眼睛没瞎，就知道太平天国灭亡在即，太平军军心已散，再死人没什么意义了，不如降了好好过日子。

苏州城内的纳王郜永宽、比王伍贵文、康王汪安钧、宁王周文佳以及 30 多位天将，都打不动了，大部分都想投降李鸿章。

李鸿章刚好同意了戈登的请求，派太平军降将郑国魁过去劝降，经郑国魁牵线，汪安钧在阳澄湖与程学启碰头，基本确认了投降意愿。

第二天，李秀成让将士出城作战，郜永宽与众多将士拒绝执行，李秀成隐隐感觉不对，晚上开军事会议，李秀成提议放弃苏州，郜永宽也带头反对。

陈玉成被卖的案例在先，李秀成判断苏州这些将士也要卖自己，11 月 30 日晚上带 1 万多人，从胥门拔腿就跑，往常州逃命去了。

李秀成走后，苏州城里说话最有分量的就是谭绍光和郜永宽，两人地位平等，没有高下之分。

谭绍光早就跟戈登有联系，曾写过两封信给他，但谭绍光对于投降一直有点犹豫，并不坚决。

而郜永宽和汪安钧也主动找到戈登，请他做保人，保证他们投降后不会被杀，还能保护好他们的家属和财产，最好可以让他们做清军的总兵、副将，他们从此就为清廷卖命。

代表李鸿章出面谈判的程学启一口答应。

12 月 4 日，谭绍光请郜永宽等人到慕王府开会，想开诚布公地谈一谈后面怎么办，结果郜永宽等人想拿他人头做投名状，说到不愉快处，汪安钧猛地抽出短剑，刺透谭绍光胸口，8 人一拥而上提剑乱刺，谭绍光当场身亡。

郜永宽、伍贵文、汪安钧、周文佳四王，与范起发、张大洲、汪环武、汪有为四将，大开苏州城门，提着谭绍光的人头走到清军大营，一起向李鸿章献城投降，为表诚意，还杀死了谭绍光部下 1000 多名不愿投降的士兵，苏州就此陷落。

李鸿章其实压根不相信这些太平军降将，他只打算斩草除根。

几日后的中午，李鸿章为 8 人设宴，说要给他们封官赏赐，8 人欣然前去赴宴，饭吃到一半，程学启进来禀报，有要事请巡抚大人出去一下。

李鸿章笑吟吟起身离席，他刚一走出大门，程学启瞬间翻脸，率众将 8 人全部当场砍死。

随后又将太平军约 3 万降卒，全部杀死。

李鸿章之所以杀降，是因为四王四将投降时开价太高，他付不起，也从没想过要兑现承诺，而且他们所带兵马要消耗太多粮食，留下就可能兵变。

在攻太仓时，太平军诈降，李鸿章的弟弟李鹤章去接收太平军，差点中伏而死，李鸿章内心伤疤犹在，更不愿意相信太平军，索性一股脑儿全杀了。

曾国藩得知此事，又夸他：

“此间近事，惟李少荃在苏州杀降王八人最快人意。”“殊为眼明手辣。”

戈登听说李鸿章杀了四王四将，气得提着手枪要跟李鸿章算账。

之所以这么气愤，倒不是出于什么保人道义，洋枪队本来就是以西方流氓为主建立，还上升不到道义问题，主要是夺苏州的头功本应算在他头上，现在 8 人全被杀了，那功劳就跟他无关。

那些将戈登描绘成纯粹为道义出手的故事，主要是为了衬托西方人代表文明守约，中国人代表愚昧残忍，是为了恶意贬低中国人素质而打造的。

不过，李鸿章这回确实理亏，只好请赫德出面，给常胜军共送去 7 万两白银，其中 1 万两归戈登个人。戈登拿了好处，这才消了火气。

在惨烈的战争面前，道义从来都不重要，生存和利益才是第一位的。

左宗棠攻下杭州，李鸿章攻下苏州，都属于天京之战的外围战役。

这两路人马以洋人的优势火力对阵李秀成、李世贤部将，主要起一个牵制作用，好方便湘军主力攻取天京城。

我在这一章单独将他们的故事写出来，是为了后面将天京之战的过程写得更流畅，更通顺，不要让细碎的枝叶影响主线的发展。

同时也让大家明白左宗棠与李鸿章从机要秘书到拿下地方实权的过程。

下面，让我们一起进入太平天国战事的最后一章，让我们一起去目睹熊熊大火之中的天京城吧。

叁拾壹

燃烧的天京

1862年5月，美国正处于西部大拓荒时期，为了开垦西部，林肯颁布了《宅地法案》，美国西部的公共土地，可以出售给任何年满21岁的美国公民，每个家庭可以获得160英亩土地（970亩），但这些土地需要在5年内用于农业生产。

当美国土地多得消化不完时，中国的人均耕地，从清初时的人均7亩，暴降到乾隆时的人均3亩，再降到同治时的人均2亩。

而美国当时，要求着大家去分配人均250亩的辽阔土地。

没有耕地，人就会涌向手工业或服务业求生存，大量广东、广西的中国人依赖广州这个对外口岸生存，形成了广西西江、江西赣江几条贸易线，养活了大量手工业者、苦力、船夫、水贼、商人等职业，也催生了广州、佛山等珠三角城市印染、陶瓷、茶叶、丝绸生意。

杨秀清这类烧炭工、采蓝工，就是为本地染坊，以及下游佛山的染印作坊或者冶铁业服务的。

他们没有机会拥有土地，但矿业生产使他们的组织力、战斗力更强大。

他们是土地供应不足后，社会溢出的边缘人群，是社会动荡的活跃因子。

第一次鸦片战争打碎了以广州为核心的贸易线，五口通商后，鸦片与西方工业品又进入中国，使清政府脆弱的小农经济被毁，西江与赣江贸易线人口全部失业，中国手工业者织出来的布匹、衣鞋，也突然卖不出去。

大量的失业人口，在拜上帝会的精神凝聚力下，为了活下去，才爆发了太平天国起义。

洪秀全刚去广西传教时，真的只是想搞钱，不敢干杀头的营生，没想到在冯云山和杨秀清的加持下，以大量失业人口为基础，将这把火烧得通天，烧成了中国历史上规模最大的农民起义。

当他们没有机会挑动印染的长棍，就只有向朝廷拔出快刀。

总的来说，是清廷小农经济的崩溃，引发了失业潮，活不下去的流民，在宗教思想引导下，才爆发了太平天国长达 13 年的暴动。

1862 年 5 月，当林肯在美国颁布《宅地法案》时，当陈玉成被苗沛霖诱降成功时，曾国荃刚好花了 3 个月，轻易拔掉天京外围的无为、和州、芜湖等地，夺下天京城外所有的战略据点，于当月开始正式围攻天京。

消息传到北京，刚在 2 月颁布“借师助剿”政策、决心依仗洋人力量剿灭长毛、年仅 27 岁的慈禧，惊喜地将双手放在 6 岁同治的肩膀上，从紫禁城太和殿遥望出去，目光越过伏下的群臣，远眺着 2000 里外的南京。

而 51 岁的曾国藩，此时在安庆刚刚纳了一名叫陈春燕的女子为妾，以帮他搔一搔奇痒无比的鱼鳞白癣皮肤病，当他在油灯下给曾国荃写信时，也会抬起头来，眺望深夜窗外远方的南京。

11 年了，这场搅动天下的长毛之乱，终于快要结束了。

曾国藩为攻克天京制定的策略，和当年围安庆的策略一致，依然是曾国荃围城，随时准备拿人头，鲍超、李续宜、多隆阿打援，在外围负责打野。

1862 年 5 月，曾国荃带着 3 万湘军驻扎雨花台，待气咻咻冲到南京城墙外巡视时，心情瞬间郁闷了。

当时的南京城墙，明太祖修了整整 21 年，长 58 里（另有资料说 96 里）、宽 14—39 米，高 14—21 米，由坚固的条石和巨砖筑成，曲折宽厚，雄壮巍峨，是当时中国第一大城墙，也是世界第一大城墙。

不过，幸好城墙上炮位很少，每隔百米，各个棱堡仅两三门小炮。

当初打安庆，城墙仅 9 里，挖了两道 70 里长的深壕围了 1 年多，现在南京城墙 58 里，这得打多少年啊？

而且当时南京城内人口，集中居住在南边，其他区域大部分是空地，种上成片的玉米和水稻，一时半会也困不死。

湘军当时没有强大的攻城武器，不像李鸿章的淮军，在上海依托洋人，已经组建了炮兵部队，拥有了拿下坚城的攻城炮。

不过，李鸿章在上海江苏忙不过来，湘军也不可能让淮军来分这一份天功，只能慢慢打了。

曾国荃情知这情形，没几年打不下来，便一边就地施工，一边等其他援军。

但鲍超、李续宜、多隆阿三人，一个都没赶来。

多隆阿早就不想给曾家打工了，他受了一肚子气，打下庐州后给官文发了封密信，请他把自己调去陕西打扶王陈得才的太平军；鲍超率军 1 万进攻宁国，被杨辅清的近 10 万大军（多是新兵）给牵制住了，双方打得十分惨烈，鲍超以一敌十，花了好长时间才解决杨辅清；而李续宜他爸突然死了，他回家奔丧守孝去了。

曾国荃到达天京后，一开场就处于相对劣势，本来应当全军后撤求安全，但曾国荃舍不得破天京这不世之功，仍然驻扎在离城门仅 4 里的雨花台，为了防止被太平军反包围，湘军建好 2.5 米高、0.3 米厚的营墙，在营墙外又挖好两道宽 16 米、深 6.5 米的壕沟，壕沟外再建三道宽大篱笆，准备慢慢围困。

需要说明的是，这次曾国荃部队挖壕沟，并没有把天京全部围起来，因为天京城太大了，围九江的战壕挖了 4 个月，安庆 70 里战壕用了 1 年多，要是用战壕围南京城，也没有这么多兵来围，所以曾国荃的营建和壕沟，只起到保护自己部队的作用，2 个月时间就施工完毕了。

曾国荃能高枕无忧打南京，是因为他手下陆师 18 营 9000 人没什么生存威胁，彭玉麟统帅的水师 18 营也有 9000 人，其中 8 营深入天京护城河口，保障了部队水路粮草供应和后撤空间，曾贞干的 10 营 5000 人，则驻守在三汊河、江东桥一带，又保证了西路粮道安全。

天京城里的洪秀全，眼见曾国荃杀到城下，一日三诏，急令李秀成率各部勤王，李秀成却一点也不着急。

李秀成当时认为，天京防御极强，湘军部队人数不多，攻下来的可能性较低，只需要从苏州抽调大量军火粮食，以及一部分军队支援，两年后湘军就会自退，曾国荃不就是另一个江南大营吗？我慢慢经营江苏浙江，有的是钱粮，着什么急。

但洪秀全哪里受得了湘军扎营城下，就像是一颗图钉掉在他的鞋子里，非要拔掉不可，拼命催、死命催，催得李秀成一个头两个大。

李秀成只好于 1862 年 6 月，在苏州召集听王陈炳文、慕王谭绍光、纳王部永宽、孝王胡鼎文、航王唐正才、相王陈潘武及主将蔡元隆、吉庆元、李明成等开会，商议一起救天京。

7 月初，李明成、洪春元、杨辅清先率部到达天京救援，李秀成这边召令各部需要时间，又不想让洪秀全猜忌，便将老母亲和部分家属先送到天京城做人质，让洪秀全安心。

现实中召集部将、准备粮草的过程相当漫长，李秀成花了 4 个月时间，才把谭绍光、陈炳文、唐正材、胡鼎文、部永宽等十三王名下各部共 20 万人聚齐，带着 2 万支洋枪，于 9 月底到达天京城外，东自方山，西至板桥，扎营数十里，密密麻麻、旗帜如林，对湘军展开反包围。

大军到来之前，天京城里的太平军，已经多次出城跟湘军对砍过，但每次都吃了亏，常常死伤上千人，甚至在 6 月 18 日还被湘军劫了征粮。

不仅拿不下雨花台的湘军，天京北面重要的门户九洑洲周边，也一点点被李世忠部队吃掉，将九洑洲长逼围困，天京城战情越发危急。

这个九洑洲，在长江北岸，地势高耸，是南北往来水陆要道，号称天京水路锁钥，战略地位十分重要。

天京城南北被夹，洪秀全急得摔桌子，李秀成这 20 万军队，真正如大旱甘霖。

曾国荃 3 万人对李秀成 20 万人，只有壕沟深壑可以掩护，便缩营自保，命任何人不得出壕野战，打算死守雨花台。

赶巧不巧的是，湘军突然流行瘟疫，一下死了不少人。

这次瘟疫暴发，是因为洋人大批乘船进入长江沿线做生意，带来了其他国家的病毒，中国人对这种病毒没有抵抗力，造成洋人集中的江南一带瘟疫突发，感染病毒的湘军上吐下泻，全身抽搐，一天就死翘翘了。

9 月时，在宁国作战的鲍超军中，因瘟疫死了数千人，重病达 6670 人，曾国荃部队也“夏、秋以后，疾疫流染……其无病者不过一、二成队……

难以制贼”。

湘军在整个天京战役中，共死亡 1.9 万人，其中战死约 9000 人，病死约 1 万人。

曾国荃部队在当时具体死了多少人，我没查到详细数据，但肯定影响到了战斗力，而太平军那边神奇地没有暴发瘟疫，他们装备有 2 万杆洋枪加多门克虏伯后膛开花大炮，实力相当不错，这应当是上天给了李秀成一次极好的机会。

就是这么好的机会，太平军也给错过了。

1862 年 10 月 13 日，天京阳光明媚，在准备妥当后，从这天开始，太平军突然发起了潮水般的攻势。

这个潮水般不是夸张的描绘，是真的像潮水一样，一波又一波。

这是太平天国战史上，一场规模空前的阵地攻坚战。

在天上，子弹像雨点一样从天而降，落在湘军战壕上方，西洋开花炮弹像流星一样，飞入湘军大营爆炸，压得湘军一度抬不起头来。

在地上，成千上万的太平军戴着红黄两色头巾，呼喊震天，手持木板做盾牌，用蛇形走位以躲避湘军炮火，盘旋冲向壕沟，凡冲到沟前的，便往湘军壕沟里扔束草，企图填满壕沟。

湘军等到太平军冲到近处，所有大炮才一起开火，以排炮轰垮太平军冲锋，守卫在战壕里的湘军士兵，则手持长矛冲杀太平军，配合营墙后的湘军用长枪、火球远程打击，将太平军前锋部队一波波杀死。

太平军凶悍无比，前面一波战死，后面拖走尸体，又嗷嗷叫着举起束草木盾向壕沟冲锋，对生死完全不作理会，如同疯魔一般，一波波被湘军跟砍瓜切菜一样杀死。

太平军不退，湘军也不退，他们都是亲戚、同乡、师生，在战场上早已有同生共死的约定，天京城下一时硝烟滚滚、烈焰冲天，尸体堆得跟小山一般。

太平军气势如此狂暴，换别的部队心态早崩，但湘军毫不怯战，死守不退。

10 月 23—25 日，太平军再次发起送人头冲锋，被湘军用重炮轰击，死伤无数，依旧没有冲过壕沟，反被李臣典、萧孚泗、彭毓橘带 1 万湘军反杀偷袭，摧毁太平军 12 座营垒。

11 月 3 日，太平军偷挖地道，用火药炸开湘军营墙 30 多米，几千名太平军敢死队持刀冲将出来，被湘军拿命堵住，集中火力往缺口处猛攻，直到将这上千名敢死队队员全部杀尽，又堵住地道入口。

11 月 15 日，湘军刘南云部挖地道与太平军暗地道相遇，两军在地道狭窄的空间内展开肉搏战，适逢当天大雨，刘南云又命军士往地道里灌污水，使太平军的炸药无法点燃，火枪无法使用，其他部湘军纷纷往地道里用烟熏、用水灌，太平军敌不过，只能纷纷逃出地道。

湘军越打越顺，气势高涨，不断发起劫营，居然几次都得手。

这种高强度的绞杀战一共维持了 46 天，打到太平军曾一度冲破第一道壕沟，打到曾国荃左嘴唇被子弹擦过差点阵亡、李臣典身负重伤，打到太平军阵亡大几万人，湘军伤亡 5000 人，死了好几名悍将，打到湘军个个瘦到皮包骨头，队伍里只剩 8000 人还有战斗力。

曾国荃每日作战空隙，都会给曾国藩写一封信，诉说前线艰苦。曾国藩读信时都难过得心胆俱碎，总是劝曾国荃退兵，但曾国荃咬死不退。

46 天极艰苦极艰苦的攻防战打完后，双方在后勤上的差距就暴露出来了。

曾国藩时刻关注曾国荃的供给，将三个省已经穷得叮当响的现金流与粮草剥尽，在前线最需要的时候，提供了火药 17 万斤、银 13 万两，既发弹药，也保军饷。

其实当时除了江西还能盘剥些财源，其他两省百姓已经饿得人吃人，但曾国藩没有精力理会民生，所有资源都砸向了天京城下的苦战。

湘军的后勤可以持续跟上，主要还是依赖长江水师，太平军自水师被毁，就控制不了湘军后勤，是打不了持久战的。

所以太平军后期对决湘军，往往一上来就异常凶狠，就是为了快点结束战斗。

果然打到 11 月 26 日，李秀成扛不住了。

李秀成手下大军，每天至少要消耗粮食 1000 石，由于连年战争，南京周边都没人种粮了，现在抢不到粮草，冬天到来又没有冬衣，李秀成被迫撤兵，部分军队回到苏常，部分军队随自己退守天京城内。

湘军面对7倍于己的太平军狂攻，3万打20万，连战46天，居然只以伤亡5000人的代价，将阵地硬生生守住了。

战事打成这样，除了湘军战斗力、装备水平、后勤直线上升，还有太平军广西客家老兵几乎死尽，新招的士兵来自安徽、浙江、湖南、湖北，无论是对宗教核心的忠诚、视死如归的勇气，还是经年累月的械斗经验，新一批太平军都只有老兄弟两成左右的水平。

这一轮苦战结束后，双方攻守易位，李秀成的太平军进入守势，曾国荃的湘军转入攻势。

曾国藩见曾国荃这一轮打得太激烈，再劝他撤兵回来休整，曾国荃不干，说兄弟们不怕死，非打下南京不可。

曾国藩劝不回弟弟，便亲自去现场看了看，沿途见到巢湖、和县、滁州等地瘟疫已经结束，湘军打了胜仗士气又高，才放心让曾国荃继续围南京，自己回去帮曾国荃招募新兵，调李续宜来南京支援，并让鲍超攻下江浦，断掉太平军最后的运粮路线。

曾国荃也不着急强攻南京，继续埋头干湘军最擅长的工程作业，围着整个南京城周边疯狂结营寨、挖战壕。

李秀成退兵时，湘军工程队已经将战壕延伸到孝陵卫，挖到1863年3月，曾国荃进驻太平门、神策门，完成对天京城的合围。

湘军一边搞合围，一边向南京城墙下挖地道，准备采取老办法，用炸药炸开城墙。

为了让太平军摸不透他们挖地道的路线，湘军横七竖八，没有章法地胡乱挖了几十条地道。

不过，太平军也是靠挖地道炸城墙起家的，他们对这门手艺精熟，有很强的识别地道能力，只需要站在高处，观察地面野草颜色，凡是草色变得发黄，那就是因挖地道缺水导致，太平军便往那块地垂直下挖，打断施工进度，再往地道里猛灌水、热油，或点火、点毒烟等，每次都能打断湘军进度。

围城 2 年时间，湘军耗费炸药费数十万，工兵死了一两千，都没有挖成功。

湘军在城外不停歇地搞破坏，洪秀全则又在城内忙着瞎指挥。

曾国荃的部队挖到孝陵卫时，李秀成请洪秀全“让城别走”，趁湘军还没完全包围天京，现在往湖北或江西跑路，图个长久之计。

洪秀全把他臭骂了一顿。

骂人的原文是：“尔欲出外去、欲在京，任由于尔。朕铁桶江山，尔不扶，有人扶！尔说无兵，朕之天兵，多过于水，何惧曾妖者乎！尔怕死，便是会死！”

这段很直白，我就不翻译了，总之精神状态有点狂妄，洪秀全实在不舍得离开天京。

他不离开天京也不算是什么大失误，毕竟天京他苦心经营 10 年，此时城里兵将也多，有侥幸心理和难以割舍之情都能理解。

但洪秀全随后的战略安排就真的是瞎搞！

李秀成强攻湘军失败后，洪秀全命令李秀成实施“进北攻南”大战略。

这个“进北攻南”就是换了个名字的围魏救赵，是太平军前面反反复复不知道用过多少回的策略，二破江南大营用的便是这招，洪秀全换了个名字继续用，就是主动出击，意图打湘军必救之地，逼迫曾国荃退兵。

进北就是指渡过长江，攻打皖北、湖北；攻南指南下打皖南、赣北，掩护主力行动。

这条计谋是洪秀全在深宫里头自己想出来的，没有任何一处历史资料，显示他跟李秀成商量过。

说起打仗这件事，李秀成大概是硕士水平，那洪秀全就是初中生水平。

李秀成能围魏救赵，是因为他打的是清廷财源要地，清廷必须自救，而洪秀全模仿李秀成的战略，要去攻打的皖北、湖北、皖南、赣北都不是什么战略要地，胡林翼去世后，湖北也早不给湘军供应钱粮，对湘军毫无杀伤力。

而且皖北地区因太平军、苗练、捻军、湘军、绿营打成一团，早打成无人区无粮区，军队到那里是无法生存的。

曾国藩面对这种愚蠢的战略，百思不得其解，只能判断是：故伎重施，毫无新意。

李秀成知道天王智商的底线后，坚决反对搞这个劳什子进北攻南，但洪秀全威逼他必须执行，怎么啦？你是怀疑天王水平不够吗？

李秀成像吃了苍蝇般恶心，被迫执行这份狗屎方案。

1862 年 12 月，也就是曾国荃顶住太平军狂攻后的第二个月，李秀成率精兵 10 万，准备北上打皖北、湖北，这时候上一章剧情被激活，常熟骆国忠投降李鸿章，李秀成只能让洪春元和郜永宽领兵北上，自己回苏南救火。

这一去，群龙无首，北上军队乱成一团，直到 1863 年 3 月中旬，李秀成才回到天京，重新过江到皖北指挥战斗。

清军面对李秀成的军队，只管死守城池，坚决不出城作战，太平军没有粮草，攻一会儿就只能撤兵。

皖北本来就因为战乱，早打得荒无人烟，又因为曾国藩坚持坚壁清野政策，不给太平军留生存空间，将产粮区巢湖推平，整个皖北已经是赤地千里、颗粒无收，没有人口、没有良田，只有一望无际的战后废墟。

结果李秀成所带兵马，一场像样的战斗都没发生，反而活活饿死了几万人。

把军队拉出去活活饿死，是什么样的奇葩领导才干得出来的事情？

洪秀全要是懂一点点理论联系实际，就不会下这么离谱的命令了。

1863 年 7 月，李秀成从六安撤退，本来准备带着饥兵们，从扬州那边返回苏南，不料曾国荃猛攻雨花台石城、聚宝门，洪秀全吓得要死，命李秀成改道天京，快点过来救命。

李秀成被迫率军从六合返回，从危险的浦口、江浦、九洑洲等地渡江回天京。

这条水道是湘军水师的地盘，从这里强行渡江，差不多等于送死。

渡江时恰又天降暴雨，长江水位暴涨，太平军行动缓慢，拥有水军优势的彭玉麟和杨载福探得消息，率水师截击李秀成部。太平军陆战还行，水战面对湘军已不堪一击，渡江时被湘军水师开炮，太平军被炸死、溺死数万人，尸体漂满了长江水面。

李秀成还是靠着英国人呤俐，将他带上英国民船，才逃回来见洪秀全。

去往皖北地区的 10 万军队，最后就剩 1 万多人逃回天京城。

湘军在长江上收割完李秀成的部队，就开始着力进攻九洑洲。

曾国荃乘夜与彭玉麟、杨载福视察九洑洲，观察周边地形，决定先派丁泗滨水师 4 营攻占下关，再派喻俊明水师 6 营拿下草鞋峡和燕子矶，1863 年 6 月 30 日，杨载福亲率水师 15 营，对九洑洲用火炮和洋枪发起猛攻，连续进攻 6 天 6 夜，将九洑洲 3 万名太平军全部歼灭，从此天京水上粮路被截断，天京城粮食危机加剧。

洪秀全连续不断的错误决策，终于加速了太平天国的灭亡进程。

1863 年 7 月后，有大半年时间，曾国荃就一直静静地待在南京城下打持久战，双方没有发生激烈交火。

当时的主要战事集中在浙江与江苏，左宗棠和李鸿章带着洋人，满世界追着太平军打，将两地各城陆续收复。

1863 年 12 月 15 日，湘军第一次挖地道将南京城墙炸开了一道小开口，但太平军迅速填好缺口，还杀死了 300 名湘军。

曾国荃为此气馁了好几个月，直到 1864 年 3 月 14 日，又试图通过云梯攻城，又失败，之后他也懒得强攻，干脆就在城下不远处带着旗下湘军过日子。

此时，因为 24 个营的援军到来，湘军已经达到了 5 万人，实力越来越强。

但天京城墙实在太高太厚，曾国荃一时也没想到好办法，就慢慢磨时间。

湘军攻天京的绝大部分时间，并没有大家想象得那么激烈，双方很长时间情绪安稳。雨花台战役打完，九洑洲战役打完，大局已定，后面再没有发生这么猛的战事。

天京城里边，李秀成除了反复去江苏救援，大部分时间，都在跟洪秀全怄气。

两个人从“进北攻南”失败后意见强烈不合，洪秀全为了维护个人权威，怕别人看出自己无能本质，动不动就羞辱李秀成，骂完了又后悔，担心李秀成造反降清，叫人送一身龙袍来笼络，李秀成趁机说不如把幼天王送出城，洪秀全又马上否定。

李秀成反对洪秀全的观点，但他对太平天国是赤诚的，一直没有离开过洪秀全。相反，洪仁玕此时，找了个外出集结援军的借口，溜出天京，再也没有回来。

李秀成除了怄气，现在唯一能做的工作，就是想办法给天京城搞粮食。

从 1864 年春天开始，天京城里头储备的粮食快吃完了，李秀成和李世贤出动小股部队，兵分四路到江苏和江西收集粮草。

天京被团团围住，因此这条运粮线常常被湘军发现，湘军将领朱洪章负责夺粮业务，一共截获粮食共 4 万多石。

粮食进不来，太平军只能在天京城内种稻子，不过他们也等不到秋天的收获期了。

过了 2 个月，城内实在没粮，全城老弱妇孺求李秀成放他们出城。李秀成同意了，但洪秀全的草包哥哥洪仁达，却趁机勒索民众，要求 5 两银子一张出城证，方才允许从汉西门出城。

这些老弱共 10 万人来到湘军阵地后，曾国荃犯难了，他手头也没什么粮食，养不活这么多人，便写信问曾国藩怎么办？

曾国藩只回复他“慈不带兵”，曾国荃便不再救济，放这些老弱妇孺到荒野中自生自灭。

后来究竟饿死了多少人，就不得而知了。

在各路湘军、淮军的夹攻下，太平军的地盘越来越小，天京城周围各城镇军头，都知道太平天国必亡无疑，李世贤的亲信、溧阳守将吴人杰献城向郭松林和戈登投降；溧水守将杨英清向彭玉麟投降，并献上杨辅清金印；常州天将姚国亮也向彭玉麟投降。

天国土崩瓦解，近在眼前。

1864 年 5 月，天京城被水陆合围到不留一丝空隙，太平军官吏都饿到抓狂，只能吃豆渣跟糠壳充饥。

豆渣是生产豆腐过程中留下来的渣渣，糠是稻谷的外壳，这些东西平时都是拿来喂猪的，现在城里只有官吏才吃得到。

也就在这个月，洪秀全号召全城吃“甜露”，号召完之后，他就一病不起。

这个“甜露”，是洪秀全从《旧约》里找到的灵感，里头说以色列人穿越沙漠时靠天赐甘露而活，洪秀全也不知道这玩意到底是啥，就说青草团子是“甜露”，自己骗自己，叫天京城百姓吃青草团子为生。

然后洪秀全突然重病。

他儿子洪天贵福后来回忆说，是因为洪秀全“平日常食生冷，自到南京后，以蜈蚣为美味，用油煎食”。意思是因吃生冷油腻食物太多，肠胃出了问题，得病后不想医治，活活拖死的。

几乎所有历史资料，包括李秀成自述都认为洪秀全是病死的，但我个人认为，他应该是服毒而亡。

一是城里头没粮，但权贵们藏有私粮，养活他一个人完全没问题。二是他病得太突然、太及时，在城破前说死就死，哪里有这么巧的？

逃避责任是洪秀全一贯以来的作风，他这么干一点也不意外。

说他是病死的，纯粹是给他几分面子，他大概率是服毒而死。

1864 年 6 月 1 日，农历四月十九，洪秀全去世了，年 50 岁。

这位神乎其神的落魄书生、侥幸的政治投机者、只有半桶水水平的政治军事参与者、一生只顾贪图享乐的太平天国创始人，终于死了。

这是一个至死都在逃避责任的人。

天王府里的人草草安葬了他，也不用棺材，只将他用绣龙黄缎包裹，葬在天王府御林苑的平地，知道他葬在哪里的人极少，他的死讯，也是在 5 天后，洪天贵福称幼天王后才传开的。

曾国荃此时并不知道洪秀全已死，湘军还静静地驻扎在天京城外。

但清廷等不及了。

清廷从 6 月中旬开始，拼命催促曾国荃拿下南京，并给李鸿章连下 5 道谕旨，要求淮军带着洋人的巨炮赶赴南京前线，同湘军共同破城。

淮军此时驻扎在金坛和句容，距南京雨花台也就 200 里地，但李鸿章找各种借口，说我们打仗太久需要休整什么的，就是不肯去南京。

其实李鸿章是好意，他手下的炮兵经过无数实战，证明击垮天京城墙是没有问题的，但他不想抢老师这份可以彪炳史册的功绩。

毕竟他能有今天，全靠曾国藩举荐，这点政治认知李鸿章还是知道的。

听到朝廷给淮军下达的进攻指令，曾国荃心乱如麻，急得开会时说："他人至矣，苦二年，以与人耶！"将士们听到，也个个心急，拼了命要抢头功。

曾国藩便下令李臣典加班加点疯狂挖掘地道，自己让部队开炮掩护。

7月，李臣典将地堡城下的一条废道重新挖开，19日时将地道伸进太平门城墙下。

由于是一条废道，李秀成部队没有注意到，湘军终于找到了埋炸药的机会。

7月19日，湘军往太平城墙下的地道塞进600多袋、重7万斤的炸药，中午时分，湘军点燃引信，一声惊天巨响，整个天京城都为之一震，地动山摇，碎石纷飞，太平门城墙被炸开60多米。

李秀成听到爆炸声，忙带吴如孝前来督战，从城头扔下炸药包、滚木等，先将湘军敢死队400人杀尽，又将第二批3000人炸死一半。

但天京城此时太平军仅1万多人，而湘军多达5万人，如潮的湘军奔涌而至，根本无法抵抗，傍晚时分，太平军只抵抗了3小时，湘军便彻底占领了所有城门。

当时连湘军都彻底失控，曾国荃安排六成军队进攻，四成守营，但湘军见到天京城破，连他的亲兵卫队都不听指挥，全部往城里挤，军营里一个人都没有，争先恐后要抢钱抢女人。

太平军高喊"弗留半片烂布与清妖享用"，在城中到处点火，约烧掉了南京城十分之三的房屋。

湘军入城后见人就杀，见40岁以下女人就抢，见房子就劫掠一遍再焚烧，也烧掉了南京城十分之七的房屋。

曾国荃下令湘军任意劫掠3天，全军欢动，分段劫财杀人、奸淫掳掠，狂欢了 3 天，大火一共烧了七八天才被大雨浇灭，所有王府、馆衙都被挖地三尺，洗劫一空，秦淮河里，到处都是浮尸，河水都变成了赤色。

一直伴随曾国荃左右的赵烈文，在《能静居士日记》里，是这么记载的：

“沿街死尸十之九皆老者。其幼孩未满二三岁者亦斫戮以为戏，匍匐道上。妇女四十岁以下者一人俱无，老者无不负伤，或十余刀，数十刀。”

屠完城后，南京城内连一棵完整的树都找不到了。

湘军名将李臣典曾孙，在《蒋党真相》中记录，李臣典就因城破后，掳来天王府数十名宫女，服春药后夜以继日寻欢，最终脱阳而死，曾国藩为给他留些颜面，在奏折里说是作战受伤死的。

六朝古都南京城，被湘军焚毁到后来的清朝官员过来就职，连住处都找不到。

李鸿章来南京署理两江总督，见现场还是“一座空城，四周荒田”，“无屋、无人、无钱，管、葛居此亦当束手”。

谭嗣同 30 年后来到南京，还见到一片残破的景像，说湘军“乘势淫掳焚掠，无所不至，卷东南数省之精髓，悉数入于湘军，或至逾三四十年，无能恢复其元气，若金陵其尤凋惨者矣”。

南京城被湘军屠得太惨了。

进城后，湘军才知道洪秀全已死，后面捉到洪仁达、李秀成，他们都不知道洪秀全葬在哪里。

曾国藩到达南京后，营官陈寿武报告，说他掠得天王府女官黄氏，知道洪秀全下葬处，黄氏是亲手埋葬洪秀全的女官之一。

曾国藩在 7 月 30 日亲自审问黄氏，第二天在天王府花园将洪秀全尸体挖出，扛到军营里打开，见到他是个秃头，胡须已经夹白，可能是纵欲过度，像个 60 多岁的老头，完全不像 50 岁的样子。

当时是夏天，洪秀全已下葬 2 个月，按道理应该要白骨化了，曾国藩却还能见到他的基本样貌，听起来有些奇怪，但所有史料都这么写，可能是洪秀全下葬时的环境适合保留尸身。

曾国藩确认这是死敌洪秀全后，命湘军乱刀将洪秀全尸身砍为鱼鳞片，再焚烧成灰洒掉。

就是挫骨扬灰的意思。

湘军攻破太平门后，李秀成见大势已去，迅速赶到天王府，只带了幼天王洪天福贵，将自己的白马让给他，其他洪秀全的子女全都不管了，自己乘了一匹普通战马，又回忠王府与母亲告别，就带着近千人化装成湘军，轻装而行，趁湘军只顾抢劫，从太平门缺口处逃了出去。

天王府里所有女眷（包括幼天王的姐姐），忠王府里所有亲友（包括李秀成的母亲和其他亲人），以及随队出行的近千人的亲友，他们都没办法顾及。

一片混乱中，洪仁发跳水自杀，洪仁达被生擒。

此时长江江面上停留着千万艘大船，湘军官兵将从天京劫掠来的财物和美女，日夜不停地搜刮并运向湖南，太平天国十几年积蓄的财物，被湘军涤荡一空。

李秀成逃出天京城后，将千人部队分作前队 300 人，后队 700 人，往湖州逃命，湘军发觉李秀成带幼天王逃脱后，一路率军追赶，7 月 21 日在湖熟大桥几乎全歼后队这 700 人。

李秀成当时身处后队，21 日这天与队伍走散，孤身一人骑马乱行，精疲力竭，不知不觉走到方山顶破庙海会寺。

天气炎热，李秀成将捆带的珍珠宝物吊在树下乘凉，山下涧西村百姓发现了他，正在方山砍柴的涧西村二流子王小二，急下山告诉乡绅陶大来。陶大来带领几十人上山，将李秀成捉拿，送至萧孚泗营，萧又把李秀成押解到曾国荃大营。

7 月 23 日深夜，曾国荃听说拿到李秀成，穿着短衣就出来审讯，一见到囚笼中的李秀成，愤怒得随手操起一把铁锥，上前就乱刺李秀成，刺得他全身血流如注。

李秀成高喊："曾九，各为其主，且兴灭无常，今偶得志，遽刑我乎？"

赵烈文上前阻止曾国荃，说要留他性命给曾国藩审问，曾国荃才停了手，但犹觉得不解气，又叫人拿小刀割李秀成手臂和大腿上的肉，李秀成只咬牙硬挺，不作声求饶。

5 天后，曾国藩自安庆来到南京，第一次审问李秀成时，一见到他，就站立起身，用无比欣赏与怜悯的语气说：“人杰也，不早遇知己，乃如此。”

李秀成一时触及心境，倔气消散，竟哭了起来。

曾国藩让人除去李秀成手铐脚镣，给他请医疗伤，2 天后，让李秀成慢慢写供词。

李秀成花了 10 天时间，共写了 6 万多字的供词，曾国藩每天等他一写完，就叫人取来亲读，边读边改，写完后，只留下删改的 2.78 万字，发往各地督抚，也送到上海翻译成英文，1865 年还集印成册。

但其他真正的供词，都被烧毁掉了。

8 月 7 日，41 岁的李秀成被斩首，头颅被装在小木笼里，由一个差役擒着，鸣锣吆喝，遍传江南各地区。

而幼天王洪天贵福，在前军拥护下，一路逃到了安徽广德。

天京城逃出来的权贵也纷纷来到广德，乞求一时活命。

大伙在广德商议，湖州一定被李鸿章拿下，不如经江西往湖北，再从湖北去西安，那里还有太平军部队可依靠。

便于 1864 年 8 月向江西启程。

这支队伍原本号称有 20 万人，但士气涣散，战斗力极弱，人人都想跑路，已经是一群没什么斗志的乌合之众，一路被清军追着打。

兵败如山倒，队伍到浙江淳安被打到只剩 3 万人，到安徽徽州打到只剩 1 万人。9 月黄文金战死，再没有一名善战的主将，10 月 4 日到达江西时，被打得只剩 2000 多人。

10 月 9 日，洪天贵福与洪仁玕在江西被清军连追 5 天，全军疲惫不堪，在白水岭时放松了警惕，席宝田和谢兰阶率兵于三更时追到，突袭太平军大营，抓到了洪仁玕，洪天贵福逃跑时跌落下马，侥幸走脱。

洪天贵福在山上躲藏了 2 天，下山剃了头，混在难民当中，在一个庄户人家里免费干了 4 天农活，因受不了干农活的苦，4 天后逃离，走到瑞金被地方团练查获。

洪天贵福于 11 月 18 日、洪仁玕于 11 月 23 日，在南昌分别被凌迟处死。

太平军还有一些余部战斗了数年，但已经没有什么意义了，至此，长达 13 年的太平天国运动，彻底结束。

故事既然讲到结尾处，再顺便写写其他重要人物的结局吧。

李昭寿降清后恶习不改，在滁州无恶不作，但因为“豫胜营”有五六万人，太平天国未定，清廷暂时由着他胡来。

1863 年，湘军灭太平天国大局已定，李昭寿还在滁州卖私盐、抽取厘税，还跟苗沛霖为私盐利益干仗，清廷忍无可忍，秘密通知曾国藩收拾李昭寿。李昭寿发现局势不妙，赶紧移交地盘、遣散兵勇，辞职走人，到安徽养老。

1881 年，嚣张惯了的李昭寿，在帮人讨债时抓了贡生吴廷鉴，还把他打了个半死，安徽巡抚裕禄大怒，逮捕了李昭寿，清廷也厌恶他，将其处斩。

出卖陈玉成的苗沛霖，被要求攻捻军再献投名状，苗沛霖出工不出力，清廷起了疑心。

1863 年，僧格林沁击溃捻军，还抓到了张乐行，苗沛霖率人去解救，僧格林沁赶到，痛斥苗沛霖，要求他交出军权，还当即处死了张乐行。

苗沛霖回去就造反，僧格林沁骑兵部队将其击垮，苗沛霖死于乱战中。

韦俊在安庆之战后，因攻宁国府有功，被曾国藩举荐为二品副将兼领总兵衔，因是降将出身，没有参与天京战役。太平天国灭亡后，韦俊退休回家，在家乡想给韦昌辉建祠堂，遭乡亲唾骂，只能移居安徽芜湖，57 岁时病死，得了善终。

身上有 100 多处伤口的鲍超，天京战役后第二年，霆字营的流氓们就因为军饷哗变，令上司十分不满，曾国藩都想甩掉他们自保。

1867 年，湖北尹隆河之战，霆字营救了刘铭传部，但清廷有意削弱湘军，反而被参了一本，被要求解散霆字营，鲍超被迫辞官，后曾任过湖南提督，于 58 岁病逝于家中。

攻破天京的曾国荃，因功劳太大，引起清廷警觉，反而对他一番严词训斥。曾国藩知道清廷的心思，将曾国荃吉字营解散，又劝曾国荃称病开缺回籍，表明自己绝没有造反的意思。

1865 年 6 月起，曾国荃不再被怀疑，任山西、湖北、陕西巡抚，最后做到礼部尚书、两江总督，67 岁时在两江总督任上病逝。

在历史书留下最大名望的曾国藩，打下太平天国后，避开清廷锋芒，主动解散湘军主力，又被朝廷拉去剿捻，1862 年主办洋务，后任直隶与两江总督。61 岁时，因中风，死于他曾经攻下来的南京城。

因为他创办了湘军，剿灭了太平军，并资助了无数督抚上位，门生弟子都忍不住夸他，因此在后世，获得了极高的声誉。

相逢

1846 年春天的一个下午，冯云山在广西紫荆山大冲村一户财主家，见到了杨秀清。

那天阳光明媚，紫荆山空气清新，使人不由得心旷神怡。

31 岁的冯云山身着长衫，在曾玉珍家的长廊，见着了 23 岁、穿着短褂草鞋的杨秀清。

冯云山早就听闻这位矿工头头的大名，知晓他很有本领，杨秀清也早知道亲戚家来了位了不得的教书先生。

冯云山在阳光下，笑微微地向杨秀清走过去，杨秀清望向冯云山，眼神里满是期待。

阳光斜着照射进长廊，周围都是鸟语花香。

两人互相作了个揖，冯云山哈哈一笑，握住了杨秀清的双手。

就在这一刻，历史的帘幕，缓缓拉开了。

一点总结

2022 年夏天刚开始的时候，有一次，我在查找关于清朝的资料时，想知道太平天国究竟是怎么回事，感觉市面上的资料，都没有将他们的故事写深写透，他们为什么要造反？他们究竟谁是话事人？他们为什么会陷入内乱？为什么会失败？一直没有人讲清楚。

出于强烈的好奇心，我便从他们创立的源头开始查。

恰好 2022 年夏天，我受邀去广西参加活动，活动一搞完，我撒开腿就跑去桂平市金田村，我去找当地老人聊天，也去他们起义的山头转转，到现场一看，原来是这个样子啊，原来是这么普通的一个地方，跟历史书上的插图不一样嘛。

这时候我就明白了，历史的真实面貌是这个样子的，写出来一定会有新意。

回去又大量查历史资料，查着查着，冯云山这个了不起的人物走进了我的视线，其千辛万苦不畏艰难的创业故事，让我心里头十分钦佩。2022 年 9 月初，我便忍不住动笔，替冯云山写下他的故事。

写着写着，我就想，反正开了个头了，干脆把他们的故事写完吧，长是长了点，但他们后面的故事也很精彩啊。

而且那么多人、那么多事，看过的历史资料都说得含含糊糊的，不如都写明白。

这一写就从 2022 年 9 月，一口气写到 2023 年 12 月，花了 16 个月的写作时间，写完了这本《燃烧 1864》。

通读完整本书后，你会发现，不管是清廷还是太平天国还是湘军，其实都不容易。

他们每股势力都面临着内部矛盾和外部矛盾，都面临着成长的痛苦和强大的竞争对手，需要不断地进化，不断地快速学习，才会不被历史消化掉。

清廷充满内部矛盾，太平军也充满内部矛盾，两边的内部矛盾都会分分钟爆炸，但清廷最后还是没让湘军点爆，而太平军却发生了天京事变的自相残杀，谁内部矛盾没处理好，谁就变成最后的输家。

一个公司、一个组织、一个家庭，都是有内部矛盾的，如何化解内部矛盾，历史给了我们很好的经验教训。

自我成长方面，胡林翼会成长、曾国藩会成长，领导成长了，团队才会成长，但太平天国里的洪秀全，他一直不成长，尽搞些乌七八糟的东西，最后活生生把公司搞垮了。

成长是很痛苦的，是要脱一层皮的，曾国藩付出那么大代价才成长起来，他始终是愿意成长的，不像太平天国的高层，他们太容易满足了，连续拒绝成长，凭一腔血勇往前冲，最终把自己给撞死了。

书里不仅写了个人成长，还写了大量关于团队成长的内容，每一个团队在爬坡阶段，都会遇到新的环境、新的困难，团队要根据不同的环境去调整自己的位置和方法，没有谁能一劳永逸。

关于为什么会发生太平天国运动，我在书里讲得非常清楚了。

再简单概括一下，就是18世纪中叶左右，清朝开始推广种植番薯，为清朝的人口爆炸提供了物质基础，最后猛地搞出了4亿人，由于土地不够用，造成了大量富余人口，流向了工业和第三产业。

这些人里头，有很大一部分依附于广州的两条贸易线，一条是赣江，一条是西江。但是鸦片战争后搞五口通商，广州的垄断地位断了，赣江和西江的经济链也跟着断了，一下出现了几百万人的失业人口，这些人活不下去，就只能做匪做寇，恰好有人打着宗教的名义振臂一呼，大家一拥而上，就闹出了太平天国运动。

在这本详细记录太平天国运动过程的书里，如果读者只读到职场斗争、人生百味、战争惨烈、人性复杂、自我成长的话，我觉得是不够的。

我们应该看得更深一点，看得更远一点。

这本书开始时，是道光末年，从这时候开始，清朝简直就像是战国一样，到处是各种杂七杂八的起义，到处是流民，到处是黑社会，国家已经乱得不像个样子。

其实道光末年时，清王朝本来就走在崩盘的路上了。

为了维护清王朝的统治，在知道欧洲已经发生工业革命的背景下，在对世界局势其实足够了解的情况下，清王朝依然将整个国家维持在低教育、低经济、低军事、低收入的低级农业水平，因为只有这么干，统治阶层才能让江山稳固，晚上才能睡个安稳觉。

大家看一下这本书里对绿营战斗力低下的分析，可以清晰地看到清政府将国家搞成了什么样子。

没想到英国人法国人一打进来，将清王朝脆弱的经济体系给打碎了，他们要清政府接受英国人的纺织品和鸦片，不答应就对着其一顿揍，清政府只好打开大门做生意，结果摧毁了其极薄弱的农业社会，以及各种初级工业、手工业。

从这个角度来说，清王朝也是因为不愿意成长，结果被洋人揍，被太平军揍。

该！

那在这一场混战当中，又该如何评价太平天国运动呢？

按目前严肃的历史资料来看，在太平天国运动前后这一段时间，有天地会、捻军、太平军、同治陕甘回民起义等一系列社会动荡，共造成了约5000万人死亡。

其中太平天国运动共造成约2000万人死亡，但这2000万人不能全算在太平军头上，清军和湘军也在疯狂杀人。

太平天国运动确实给社会造成了巨量损失，尤其极大地摧毁了江西省的经济，使一极富裕的省份变得贫穷。

总体上来说，太平天国运动是反帝反封建过程中，一次中国近代革命的失败摸索，它连接的是异化的西方宗教加本土古代理论，以变异的基督教号召人心，再以周朝的落后体制构建政体，战斗力再强也一定会失败。

太平天国之后的民族自救运动，整体上一次比一次进步，从洋务运动、戊戌变法，到辛亥革命、解放战争，后面又连续累积了近100年的力量，才使中国彻底获得反帝反封建的胜利，才有机会变成今天富强的中国。

太平天国运动也具有一定的正面性，太平天国几乎将南方满城里的八旗军队杀尽，清廷无法用暴力控制南方，被迫向湘军集团交出最富裕的东南地区，湘军滋养着湖南省的教育系统，搞出了长沙今天三家985大学，也搞出了近代革命近乎一半湖南人的格局。

太平天国不仅杀南方八旗，还意外加剧了北方八旗的衰落。

在占领江南期间，依赖漕运向北京八旗输血的经济链被打断了，旗人无法从江南搞钱，致使清内务府的恩赐越来越少，北京旗人的生活越来越困难，等到太平天国灭亡，上海已经发展起来，漕运不再被宠幸，北京旗人只能开始穷讲究。

太平天国的最大意义，就是摧毁了满人贵族对中国南方的控制，使中国革命的火种可以在湘军体系持续点燃。

太平天国就是用最野蛮的方式，用力击碎大门，破解了满人贵族施加在中国人头上的天罗地网，有血腥、有粗犷，也有进步。

从历史的另一个角度上来说，中国近代之所以这么惨，就是因为生产力太落后了。

生产力落后，才导致打又打不过别人，生产出来的东西卖又卖不过别人，最后被迫接受别人的产品，自己的产品没有销路，内部就发生暴乱，死一大波人降低社会成本，来维持经济系统的运转。

生产力落后，才是一切痛苦的根源，才会发生这残酷而血腥的战争。

一个国家要想避免类似的悲剧，就只有大步发展生产力，创造更多的社会价值，将一切阻碍生产进步的事物，都毫不犹豫地，扫进历史的垃圾堆里去。

本书写作参考资料

（1）《李秀成大传》，盛巽昌著，上海书店出版社，2017 年，上海。

（2）《晚清铁相左宗棠全传》，林均一著，华中科技大学出版社，2021 年，武汉。

（3）《太平天国战争全史》，崔之清著，南京大学出版社，2018 年，南京。

（4）《曾国藩传》，张宏杰著，民主与建设出版社，2019 年，北京。

（5）《洪秀全传》，马道宗著，京华出版社，2002 年，北京。

（6）《实说太平天国》，盛巽昌著，上海书店出版社，2017 年，上海。

（7）《湘军志》，王闿运著，岳麓书社，1983 年，长沙。

（8）《太平天国革命运动史》，简又文著，九州出版社，2020 年，北京。

（9）《太平天国兴亡录》，陈舜臣著，红旗出版社，2017 年，北京。

（10）《李鸿章传》，梁启超著，陕西师范大学出版社，2009 年，西安。

（11）《曾国藩的经济课》，张宏杰著，上海三联书店，2019 年，上海。

（12）《贼情汇纂》，张德坚主编，《太平天国》（全八册），《中国近代史资料丛刊》，上海人民出版社、上海书店出版社，2000 年，上海。

（13）《复生录》，陈思伯著，中华书局，1980 年，北京。

（14）《被掳纪略》，赵雨村著，中国社会科学院近代史研究所、《近代史资料》编辑室编，2013 年，北京。

（15）《忠王李秀成自述》，罗尔纲整理，广西人民出版社，1961 年，南宁。

（16）《能静居士日记》，赵烈文著，岳麓书社，2013 年，长沙。